- 陕西省教育厅科研计划项目“高校在线教育质量保障体系研究”（项目编号：19JK0204）
- 西安市科协青年人才托举计划项目“成果导向的高校在线开放课程教学质量保障体系研究”（文件号：市科协发〔2019〕164号）
- 陕西高校教学改革研究项目“学历继续教育在线课程质量保障体系研究”（项目编号：19JY006）

高校在线课程教学质量保障研究：成果导向

王 斐 李运福 著

陕西新华出版传媒集团

陕西科学技术出版社

Shaanxi Science And Technology Press

西 安

图书在版编目(CIP)数据

高校在线课程教学质量保障研究:成果导向/王斐,李运福著.—西安:陕西科学技术出版社,2022.3

ISBN 978-7-5369-8329-8

Ⅰ.①高… Ⅱ.①王… ②李… Ⅲ.①高等学校—网络教学—教学质量—保障体系—研究—中国 Ⅳ.①G649.21

中国版本图书馆CIP数据核字(2022)第027121号

高校在线课程教学质量保障研究:成果导向

GAOXIAO ZAIXIAN KECHENG JIAOXUE ZHILIANG BAOZHANG YANJIU:CHENG GUO DAO XIANG

王 斐 李运福 著

责任编辑 焦 洁
封面设计 卫晨亮

出版者 陕西新华出版传媒集团 陕西科学技术出版社
西安市曲江新区登高路1388号陕西新华出版传媒产业大厦B座
电话(029)87205187 传真(029)81205155 邮编710061
http://www.snstp.com
发行者 陕西新华出版传媒集团 陕西科学技术出版社
电话(029)81205180 81206809
印刷者 陕西隆昌印刷有限公司
规 格 787mm×1092mm 16开本
印 张 18.75
字 数 330千字
版 次 2022年3月第1版
2022年3月第1次印刷
书 号 ISBN 978-7-5369-8329-8
定 价 68.00元

前 言 PREFACE

回顾历史。1998 年 12 月 24 日，教育部发布的《面向 21 世纪教育振兴行动计划》明确提出“实施‘现代远程教育工程’，形成开放式教育网络，构建终身学习体系”的战略任务。2000 年，推进落实《面向 21 世纪教育振兴行动计划》，加快现代远程教育资源建设，教育部发布了《关于实施新世纪网络课程建设工程的通知》，标志着我国网络课程建设的正式起步。在此后的 20 余年时间里，我国网络课程的建设和发展先后经历了国家精品课程建设、国家精品开放课程建设、国家精品在线开放课程建设、国家一流本科课程 4 个阶段。期间，得益于开放教育资源运动（OER）、大规模在线开放课程（MOOC）等新兴教育资源建设理念的推动，在我国高等教育发展由精英教育走向大众化教育阶段再到普及化发展的历次教育改革中发挥了重大作用，为新时代在线课程的高质量建设和发展奠定了坚实基础。

立足当下。2020 年，突如其来的“新冠”疫情使全球教育受到了前所未有的冲击和挑战，全国高校全部实施了在线教学，保障了教育教学活动的正常进行。后疫情时代，在线教学已逐渐成为高等教育的“新常态”。进入“十四五”新的发展阶段后，《中华人民共和国国民经济和社会发展第十四个五年规划和 2035 年远景目标纲要》提出了建设高质量教育体系的战略任务。为支撑高质量教育体系建设，2021 年教育部发布了《教育部等六部门关于推进教育新型基础设施建设构建高质量教育支撑体系的指导意见》，明确指出“教育新型基础设施是以新发展理念为引领，以信息化为主导，面向教育高质量发展需要，聚焦信息网络、平台体系、数字资源、智慧校园、创新应用、可信安全等方面的新型基础设施体系”。为教育新型基础设施建设提出了明确的要求和方向。在教育新基建建设的背景下，在线课程作为支撑教育变革和发展的重要资源，如何建设和应用，是高等教育改革和发展正面临的现实问题。

瞄准未来。以人工智能技术为核心的第四次工业革命对全球经济社会发展产生了巨大冲击。现有全日制高等教育过于注重学生认知能力资本的开发，忽视了学生非认知能力资本的培育，难以满足经济社会发展对高质量、创新型人才的需求，且相对封闭的高等教育在个体人力资本开发的“阶段性”局限逐渐凸显。人力资本的全面、系统、可持续开发是第四次工业革命对教育变革和发展提出的新挑战。这为在线课程的应用和研究提供了新的契机。

本研究以历史发展为基础，以服务未来为导向，立足高校在线课程建设和应用的现实需求，对团队已有高校在线课程建设和应用研究的系列成果进行了系统梳理和总结，期望对推动高校在线课程的高质量建设和深度应用有一定的借鉴价值。全书共分六章。第一章回顾了我国在线课程发展历程，并在相关政策和高等教育变革需求的基础上提出了我国在线课程未来发展的主要方向。第二章梳理总结了国内外有关在线课程评价的研究成果，为后续研究奠定了坚实基础。第三章梳理总结了我国高等教育质量观的变迁，并以发展性质量观为指导，明确了我国高校在线课程应用的核心问题。第四章以关注时代变革为主线，从课程本体、学生心理、教师行为三个层面对如何深入推进在线课程高质量建设和深度应用进行了实证分析与深度讨论。第五章在终身教育理念的指导下，将研究领域由全日制本科教育延伸到继续教育，旨在深入探讨在线课程在不同领域的全面应用。第六章以参与式监测评估理念为指导，以区块链技术为支撑，构建了高校参与式监测评估模型，旨在推动高校自我评估的改革和引导在线课程与高校人才培养的深度融合。

著　者

2021 年 11 月

目 录 CONTENTS

第一章
强抓在线课程，助推高教改革

到目前为止，我国高校在线课程建设经历了国家精品课程建设、国家精品开放课程建设、国家精品在线开放课程建设、国家一流本科课程四个阶段，每一个阶段都对高等教育的变革发展起到了重要的支撑作用。将在线课程作为“新资源”纳入教育新基建的范畴既是对高校在线课程建设和应用历史经验的充分总结，也是对其支撑高质量教育体系建设战略作用的准确把握。

第一节 在线课程建设与应用概览

课程是人才培养最重要的载体，是学生实现高层次认知活动的“落脚点”。进入 21 世纪以来，通过优质教育资源共享促进教育公平、提升教育质量已成为我国教育领域研究的热点问题。自 2003 年国家启动精品课程建设以来，我国在线课程建设先后经历了国家精品课程建设、国家精品开放课程建设、国家精品在线开放课程建设、国家一流本科课程建设 4 个阶段。

一、国家精品课程建设与应用

2003 年，为贯彻落实党的十六大精神，实践“三个代表”重要思想，切实推进教育创新，深化教学改革，促进现代信息技术在教学中的应用，共享优质教学资源，进一步促进教授上讲台，全面提高教育教学质量，造就数以千万计的专门人才和一大批拔尖创新人才，提升我国高等教育的综合实力和国际竞争能力，教育部发布了《关于启动高等学校教学质量和教学改革工程精品课程建设工作的通知》，掀起了国家精品课程建设的序幕。

精品课程是具有一流教师队伍、一流教学内容、一流教学方法、一流教材、一流教学管理等特点的示范性课程。截至 2010 年，我国累计建设国家精品课程 3910 门，内容涵概理、工、农、医等 33 个一级学科，并向所有高校乃至全社会免费开放。其中，本科教育层次 2515 门、高职高专层次 1043 门、网络教育 209 门、军队(含武警)院校 143 门，具体统计信息见表 1-1。

表 1-1　国家精品课程建设规模统计

年度	合计	普通高等学校		网络教育	军队(含武警)院校
		本科	高职高专		
2003	151	127	24	—	—
2004	300	249	51	—	—
2005	314	238	61	—	15
2006	374	252	106	—	16
2007	660	411	172	49	28
2008	669	400	200	50	19
2009	679	400	200	50	29
2010	763	438	229	60	36
总计	**3910**	**2515**	**1043**	**209**	**143**

根据秦炜炜的研究,通过对国家精品课程主持人、建设者、管理者和使用者的调查分析,发现当前国家精品课程的建设模式、应用状况等方面的特点和存在的问题,特别是国家精品课程现有评价机制方面的特点与存在问题,主要表现在以下几方面:国家精品课程建设以精品课程团队与高校教育技术部门联合制作模式为主;国家精品课程的应用状况和教学影响堪忧;国家精品课程建设亟待加强校际交流以及课程应用与共享;国家精品课程评审指标体系有待完善;国家精品课程宏观评价机制亟待建立。① 此外,根据胡俊杰等人对 3582 门国家精品课程的分析结果来看,无论是本科类还是高职高专类,都只有不到 60%的课程能正常访问,并且从曲线来看都基本上呈"正态分布",也就是说刚开始建设的时候积极性很高,后来逐渐降低。具体来讲,主要包括可获得性偏低、视频资源的"质"和"量"有待提高、互动的缺失 3 个方面。②

二、国家精品开放课程建设与应用

为贯彻落实胡锦涛总书记在庆祝清华大学建校 100 周年大会上的重要讲话精神和教育规划纲要,利用现代信息技术手段,加强优质教育资源开发和普及共享,进一步提高高等教育质量,服务学习型社会建设,教育部于 2011 年 10

① 秦炜炜. 国家精品课程发展十年现状调查[J]. 中国远程教育,2013(08):53-57,96.

② 胡俊杰,杨改学,魏江明,等. 国家精品课程对精品视频公开课建设的启示——基于对 2003-2010 国家精品课程的调查引发的思考[J]. 中国远程教育,2014(06):89-94.

月发布《教育部关于国家精品开放课程建设的实施意见》(教高〔2011〕8号)，正式启动了国家精品开放课程的建设工作。国家精品开放课程包括精品视频公开课与精品资源共享课，是以普及共享优质课程资源为目的、体现现代教育思想和教育教学规律、展示教师先进教学理念和方法、服务学习者自主学习、通过网络传播的开放课程。

(一)精品视频公开课

精品视频公开课是以高校学生为服务主体，同时面向社会公众免费开放的科学、文化素质教育网络视频课程与学术讲座，是“高等学校本科教学质量与教学改革工程”的重要建设内容。精品视频公开课着力推动高等教育开放，弘扬社会主义核心价值体系和主流文化，宣传科学理论，广泛传播人类文明优秀成果和现代科学技术前沿知识，提升高校学生及社会大众的科学文化素养，服务社会主义先进文化建设，增强我国文化软实力和中华文化的国际影响力。精品视频公开课建设以高等学校为主体，以名师名课为基础，以选题、内容、效果及社会认可度为课程遴选依据，通过教师的学术水平、教学个性和人格魅力，着力体现课程的思想性、科学性、生动性和新颖性。精品视频公开课以政府主导、高等学校自主建设、专家和师生评价遴选、社会力量参与推广为建设模式，整体规划、择优遴选、分批建设、同步上网。经过八期建设，累计建设992门国家精品视频公开课，具体统计信息见表1-2。

表1-2 精品视频公开课建设规模统计

批次	规模	备注
第一批	新增43门	教高函〔2012〕10号
第二批	新增62门+2门续拍	教高函〔2012〕22号
第三批	新增139门+3门续拍	教高函〔2013〕8号
第四批	新增121门+3门续拍	教高函〔2013〕13号
第五批	新增121门	教高厅函〔2014〕12号
第六批	新增137门+6门续拍	教高厅函〔2014〕40号
第七批	新增158门	教高厅函〔2015〕11号
第八批	新增211门	教高厅函〔2016〕15号
合计	**992门**	

与国家精品课程相比，二者都是由教育部组织发起的、自上而下的高校本科教育质量工程建设，纳入国家教育发展中长期规划纲要，课程建设资金有保障，其不同点主要体现在课程受众、内容建设侧重点、课程命名思路、内容呈现形式以及课程建设经费支持方式等方面。①

根据谢幼如等人的研究，我国精品视频公开课的教学特征及师生行为主要呈现以下特点：选题内容紧紧围绕“传播人类文明优秀成果和现代科学技术前沿知识，提升高校学生及社会大众的科学文化素养”的核心功能，关注不同学习者的发展需求，强调与生活实际密切联系；在一定程度上，精品视频公开课的视频画面可兼顾教学规律与学习者的认知特点，具体表现为时长简短，画面构图简洁，注重不同镜头之间的平稳过渡和适时切换；精品视频公开课的教学活动多数在教室进行，它是根据学校的实际条件以及师生的需求进行选择；现代教学媒体的使用可方便教学视频的呈现；在教学设计方面，以讲授式教学为主，多种教学策略灵活运用。教师处于主导地位，其教学过程注重师生互动和信息技术的应用；精品视频公开课的网络传播方式融合了大众传播（单向）与人际传播（双向）的传播优势，提供丰富的学习支持服务，可有效地支持课程的传播与共享。同时也发现精品视频公开课明显存在的一些问题，主要体现为：在选题方面，大学基础课所占比例偏低，不能充分满足各专业的大学生系统认识相关专业的需求，而且选题申报所规定的范围也在一定程度上限制了其实用性；在表达形式方面，视频画面的呈现还没有充分发挥视频媒体的优势，教学内容需进一步凝练并加深；在教学模式方面，仍以传统的讲授式教学为主，教师的主导性过于偏重，学生的主体性较弱等。② 此外，从试听教育视野下来看，视频公开课的特点主要表现为：学校建设，政府主导运营，商业机构参与其中的制作运营模式；精品视频公开课着力传播我国优秀文明成果和现代科技前沿知识；开放的传播渠道，保证了课程的高度开放共享。③ 信息传播视角下，传播者、传播内容

---

① 沈丽燕，赵爱军，董榕．从精品课程到精品视频公开课的发展看中国开放教育新阶段[J]．现代教育技术，2012(11)：62-67.

② 谢幼如，王芹磊，彭丽丽．精品视频公开课的教学特征与师生行为研究[J]．电化教育研究，2013(10)：90-96.

③ 刘广，郑重．中国大学精品视频公开课的现状、特点与发展策略[J]．现代教育技术，2012(10)：15-18，66.

及受众是影响精品视频公开课传播效果的重要因素，而课程辅助资源的可获取性、视频资源的流畅性、媒体表现形式的丰富度、有无师生交流模块、主讲教师的授课方式、开课学校的影响力、个人学习习惯和课程内容是主要的影响因素。①

国家精品视频公开课的建设初衷是展示我国名校名师的先进教学理念、教学方法和教学成果，但是现阶段依赖 PPT“一讲到底”的课程仍居于主流，师生互动不足、质量不高，导致教学理念和教学方法的“先进性”受到限制。作为可供“教学场外”学习者观看的教学资源，视频公开课如何去改进学习者的学习体验、学习“黏性”和学习效果，是极为重要的问题。中美高校视频公开课教师的课堂教学存在较为显著的差异。我国教师偏重基于 PPT 的言语讲授和单向知识传递，教师居于主导地位、很少提问，较多自问自答，很少给学生留下思考的时间；缺乏追问、知识梳理与关联，造成视频中学习者的课堂参与程度和学习投入极为有限。②

（二）精品资源共享课

精品资源共享课是以高校教师和学生为服务主体，同时面向社会学习者的基础课和专业课等各类网络共享课程。精品资源共享课旨在推动高等学校优质课程教学资源共建共享，着力促进教育教学观念转变、教学内容更新和教学方法改革，提高人才培养质量，服务学习型社会建设。精品资源共享课建设以课程资源系统、完整为基本要求，以基本覆盖各专业的核心课程为目标，通过共享系统向高校师生和社会学习者提供优质教育资源服务，促进现代信息技术在教学中的应用，实现优质课程教学资源共享。精品资源共享课以政府主导，高等学校自主建设，专家、高校师生和社会力量参与评价遴选为建设模式，创新机制，以原国家精品课程为基础，优化结构、转型升级、多级联动、共建共享。教育

① 王娟. 信息传播视角下我国高校精品视频公开课建设现状的调查研究[J]. 电化教育研究，2012(12)：87-93.

② 刘宇，崔华正，吴庭倩. 中美视频公开课有效教学互动分析研究[J]. 电化教育研究，2016(1)：103-109，128.

部组织专家根据教学改革和人才培养需要，统筹设计、优化课程布局。高等学校按照精品资源共享课建设要求，对原国家精品课程优选后转型升级，并适当补充新课程，实现由服务教师向服务师生和社会学习者的转变，由网络有限开放到充分开放的转变。鼓励省(区、市)、校按照精品资源共享课的建设定位，加强省、校级精品资源共享课建设，通过逐级遴选，形成国家、省、校多级，本科、高职和网络教育多层次、多类型的优质课程教学资源共建共享体系，探索引入市场机制，保障课程共享和持续发展。国家精品资源共享课立项建设统计结果见表 1-3。

表 1-3　国家精品资源共享课立项建设统计

批次	合计	教师教育	本科教育	高职教育	网络教育	备　注
第一批	200	200	—	—	—	教师厅函〔2013〕2 号
第二批	1091	—	675	336	80	教高司函〔2013〕115 号
第三批	1540	—	1100	440	—	教高司函〔2013〕132 号
第四批	80	—	—	—	80	教高司函〔2014〕1 号
总计	**2911**	**200**	**1775**	**776**	**160**	—

自 2013 年以来，教育部分四批批准了 2911 门“国家级精品资源共享课”(包括教师教育、本科教育、高职教育、网络教育课程)立项建设，建设课程陆续在“爱课程”网免费向社会开放。参与课程建设的高校和课程团队为推进高等教育开放，促进优质教育资源共享，服务学习型社会建设做出了重要贡献。最终经审核，第一批确定了 2686 门国家精品资源共享课，包括本科 1767 门，高职高专 759 门，网络教育 160 门；第二批确定 200 门教师教育类国家精品资源共享课。

一般来说，资源建设和开放共享是考察网络课程是否能发挥实效的两个重要维度。资源建设是开放共享的基础，没有优质的课程资源也谈不上让其开放共享；而开放共享则使优质课程资源的价值得以有效延伸和最大化。经过十多年的建设，国内网络教育的资源设计和开发水平不断提升，优质资源不断涌现，而一直以来受到忽视的资源开放共享问题被逐步提上议事日程。根据胡永斌等人的研究，我国精品资源共享课在资源建设方面仍有部分课程没有提供独立的教案或演示文稿、学生作业和重难点指导，除在线自测/考试系统外，案例库、作业系统、演示/虚拟/仿真实验实训、试题库系统、专题讲座库、学科专业知识检索系统均存在一定程度的不足。在开放共享方面"共享课"主要集中在校内共享，课程所在学校的师生可以比较方便地使用课程，而大部分学校没有专门为跨校学习和社会学习者提供访问账号或学习资源。①

教师教育类国家级精品资源共享课程是精品资源共享课建设的重要组成部分。建设教师教育类国家级精品资源共享课程的目的是对教师教育课程理念进行创新，对教师教育课程结构进行优化，对课程教学内容、教学方法、教学手段进行改革，强化教育实践环节和教师养成教育，并提升教师培养质量。根据王丽珍等人的研究，我国教师教育类国家级精品资源共享课程中存在的问题主要有思想观念缺乏创新性、课程资源的实用性和共享性不高、教学方法和手段缺乏创造性以及课程设计相对传统、教学内容组织大众化等。②

三、国家精品在线开放课程建设与应用

2012年是世界慕课元年。作为互联网和高等教育结合的产物，大规模在线开放课程在世界主要发达国家开始兴起，打破了传统教育的时空界限和学校的围墙，颠覆了传统大学课堂教与学的方式，能够真正推进教学理念、教学方法、教学技术、教学方式、教学模式的变革，是一种革命性的变化。现在的大学生都是互联网的"原住民"，他们对互联网有一种天然的亲切感，他们习惯和善于使用"互联网＋"的方式学习知识、捕捉信息。

以"慕课"为代表的信息技术与教育教学深度融合的新探索给中国高等教育"变轨超车"提供了重大机遇。慕课建设正在成为世界各国争夺下一轮高等教育改革发展主导权、话语权的重要阵地和焦点领域，并日益成为争夺教育对象、输出价值观的重要平台。在慕课建设方面，我国与世界高等教育强国在起步阶段就站在同一条起跑线上。我们要抓住慕课这一最典型、最前沿、最显性、最容易让所有人都有感受度的特点，积极主动作为，以点带面，赢得未来。以在

① 胡永斌，黄荣怀.精品资源共享课的资源建设和开放共享现状调查[J].电化教育研究，2015(2)：65-70.
② 王丽珍，田丽丽.教师教育类国家级精品资源共享课程现状调研[J].教育理论与实践，2017(3)：46-49.

线开放课程建设与应用为抓手，进而推动更多“互联网＋”、虚拟仿真、人工智能等现代信息技术与教育教学深度融合的教育创新，大力推进大学教学变革，推动和领跑世界信息技术与教育教学深度融合，成为实现中国高等教育全面“变轨超车”的排头兵。

在上述背景下，为加快推进适合我国国情的在线开放课程和平台建设，促进课程应用，加强组织管理，教育部于2015年发布了《教育部关于加强高等学校在线开放课程建设应用与管理的意见》（教高〔2015〕3号），旨在加快推进适合我国国情的在线开放课程和平台建设，促进课程应用，加强组织管理，明确提出七项重点任务：建设一批以大规模在线开放课程为代表、课程应用与服务相融通的优质在线开放课程；认定一批国家精品在线开放课程；建设在线开放课程公共服务平台；促进在线开放课程广泛应用；规范在线开放课程的对外推广与引进；加强在线开放课程建设应用的师资和技术人员培训；推进在线开放课程学分认定和学分管理制度创新。该文件的发布为在MOOC背景下继续推进我国在线开放课程的建设应用与管理指明了道路，对推动我国大规模在线开放课程建设走上“高校主体、政府支持、社会参与”的中国特色发展道路具有重大意义。

2013年是中国慕课元年。我国大力推动在线开放课程建设与应用，主要做法可概括为“起步早、定位高、速度快、力度大”，[①]并取得了骄人成绩。为贯彻落实习近平总书记关于教育的重要论述和全国教育大会精神，落实新时代全国高等学校本科教育工作会议要求，必须深化教育教学改革，必须把教学改革成果落实到课程建设上。

2018年9月，党中央召开全国教育大会，进一步强调了坚持立德树人、深化教育改革创新的要求，开启了加快教育现代化的新征程。在2019年4月的中国慕课大会上，教育部领导关于《适应新时代新要求努力建设世界一流水平的中国慕课》的重要讲话和《中国慕课行动宣言》的发布，开启了我国在线课程发展的新阶段。

---

① 吴岩．建好用好学好国家精品在线开放课程　努力写好高等教育“奋进之笔”[J]．中国大学教学，2018(01)：7-9.

2019年10月，教育部发布《关于一流本科课程建设的实施意见》，提出把课程作为高等学校教育教学改革的基本出发点和落脚点，积极推进一流本科课程“双万计划”；提出以“线上一流课程、线下一流课程、线上线下混合式一流课程、虚拟仿真实验教学一流课程、社会实践一流课程”的“五大金课”，推动“构建内容更加丰富、结构更加合理、类别更加全面”的一流课程体系；并明确提出建设“线上线下混合式一流课程”，将推动“混合式教学改革”作为新的教学改革模式。

根据吴岩司长的描述，一流课程建设主要有以下特征：一是在课程内容上，要体现“两性一度”的高质量要求，即课程改革的内容要体现高阶性、创新性和挑战度，要让学生跳起来才能够得着；二是在课程形式上，我们要体现新技术与教育教学的深度融合。现在的大学生主体是90后、00后，是互联网的原住民，课程改革必须适应他们的特点，注重信息技术、人工智能新技术的引入，以及智慧教室的应用，使学生的学习有效度和满意度得到根本保障；三是在课程标准上，要体现改革的多样性创新发展。党的十九届五中全会宣布，我国高等教育进入普及化发展阶段，普及化发展阶段最重要的特征是多样性。“一流课程建设，要从原先‘金字塔型’的一个标准，变成‘五指山型’的多样化标准，要体现因校制宜、因地制宜的特色发展和多样化创新。”①

一流课程类别丰富，包括线上一流课程、线下一流课程、线上线下混合式一流课程、虚拟仿真实验教学一流课程、社会实践一流课程。其中，线上一流课程即国家精品在线开放课程，突出优质、开放、共享，打造中国慕课品牌。线上线下混合式一流课程主要指基于慕课、专属在线课程（SPOC）或其他在线课程，运用适当的数字化教学工具，结合本校实际对校内课程进行改造，安排20%～50%的教学时间让学生线上自主学习，与线下面授有机结合开展翻转课堂、混合式教学，打造在线课程与本校课堂教学相融合的混合式“金课”。在具体申报中，大力倡导基于国家精品在线开放课程应用的线上线下混合式优质课程申报，属于国家精品在线开放课程的深度应用方式。

2020年，教育部发布《教育部关于公布首批国家级一流本科课程认定结果

① 一流课程建设标准要从“金字塔”走向“五指山”[EB/OL].(2021-10-14)[2021-03-18]. https://m.gmw.cn/baijia/2021-03/18/34696182.html

的通知》（教高函〔2020〕8 号），认定 5118 门课程为首批国家级一流本科课程，包括线上一流课程（即国家精品在线开放课程）1875 门（包括 2017 年认定的国家精品在线开放课程 468 门、2018 年认定的国家精品在线开放课程 690 门）、虚拟仿真实验教学一流课程 728 门、线下一流课程 1463 门、线上线下混合式一流课程 868 门、社会实践一流课程 184 门。

通过对我国目前已认定的 1875 门国家精品在线开放课程分析发现，仅有 6 门课程为跨校合建，见表 1－4。

表 1－4　国家精品在线开放课程中跨校合建课程列表

序号	课程名称	主要负责人	主要建设单位	主要开课平台
1	形势与政策	燕继荣 王海军	北京大学 中国人民大学	智慧树网
2	e 时代的新课堂	于歆杰 于世洁	清华大学 北京信息科技大学	学堂在线
3	走近冬奥会	孙葆丽 孙葆洁	北京体育大学 清华大学	学堂在线
4	数字图像处理	孙农亮 曹茂永	山东科技大学 齐鲁工业大学	学银在线
5	食品原料学	蒋爱民 周佺	华南农业大学 中南林业科技大学	学银在线
6	土力学与基础工程	于小娟 朱建群	盐城工学院 常州工学院	爱课程（中国大学 MOOC）

为便于对建设单位进行统计分析，本研究将跨校建设课程的主要建设单位进行独立统计。这样主要建设单位总数累计 1881 所高校，各高校建设国家精品在线开放课程门次统计见表 1－5。目前，累计认定的 1875 门国家精品在线开放课程主要建设单位覆盖 317 所，其中清华大学认定课程门次最多（144 门），其次是北京大学（72 门）和西安交通大学（50 门）。认定 10 门及以上课程的高校累计 48 所，累计课程占总数的 65.3％。

表 1-5 部分各高校建设课程门次统计结果（课程门次≥10）

序号	主要建设单位	建设课程门次	百分比/(%)
1	清华大学	144	7.7
2	北京大学	72	3.8
3	西安交通大学	50	2.7
4	哈尔滨工业大学	48	2.6
5	武汉大学	43	2.3
6	电子科技大学	36	1.9
7	大连理工大学	34	1.8
8	山东大学	32	1.7
9	南京大学	31	1.6
10	四川大学	29	1.5
11	东北大学	29	1.5
12	复旦大学	28	1.5
13	同济大学	27	1.4
14	上海交通大学	27	1.4
15	北京师范大学	27	1.4
16	西南交通大学	26	1.4
17	华中科技大学	26	1.4
18	西北工业大学	25	1.3
19	华中农业大学	25	1.3
20	国防科技大学	25	1.3
21	武汉理工大学	22	1.2
22	厦门大学	22	1.2
23	华东师范大学	22	1.2
24	浙江大学	21	1.1
25	暨南大学	21	1.1
26	湖南大学	21	1.1
27	东南大学	21	1.1
28	福建农林大学	20	1.1
29	北京理工大学	19	1.0

续表

序号	主要建设单位	建设课程门次	百分比/(%)
30	中南大学	18	1.0
31	福州大学	18	1.0
32	吉林大学	17	0.9
33	北京交通大学	17	0.9
34	中南财经政法大学	15	0.8
35	南昌大学	15	0.8
36	哈尔滨工程大学	15	0.8
37	西安电子科技大学	14	0.7
38	天津大学	14	0.7
39	苏州大学	13	0.7
40	南京农业大学	13	0.7
41	中国海洋大学	12	0.6
42	南京航空航天大学	12	0.6
43	南开大学	11	0.6
44	南京邮电大学	11	0.6
45	福建师范大学	11	0.6
46	华南师范大学	10	0.5
47	河海大学	10	0.5
48	北京航空航天大学	10	0.5
合计		**1229**	**65.3**

根据《教育部 财政部 国家发展改革委关于公布世界一流大学和一流学科建设高校及建设学科名单的通知》(教研函〔2017〕2 号)，双一流建设高校共包括 42 所一流大学建设高校和 95 所一流学科建设高校。在已认定的国家级精品在线开放课程的重要建设单位中，一流大学建设高校累计 41 所，一流学科建设高校 74 所，“双非”高校 202 所。从校均认定课程来看，总体校均认定课程 5.9门，一流大学建设高校最高，校均认定 24.7 门，其次是一流学科建设高校，校均认定 6.4 门，双一流高校累计校均认定 12.9 门，“双非”高校最低，校均认定 1.9 门。从认定课程与高校占比分布来看，一流大学占比仅 12.9，认定课程

占比却高达54.0%。也就是说，已认定的国家精品在线开放课程主要集中在双一流建设高校，尤其是一流大学建设高校，具体统计结果详见表1-6。

表1-6 不同高校类别国家精品在线开放课程建设情况统计

高校类别		课程门次		高校数量		校均课程
		规模	占比/(%)	规模	占比/(%)	
双非高校		393	21.0	202	63.7	1.9
双一流高校	一流大学	1012	54.0	41	12.9	24.7
	一流学科	470	25.0	74	23.4	6.4
	小计	1482	79.0	115	36.3	12.9
合 计		**1875**	**100.0**	**317**	**100.0**	**5.9**

注：跨校合建课程，学校不少于同一类的，课程归属按照第一建设单位统计。

从各省市分布来看，已认定的国家精品在线开放课程超过100门的省份主要为北京市、江苏省、湖北省、上海市、陕西省、湖南省，主要建设单位(≥10)最多的省份分别是北京市、江苏省、湖北省、上海市、陕西省、湖南省、四川省、福建省、浙江省、广东省、山东省、河南省、吉林省，校均认定课程最高的前五位依次是北京市、辽宁省、黑龙江省、湖北省、陕西省，具体统计结果详见表1-7。

表1-7 各省市国家精品在线开放课程建设规模统计

序号	省(市)	课程门次	高校数	校均课程
1	北京市	388	42	9.2
2	江苏省	203	36	5.6
3	湖北省	147	17	8.6
4	上海市	136	19	7.2
5	陕西省	120	14	8.6
6	湖南省	102	14	7.3
7	四川省	86	11	7.8
8	福建省	85	10	8.5
9	辽宁省	81	9	9.0
10	黑龙江省	80	9	8.9
11	浙江省	67	19	3.5

续表

序号	省(市)	课程门次	高校数	校均课程
12	广东省	66	12	5.5
13	山东省	62	15	4.1
14	重庆市	50	8	6.3
15	河南省	49	17	2.9
16	天津市	34	8	4.3
17	江西省	34	9	3.8
18	吉林省	30	10	3.0
19	云南省	10	5	2.0
20	安徽省	10	8	1.3
21	河北省	8	5	1.6
22	广西壮族自治区	8	6	1.3
23	甘肃省	6	3	2.0
24	山西省	3	2	1.5
25	海南省	2	2	1.0
26	青海省	2	1	2.0
27	贵州省	2	2	1.0
28	内蒙古自治区	1	1	1.0
29	新疆维吾尔自治区	1	1	1.0
30	澳门特别行政区	1	1	1.0
31	宁夏回族自治区	1	1	1.0
32	西藏自治区	—	—	—
33	香港特别行政区	—	—	—
34	台湾省	—	—	—
合计		**1875**	**317**	**5.9**

注：跨校合建课程，学校属于地区不属于同一省市的，课程归属按照第一建设单位统计。

从区域分布来看，已认定的国家精品在线开放课程主要集中在东部地区，累计占比 56.1%；东北地区占比最低，仅为 10.2%。主要建设单位主要集中在东部地区，占比为 53.2%，东北地区最低，仅占 8.9%。从校均认定课程来看，东北地区最高，校均认定 6.8 门，其次是东部地区，校均认定 6.3 门，西部地区和中部地区校均认定课程均低于全国平均值,具体统计结果详见表1-8。

表1-8 不同区域国家精品在线开放课程建设统计

区 域	课程门次		高校数量		校均课程
	规模	占比/(%)	规模	占比/(%)	
西部地区	287	15.3	53	16.8	5.4
东部地区	1052	56.1	168	53.2	6.3
中部地区	345	18.4	67	21.2	5.1
东北地区	191	10.2	28	8.8	6.8
合计	**1875**	**100.0**	**316**	**100.0**	**5.9**

注:跨校合建课程,学校归属地不属于同一地区的,课程归属按照第一建设单位统计。澳门大学建设有一门课程,未统计;西部地区(12):陕西、甘肃、新疆、青海、宁夏、四川、重庆、贵州、云南、西藏、内蒙古、广西①;东部地区(10):北京、天津、河北、上海、江苏、浙江、山东、广东、海南、福建;中部地区(6):山西、安徽、湖北、湖南、河南、江西②;东北地区(3):辽宁、吉林、黑龙江。

从主要开课平台来看,已认定的国家精品在线开放课程主要(频率≥100)集中在爱课程(中国大学 MOOC)、学堂在线、智慧树三大平台,课程累计1710门,占比91.2%。在edx、Coursera、FutureLearn等国际MOOC平台上线课程相对较少,具体统计结果见表1-9。

表1-9 国家精品在线开放课程主要课程平台统计

主要开课平台	频率	百分比/(%)
爱课程(中国大学 MOOC)	1333	71.1
学堂在线	198	10.6
智慧树	179	9.5
学银在线	33	1.8
人卫慕课	22	1.2
优课联盟	14	0.7
军队网络平台	12	0.6
华文慕课	12	0.6

① 摘自《中共中央 国务院关于新时代推进西部大开发形成新格局的指导意见》。
② 摘自《国务院关于促进中部地区崛起"十三五"规划的批复(国函〔2016〕204号)》。

续表

主要开课平台	频率	百分比/(%)
好大学在线	12	0.6
北京高校优质课程研究会	11	0.6
edx	9	0.5
中国高校外语慕课平台	7	0.4
超星尔雅	7	0.4
浙江省高等学校在线开放课程共享平台	6	0.3
网易云课堂	4	0.2
Coursera	2	0.1
重庆高校在线开放课程平台	2	0.1
浙江省高等学校精品在线开放课程共享平台	2	0.1
融优学堂	2	0.1
安徽省网络课程学习中心平台(e会学)	4	0.2
FutureLearn	1	0.1
EduCoder 开放在线实践教学平台	1	0.1
优学院	1	0.1
高校邦	1	0.1
总　计	**1875**	**100.0**

总之,国家精品在线开放课程认定具有明显的分布集中的特征,具体表现为高校之间认定的国家精品在线开放课程数量差别较大,大多数课程为东部地区高校开设;“双一流”建设高校在课程入选数量上存在着显著差异;主要开课平台集中在爱课程、学堂在线、智慧树三大平台等。

第二节　在线开放课程的未来发展

建设好在线开放课程,必须有大视野、有大格局、有大繁荣。[①] 在相关政策文件分析的基础上,结合我国建设高质量高等教育体系的客观需求,在线开放课程的未来发展可概括为以下几方面。

① 瞿振元.在线开放课程建设需要大视野大格局大繁荣[J].中国高等教育,2015(24):1.

一、强化评估导向作用

我国高校在线课程建设理念源于舶来的“开放教育资源”建设理念。由于我国教育文化、教育条件和教育管理模式差异，使得高校在线课程经过多年的建设与发展，仍然以知识传递策略和行为主义教学方式为主，在知识生产、传播与消费链条上尚未实现较大突破。教育发展不均衡、终身教育体系缺失、高等教育改革由“资源约束”转向“需求约束”等瓶颈问题尚未有效解决，在线课程的可持续发展模式亟待建立。国内学者许欢、张诗亚、罗江华等从理论高度探讨了国内高校在线课程建设理念演化的内在关联与深层机理，有助于认识我国高校在线课程本土化建设所面临的教育文化、教育条件和教育管理模式差异，发现在线课程可持续发展的增长点，并探寻“互联网＋”时代国内高校在线课程建设理念的新取向，结果发现：从国家精品课程到国家精品在线开放课程，我国在线课程建设理念经历了从“重建轻用”到“建用一体”再到“建以致用”的演化过程。[①] 2019 年 10 月，教育部发布《关于一流本科课程建设的实施意见》，更加重视评估在推动课程建设、遴选以及推广应用方面的重要作用，将我国在线课程建设推向了“评、建、用融合”的新发展阶段。

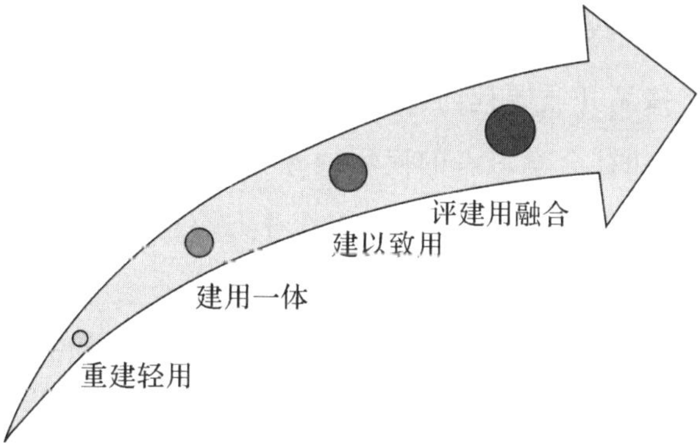

图 1-1 我国在线开放课程建设理念演变

课程评估对加强课程管理和推动课程高质量应用有着重要的导向和激励作用。通过对系列政策文件的梳理和分析，可以发现国家层面在推动在线课程

① 许欢，张诗亚，罗江华. 国内高校在线课程建设理念演化[J]. 现代远程教育研究，2018(3)：59-65，93.

建设和应用中越来越强化评估的导向作用。

国家精品课程建设阶段，《教育部关于启动高等学校教学质量与教学改革工程精品课程建设工作的通知》（教高〔2003〕1号）、《国家精品课程建设工作实施办法》以及《国家精品课程建设工作实施办法》补充规定明确提出，国家对精品课程建设实现年检制度。检查工作由教育部委托有关机构和专家在网上进行，专家对照“年度自检表”和“课程建设规划”，参考技术监测结果对课程进行网上年检，特殊情况也可到校检查。检查不合格的课程取消“国家精品课程”荣誉称号，停拨维护升级费，但保留其两年内申请复查的资格。复查合格的恢复“国家精品课程”荣誉称号，但不补拨维护升级费。被取消“国家精品课程”荣誉称号的课程不能重新申报国家精品课程，明确要求每门国家精品课程上网内容的年度更新（或新增）比例不得低于10%，对国家精品课程支持网站的开通情况和网页访问情况进行监测和统计，并根据监测结果不定期对开通率低的网站提出警告。

国家精品开放课程建设阶段，《教育部关于国家精品开放课程建设的实施意见》（教高〔2011〕8号）明确提出，根据国家关于网络监管的有关规定，建立国家精品开放课程内容审查制度，明确高等学校和教师建设国家精品开放课程的社会责任，充分发挥专家组织的作用，保证课程质量。建立健全动态监测与监管机制，保证国家精品开放课程内容更新质量及课程共享的开放性、安全性，并及时反馈高校师生和社会学习者的使用情况。同时要求省（区、市）教育行政部门负责向教育部推荐精品视频公开课，组织本地区精品资源共享课的建设、应用和监管。充分发挥教育部本科、高职和继续教育各有关学科、专业教学指导委员会的作用，组建国家精品开放课程建设专家组，负责相关政策研究、课程遴选、内容审查和运行评价。

国家精品在线开放课程建设阶段，《教育部关于加强高等学校在线开放课程建设应用与管理的意见》（教高〔2015〕3号）明确提出，通过使用评价、定期检查等方式，对国家精品在线开放课程的在线运行、实际应用、教学效果等进行跟踪监测和综合评价。对在线开放课程公共服务平台的网络安全、内容安全、数据安全、运行及服务进行规范管理。省级教育行政部门要鼓励在线开放课程在本区域的建设和应用，给予相应的政策支持，加强对课程建设和平台的监管。

一流本科课程建设阶段，《教育部关于一流本科课程建设的实施意见》（教高〔2019〕8号）明确提出，严格课程质量评估，在专业认证、教学评估中增加课程评价权重。同时教育部对认定的国家级一流课程实施动态管理，对课程实际应用、教学效果和共享等进行跟踪监测。认定为国家级一流课程的课程须继续建设5年，其建设和改革成果在指定的网站上集中展示和分享，且定期更新资源和数据。对于未持续更新完善、出现严重质量问题、课程团队成员出现师德师风等问题的课程，将予以撤销。

从政策要求的演变中可以发现，国家越来越重视课程监测评估对推动课程建设和应用的重要作用，评估重点逐渐由内容更新、网站可访问性扩展到对教学效果的关注，课程评价的深度与广度逐渐得到增强。此外，这种演变也受到国内高等教育评估背景的影响，如《深化新时代教育评价改革总体方案》等重大导向性文件的发布以及以高校自我评估为基础，以教学基本状态数据常态监测、院校评估、专业认证及评估、国际评估为主要内容，政府、学校、专门机构和社会多元评价相结合的"五位一体"的高校本科教育评估制度的实施等。同时，也受到国外高等教育评估发展的影响。如英国卓越教学评估的实施对我国高等教育评估的启示之一就是启动实施课程评估，下沉高等教育评估重心，引导核心利益相关者的深度参与。进入新时代以来，我国全面推进高等教育改革，并取得了历史性成就，但人才培养中心地位和本科教育的基础地位还不够巩固，一些学校领导精力、教师精力、学生精力、资源投入仍不到位，教育理念仍相对滞后，评价标准和政策机制导向仍不够聚焦。如何聚焦评估标准，发挥评估导向作用，强化教育投入，深度推进高等教育改革是新时期建设高质量教育体系所面临的一项重要评估问题。现阶段，为强化本科教育质量，我们实施了包括合格评估与审核评估在内的院校评估以及专业认证及评估、高校自我评估等，在一定程度上促进了学校教学质量的改善和专业发展，但均未深刻触及人才培养的核心要素，即课程。引导第三方评估机构，强化课程评估，不仅能对院校评估、专业认证及评估形成良好配合，更能以课程评估为中心，关照高等教育核心利益相关者的参与和发展，进一步完善我国现有高等教育评估体系的内涵。同时，使评估实践更进一步聚焦，也有助于巩固人才培养的核心地位。

二、进一步完善省域层面政策体系

在线开放课程是一流课程的重要组成部分，在线开放课程政策对一流课程可持续发展具有重要的指导与推动作用。2021年4月6日，教育部发布第二批国家级一流本科课程认定工作的通知，拟认定5000门左右线上、线下、线上线下混合式、虚拟仿真实验教学和社会实践五类国家级一流课程。首批国家级一流本科课程认定结果中，线上一流课程1875门，几乎占据了半壁江山。同时，众所周知，线上线下混合式一流课程主要依托在线开放课程开设，可见在线开放课程在一流课程中占据重要位置。一流课程如何可持续发展？在线开放课程是关键抓手，也是可持续发展的重要动力。宏观政策决定在线开放课程发展方向，然而我国在线开放课程相关政策及机制仍不够成熟，仍在不断探索中。根据谷世乾、李伟等人的研究，我国各省（区、市）在线开放课程政策的特征与问题主要表现在以下几方面：政策响应不足，各省（区、市）统筹重视程度有待进一步提高；政策适切性不足，区域特色有待进一步凸显；政策举措系统，可操作性有待进一步加强；政策措施力度大，协同创新有待进一步加强等。因此，在未来的建设和发展中，应着重：加强统筹规划，进一步督促各省（区、市）政策制订；因地制宜，强化政策与地方实际情况适切性；增强可操作性，重点细化在线开放课程应用与学分认定；智慧共生，协同优化建设方式、学习空间服务与运营模式。①

三、支撑高质量混合式教学

混合式教学是在线课程引发的新的教学新形态。如何应用在线课程实现教学模式的创新，成为新时期高等学校信息化教学的焦点问题。近年来，各高等学校纷纷开展慕课、小规模在线课程（SPOC）以及在线课程平台支持的信息化教学实践，探索新型教学模式。随着对在线教学的不断实践和反思，在线教学正在与传统课堂教学走向有机融合，趋向一体化发展，从而引发教育教学的

① 谷世乾，李伟.一流课程可持续发展之我国在线开放课程政策分析与建议[J].中国大学教学，2021(8)：79-85.

新变革。在“互联网+”教育理念的推动和一流本科课程“双万计划”的政策导向下，基于在线课程的混合式教学呈现出新的内涵。混合式教学模式把传统教学方式的优势和在线学习的优势结合起来，充分实现学习环境的混合、学习资源的混合、学习方式的混合，进而实现有效的教学。混合式教学是在线课程的主流应用模式，基于在线课程应用的线上线下混合式教学，将成为高等学校教学的新形态，成为教学改革的常态化手段。

四、强化在线开放课程群建设和应用

2015 年，《教育部关于加强高等学校在线开放课程建设应用与管理的意见》(简称《意见》)为在线开放课程建设应用与管理指明了发展方向。课程教学资源建设进入 MOOC 以及 SPOC 等新型在线开放课程或课程群建设的新阶段。《意见》指出：“发挥我国高等教育教学传统优势，借鉴国际先进经验，采取“高校主体、政府支持、社会参与”的方式，集聚优势力量和优质资源，构建具有中国特色在线开放课程体系和公共服务平台。”“建设一批以大规模在线开放课程为代表、课程应用与教学服务相融通的优质在线开放课程。”“以大学生文化素质教育课、受众面广量大的公共课和专业核心课程为重点，建设适合网络传播和教学活动的内容质量高、教学效果好的在线开放课程。”“鼓励高校间通过协同创新和集成创新的方式建设满足不同教学需要、不同学习需求的在线开放课程或课程群。”课程群是集教学目标和教学内容密切关联的若干单门课程为一体的课程有机集合体。以课程群建设为切入点，全面提升课程建设质量已经成为当前高等教育领域教育教学改革的基本共识之一。而在线开放课程群建设必将成为将开放课程建设推向更高水平的重要抓手，对提升在线开放课程建设的组织性、目的性、针对性、可利用性，合理利用社会资源、避免重复劳动、充分实现优质教学资源共建共享具有重要的意义。[①]

在线开放课程群的建设可以看作在线开放课程建设的新阶段。在线开放课程群是一个有机整体，它包括许多不同方向甚至不同内容层次的在线开放课

① 杨俊杰，陈正雄，赖绍聪．地球科学在线开放课程群建设的认识与思考[J]．中国大学教学，2018(11)：51-56.

程，它的内涵大于各门在线开放课程的总和。各门具体课程的建设奠定和构筑在线开放课程群的框架，具体课程之间的联系丰富在线开放课程群的内涵。因此，可以看到课程群是一个十分强调课程之间相互联系的课程体系。建设在线开放课程群，目的在于推动在线开放课程建设由“自发建设”转变“系统设计、充分讨论、优势共享、减少重复工作”。过去的国家精品课程建设、国家精品开放课程建设采用申报制，同样一门课程全国有多所高校在建设，而有些重要核心课程可能并未涉及。在开放课程资源建设多年、已有丰硕成果的基础上，需要考虑如何通过协同创新、整合资源的方式，形成一个课程体系。此外，课程群建设有助于构建覆盖更多专业核心课程，课程之间有机衔接、相互支撑的在线开放课程体系；有助于本专业的所有学生在专业核心课程层面共享代表国内最高水平的课程；有助于推进教学技术的探索，扩大师生互动、生生互动，推动探索高校间师生大规模在线研讨，促进课程群内各高校师生之间的有效交流。

五、强化在线开放课程跨校/区域协同建设和应用

在线开放课程是适应教育普及与实现教育公平的产物，也是信息化技术在课程中的应用，校际共建共享在线开放课程是建立在优势互补，在开放共享的基础上，打破了校际界限，实现共同发展。《教育部关于加强高等学校在线开放课程建设应用与管理的意见》（教高〔2015〕3 号）明确提出“鼓励高校间通过协同创新和集成创新的方式建设满足不同教学需要、不同学习需求的在线开放课程或课程群。”但是到目前为止，在已认定的国家精品在线开放课程中，跨校协同建设的课程占比极低。

校际共建共享在线开放课程资源是一件涉及内容、技术、平台、管理等各个方面的复杂事情。共享在线开放课程资源需要以学校为主体，政府参与，打破门户之见，以创新合理的管理体系促共享。除了政府、学校和课程建设者共同努力以外，关键在于加强课程管理体系的构建，这直接决定着在线开放课程运行的质量与持续性。因此，通过从激励机制、分享机制、运行机制、组织机制、保障机制、评估机制和监测机制入手，加强校际互动，整合多方资源，带动区域学

校整体协调创新发展。[①]

此外，我国高校和在校大学生的地区分布具有显著的空间相关性。经济发展水平、教育支出和人口总量对高校数量和在校学生规模具有正向的显著影响，即经济发展水平越高、教育支出和人口总量越多，则高校发展速度越快，其集聚的高校数量和在校大学生人数也越多。在非自身影响因素中，高等教育质量对高校区域布局的影响最大，经济发展水平的影响次之。东部地区高校数量显著多于中部和西部地区，高校数量区域结构并没有得到优化，但中西部在校大学生的规模相对于东部而言，增长更快，在校大学生的区域差距正在缩小。[②]然而，从区域布局来看，我国已认定的国家精品在线开放课程存在较为明显的区域不均衡现象，但这与我国高等教育分布是基本一致的，即优势资源主要集中在东部地区。在线开放课程具有跨时空的优势，强化跨区域协同建设在线开放课程，有助于实现优质资源的共享，对推进西部地区高校的改革和发展以及人才培养质量提升有着重要价值和意义。

六、推进在线开放课程教学质量国际互认

目前，我国在线教育规模已位列世界第一，上线慕课超过 3.6 万门，学习人数达 6016 亿人次，在校大学生获得慕课学位人数 1.89 亿人次。2019 年中国慕课大会发布《中国慕课行动宣言》，2020 年世界慕课大会发布《慕课发展北京宣言》，发起成立世界慕课联盟，中国在逐步引领学习革命。在支持全球抗击“新冠”疫情方面，我国推出两个世界最大规模的全英文在线教学课程平台，推荐 700 余门优质课程，并提供在线教学中国方案。我国在线开放课程建设和应用的国际影响力逐渐增强。

根据《教育部关于加强高等学校在线开放课程建设应用与管理的意见》（教高〔2015〕3 号）的相关要求，对外推广在线开放课程是我国高校在线开放课程建设和应用的重点任务之一，明确规定“规范在线开放课程的对外推广与引进。对外推广或引进课程应遵守我国教育、中外合作办学、互联网等相关法律法规，

① 陆兴凤. 校际共建共享在线开放课程管理体系构建研究[J]. 教育现代化，2018(28)：277-280.

② 李勇刚，罗海艳，任志安. 中国高校区域布局空间计量分析[J]. 统计与决策，2016(9)：117-121.

履行我国加入世界贸易组织有关教育服务的具体承诺，并择优推荐选择。学校或平台承担课程对外推广或引进课程的直接责任。鼓励通过国内在线开放课程公共服务平台和境外平台积极对外推广我国优质课程。鼓励优先引进反映学科发展前沿且具有先进的教育理念和教育经验的自然科学、工程与技术科学等学科优质课程。”质量互认是推进课程对外推广、引领世界高等在线教育形态发展的重要支撑。在大力实施“五位一体”评估的背景下，在专业国际认证中强化在线开放课程教学质量国际评估、研制和推广中国在线开放课程教学质量标准对引领在线教学新形态、提升在线开放课程国际影响力具有重要作用。

第二章
洞悉学术动态，筑牢研究根基

研究既需要创新，也需要借鉴，更重要的是在借鉴的基础上开拓创新，推动某个领域研究谱系的持续发展。课程评价是国内外学者开展课程教学质量保障研究的主流视角。高校在线课程教学质量保障研究中，采用文献计量学的方式，用系统性数据分析国内外在线课程评价研究现状，对本研究的顺利开展有着重要的借鉴意义与价值。

第一节 国内在线课程评价研究述评

课程是教育教学活动的重要构成要素，教学内容与课程体系改革是我国教学改革的重要内容。21 世纪初期，为深入推进“新世纪高等教育教学改革工程”，教育部高等教育司启动实施了“新世纪网络课程建设工程”，这是我国高等教育领域网络课程规模化建设与实施的起点。随后，为持续推动高等教育教学改革、提升教育质量，我国先后启动实施了“高等学校教学质量与教学改革工程精品课程建设(简称精品课程建设)”(教高〔2003〕1 号)、“国家精品开放课程建设”(教高〔2011〕8 号)以及“在线开放课程建设应用与管理”(教高〔2015〕3 号)、“国家精品在线开放课程认定”(教高厅函〔2017〕40 号)等一系列重大工作。无论在哪一发展阶段，质量永远是网络课程的生命线，是其可持续发展的核心。

当下，在教育信息化深入推进的浪潮下，以 MOOC 为代表的多类别在线开放课程得到了诸多学者和各级各类教育教学与科研机构的关注，尤其是在高等教育领域，引入在线开放课程已成为推动高等教育教学改革的最新选择。为规范在线开放课程在高等教育领域的应用，2015 年教育部发布的《教育部关于加强高等学校在线开放课程建设应用与管理的意见》(教高〔2015〕3 号)明确要求“鼓励高校制订在线开放课程教学质量认定标准，将通过本校认定的在线课程纳入培养方案和教学计划，并制订在线课程的教学效果评价办法和学生修读在线课程的学分认定办法。”因此，开展在线开放课程教学质量评价已成为当下高校引入在线开放课程的必要环节，将对在线开放课程的建设与管理产生重要影响。在线开放课程作为我国网络课程建设、应用与发展的最前沿代表，与其他时期的网络课程相比，既有共性特征也存在着其固有的个性特征。鉴于此，通过定性与计量的方式深度梳理、归纳我国网络课程评价的研究现状，不仅对当下在线开放课程教学质量认定标准的设计、开发与应用具有重要的实践参考价值，同时也可为国家精品在线开放课程的评审及管理提供参考。

一、数据来源与研究设计

（一）数据来源与分析

研究数据的全面性、代表性是提升研究价值的重要保障。为增强研究数据的全面性，本文的研究数据除包括期刊论文外，还包括博士、硕士学位论文；为增强研究数据的代表性，本研究将期刊文献的检索范围限制在核心期刊与CSSCI来源期刊。各类研究数据的获取过程及描述性统计结果如下所述。

本研究以CNKI为数据来源，分别对期刊数据库和硕士、博士学位论文数据库进行了检索，具体检索方法如下：在期刊论文检索过程中，为保障检索文献质量，本研究将期刊来源类别限制为“核心期刊”和“CSSCI”，先以“在线|网络|远程|开放|精品”为篇名关键词，“精确”检索；再以“课程”为篇名关键词在上述结果中“精确”检索；之后再以“评价|评估|认定|认证”为篇名关键词在上述检索结果中“精确”检索；最后，通过篇名、摘要、作者等信息对检索的文献进行过滤，剔除无作者文献、重复文献以及与研究主题不相关的文献后，共保留有效研究样本102篇。此外，为增强文献检索的全面性，本研究又以“大规模在线开放课程|慕课|MOOC|MOOCs|cMOOC|xMOOC”为篇名关键词，“精确”检索，之后以“评价|评估|认定|认证”为篇名关键词在上述检索结果中“精确”检索，经剔除与研究主题无关的文献，最终共保留有效研究样本25篇。在硕士、博士学位论文数据库检索过程中，本研究分别采用上述两种方式进行检索，经筛选分别保留有效硕士学位论文文献48篇、博士学位论文7篇。

在初步确定研究样本的基础上，本研究将研究数据（NoteFirst格式）导入书目共现分析系统BICOMB2对“标题”进行统计，发现5篇重复样本，删除后最终共保留有效研究样本177篇，其中期刊文献124篇、硕博学位论文53篇。

期刊论文文献刊载年度与刊载期刊的描述性统计结果分别如图 2-1、表 2-1 所示；硕士、博士学位论文文献发表年度与单位的描述性统计结果分别如图 2-2、表 2-2 所示。

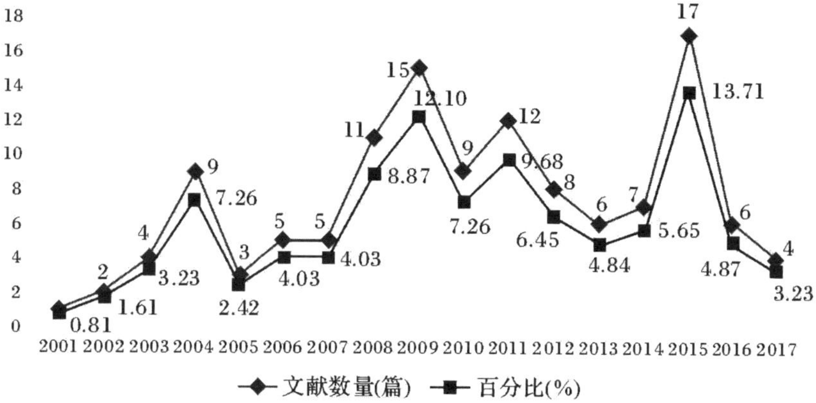

图 2-1 论文文献刊载年度数量与百分比分布

表 2-1 论文文献刊载期刊统计(频次≥3)

序号	期 刊	频次	累计百分比/(%)	序号	期 刊	频次	累计百分比/(%)
1	中国远程教育	19	15.32	6	现代远距离教育	5	61.29
2	中国电化教育	17	29.03	7	远程教育杂志	4	64.52
3	电化教育研究	15	41.13	8	中国大学教学	3	66.94
4	现代教育技术	10	49.19	9	职业技术教育	3	69.35
5	开放教育研究	10	57.26				

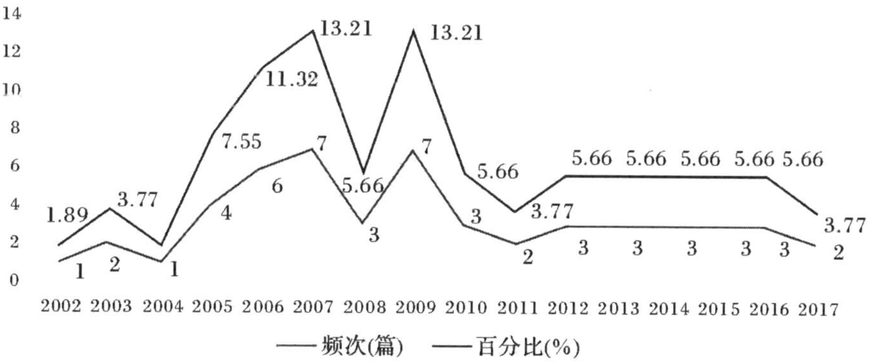

图 2-2 硕士、博士学位论文发表年度数量与百分比分布

表 2-2 博士、硕士学位论文发表单位统计(频次≥2)

序号	单 位	频次	累计百分比/(%)	序号	单 位	频次	累计百分比/(%)
1	华东师范大学	4	7.55	7	西北师范大学	2	37.74
2	南京师范大学	4	15.09	8	首都师范大学	2	41.51
3	陕西师范大学	3	20.75	9	山东师范大学	2	45.28
4	东北师范大学	3	26.42	10	曲阜师范大学	2	49.06
5	浙江师范大学	2	30.19	11	重庆大学	2	52.83
6	西南大学	2	33.96				

(二)研究设计

本研究试图通过基于高频关键词共现矩阵分析技术和社会网络分析技术对我国网络课程评价研究的热点进行定性与计量分析，研究过程中用到的研究工具主要有书目共现分析系统(BICOMB2)、SPSS Statistics 19.0、Ucinet6、Netdraw 等软件。

参照 BICOMB2 共词分析软件的使用说明与建议，[①]将本研究的具体操作过程归纳为以下几步：第一步，明确研究主题、数据源与检索方法，将 CNKI 中检索到的数据以“NoteFirst”格式导出；第二步，将研究数据导入 BICOMB2 软件，进行关键词清洗与词频统计，根据研究需要，选择合适的方法确定高频关键词；第三步，通过 BICOMB2 软件分别生成高频关键词词篇矩阵和共现矩阵；第四步，将高频关键词共现矩阵导入 Ucinet6、Netdraw 软件进行社会网络中心度分析，生成高频关键词社群图；第五步，将高频关键词词篇矩阵导入 SPSS19.0 进行系统聚类分析，生成高频关键词相似矩阵和聚类树图谱；第六步，综合步骤四和步骤五的分析结果，梳理归纳、综合反思我国网络课程评价研究的现状；最后，在已有研究的基础上，为当下在线开放课程教学质量认定标准的研制提供思路。

① BICOMB 使用说明书[EB/OL]. http://www.cmu.edu.cn/bc/menu2.html.

二、高频关键词统计与分析

（一）高频关键词的确定

1. 关键词清洗

经初步统计，本研究 177 篇文献共包含 709 个关键词（含重复关键词）。关键词清洗主要涉及同义词合并与规范化、统一表述等操作。为提高关键词清洗的准确性和效率，本研究在对关键词进行“值”升序排列的基础上，对同义词进行合并，如将“大规模在线开放课程”“MOOCs”“MOOC”“慕课”等统一更改为“MOOC”，将“AHP”“层次分析法”统一表述为“层次分析法”等。通过反复校对和修订，最终共生成 308 个不同关键词。

2. 高频关键词的确定

高频关键词的确定是科学构建知识图谱、精准把握某个领域研究热点的关键环节。本研究在对基于高频关键词词频分析的相关文献进行分析的基础上，将确定高频关键词的方法归纳为以下五种：根据研究需要①、普莱斯定律②、G 指数算法③、齐夫第二定律以及东北师范大学孙青兰教授提出的低频、高频关键词分解临界值计算公式④。

在明确上述高频关键词的基本原理与计算方法的基础上，本研究分别根据普莱斯定律、G 指数算法、齐夫第二定律以及东北师范大学孙青兰教授提出的低频、高频关键词临界值计算公式等方法的具体操作流程，对研究样本的关键词进行了计算分析，计算结果显示高频关键词的数量（阈值，累计词频百分比）分别为 26 个（8，47.12%）、18 个（5，50.21%）、6 个（22，32.58%）、6 个（17，

---

① 郭文斌，俞树文. 我国远程教育研究热点知识图谱——基于 3170 篇硕士及博士学位论文的关键词共词分析[J]. 电化教育研究. 2014(2)：45-49，67.

② 王佑镁，伍海燕. 中国高教研究领域高频被引论文的学术特征分析[J]. 中国高教研究，2012(1)：33-37.

③ 郭向飞. 基于关键词词频和 G 指数的新兴研究热点分析方法[J]. 大学图书情报学刊. 2014(7)：94-95，119.

④ 孙青兰. 高频、低频词的界分及词频估计方法[J]. 情报科学. 1992(4)：28－32.

32.58%）。通过对上述各算法计算结果的比较分析，本研究认为上述方法确定高频关键词阈值过高、累计词频百分比较低，难以全面反映国内网络课程评价研究的现状。鉴于此，根据研究需要，本研究最终将高频关键词阈值设定为3，共涉及35个关键词、累计词频百分比为58.25%，涉及文献168篇，占研究样本总量的94.92%。这意味着通过对前35位高频关键词的分析能够在很大程度上反映我国网络课程评价的研究热点，高频关键词见表2-3。

表2-3　高频关键词列表

序号	关键词	频次	序号	关键词	频次	序号	关键词	频次
1	网络课程	81	13	质量评价	12	25	德尔菲法	3
2	评价指标体系	43	14	评价指标	9	26	综合评价	3
3	MOOC	31	15	评价体系	7	27	内容分析	3
4	评价	28	16	评价方法	5	28	教师教育	3
5	网络课程评价	26	17	网络资源	5	29	教育评价	3
6	精品课程	22	18	评价模型	5	30	同伴互评	3
7	网络教育	16	19	教学设计	4	31	发展性评价	3
8	学习评价	15	20	评价研究	4	32	网络教学	3
9	权重	14	21	过程性评价	4	33	质量工程	3
10	模糊综合评价法	13	22	网络学习	4	34	网络课件	3
11	层次分析法	12	23	可用性	4	35	学习绩效	3
12	评价标准	12	24	高职	4			

（二）高频关键词社群图谱及分析

本研究采用BICOMB2对已确定的35个高频关键词进行共现分析，生成共现矩阵，见表2-4。

表2-4　高频关键词共现矩阵（部分）

内　容	网络课程	评价指标体系	MOOC	评价	网络课程评价	精品课程	网络教育
网络课程	81	23	2	18	8	0	7
评价指标体系	23	43	4	12	8	8	2
MOOC	2	4	31	1	4	0	1
评价	18	12	1	28	0	4	2

续表

内　容	网络课程	评价指标体系	MOOC	评价	网络课程评价	精品课程	网络教育
网络课程评价	8	8	4	0	26	2	4
精品课程	0	8	0	4	2	22	2
网络教育	7	2	1	2	4	2	16

关键词共现矩阵是一个无向对称关系的矩阵，两个关键词在同一篇文献中出现时，则表示这两个关键词间存在联系，矩阵对角线数值表示该关键词出现的总频次。通过对高频关键词共现矩阵中对角线以外的数值进行比较分析，高频关键词中存在较强联系（频次≥3）的关键词组主要有："网络课程"与"评价指标体系""评价""评价标准""权重""模糊综合评价法""网络课程评价""层次分析法""评价指标""学习评价""评价体系""评价模型""评价研究""德尔菲法""综合评价""教师教育""网络课件"的共现频次依次为23、18、11、10、9、8、6、6、5、4、4、3、3、3、3、3，这表明在网络课程评价研究中，诸多学者最集中关注的是网络课程的评价指标体系或评价标准的研究，模糊综合评价法是当前国内开展网络课程评价的主要方法，层次分析法、德尔菲法是网络课程评价指标体系研究中常用的权重计算方法，学习评价是网络课程评价的最新发展，教师教育类网络课程的评价逐渐引起业界学者的关注和重视。以此类推，通过对高频关键词共现矩阵的分析，本研究还发现：学习评价，尤其是同伴互评是MOOC评价的热点；网络资源与课程质量是"质量工程"下精品课程评价的主要关注点等。

共词网络分析对于了解一个研究主题的成熟度、知识结构、研究规模等状况具有非常重要的意义①。为更加明了地探寻上述高频共现关键词之间的内在联系，形象直观地展现我国网络课程评价的研究热点，本研究在利用BICOMB2生成高频关键词共现矩阵的基础上，利用UCINET6和NetDraw对高频关键词的共现矩阵进行社会网络中心度分析，最终绘制了高频关键词的社群图。

① 张松.我国教育技术学硕士学位论文的可视化研究[J].河北科技师范学院学报，2014(2)：96－101.

在高频关键词社群图谱中，每一个节点表示一个关键词，最终生成的社群图中35个高频关键词。结果显示：评价指标体系是网络课程评价研究的最主要内容，评价模型、评价方法的研究相对较为薄弱；层次分析法是网络课程评价研究中应用最为普遍的一种方法；网络课程评价的关注点正逐步由关注网络课程本身的质量评价逐步转向对学习者的学习评价；以 MOOC 为代表的新型网络课程的评价研究已初具规模，同伴互评是 MOOC 评价研究的最新趋势；教师教育类、高职类网络课程的评价逐步引起研究者的关注等。

（三）高频聚类图谱及分析

通过对高频关键词的聚类分析能够进一步反映高频关键词之间的亲疏关系，有利于深入分析我国网络课程的研究热点。关键词聚类分析时，先以最有影响的关键词生成聚类；其次，由聚类中的种子关键词及相邻的关键词再组成一个新的聚类。关键词越相似它们之间的距离越近，反之，则较远。[①] 本研究采用 BICOMB2 软件对已确定的高频关键词生成词篇矩阵，然后导入 SPSS19.0 进行系统聚类分析。分析过程中，聚类方法选择组间联接，度量标准选择二分类“Ochiai”，最终生成的高频关键词聚类树图谱如图 2-3 所示。

根据高频关键词聚类分析结果的连线，本研究将我国网络课程评价的研究热点分为6类，具体内容如下所述。

研究热点一：“质量工程”背景下，精品课程评价研究，包括“评价研究”“内容分析”“精品课程”“质量工程”“网络资源”5个关键词。从研究内容看，现有的研究样本中精品课程的评价研究以国家发布的精品课程评估指标体系的比较研究为主，既包括历史发展视角下的历年评估指标体系的自我比较，也包括与其他相关评估指标体系的国际比较，但以前者为主；其次是精品课程网络资源的评价研究，主要涉及网络资源的可及性评估、无障碍性评估、用户满意度评估以及评价指标体系与评价系统的设计与开发研究等；再次是精品课程教学质量评估指标体系研究，主要包括师资水平、教学条件和教学方法、教学管理、反

① 王敏，郭文斌. 我国近十年情绪调节研究热点知识图谱[J]. 心理研究，2011(4)：56-59.

馈效果、教材教辅使用等5个方面；最后是基于内容分析的精品课程评价研究现状述评研究。此外，从研究视角来看，"绩效"是我国开展精品课程评价的主要视角与导向。

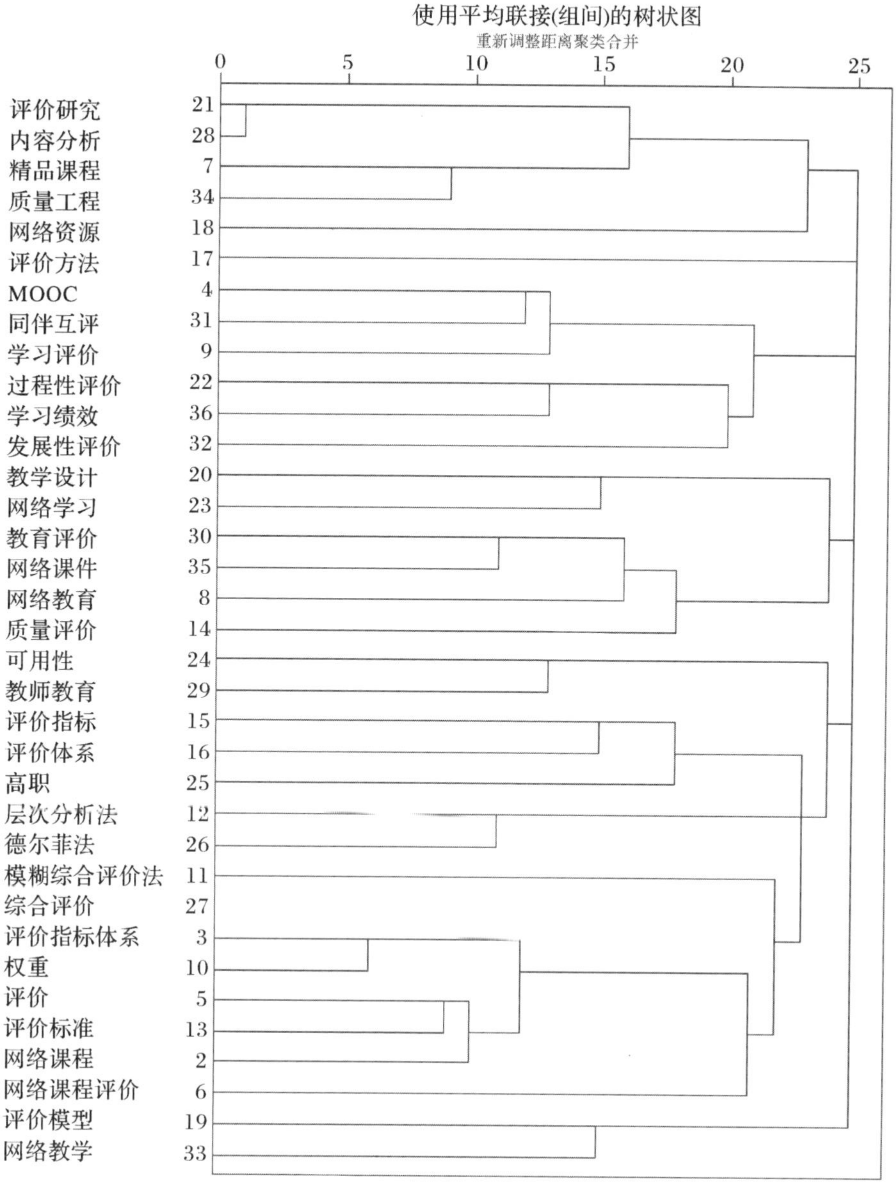

图2-3 高频关键词聚类树图谱

研究热点二：网络课程评价方法研究，包括“评价方法”1个关键词。通过对相关文献的分析，已有研究样本中专以“网络课程评价方法”为主题的研究较为罕见，主要是在网络课程评价指标体系的相关研究中将评价方法作为重要内容进行阐释和应用。经归纳，研究样本中所涉及的网络课程评价方法主要有专家评价法、层次分析法、正交试验法、模糊综合评价法、Topsis法、网络计量学方法以及社会网络分析法等。此外，网络课程评价研究的理论基础主要涉及灰色系统理论、首要教学原理、云模型理论、平衡计分卡理论、物元分析理论、建构主义学习理论、社会文化理论以及“主体间性”理论等。

研究热点三：网络课程学习评价研究。根据图2-4中关键词的连线关系，本研究将网络课程学习评价研究的热点分为两个层面：一是以“MOOC”“同伴互评”“学习评价”3个关键词为代表的学习者视角下的MOOC评价研究，研究成果以评价指标体系为主，以网络计量学、贝叶斯知识跟踪模型、模糊综合评价法为主要技术支撑，研究内容主要聚焦在适切性评估、教学评估、学习动机保持质量评价、学习成效评估、学习终端APP评估、MOOC平台使用满意度评估以及同伴互评等方面，其中同伴互评是现阶段MOOC学习评价研究的热点主题；二是以“过程性评价”“学习绩效”“发展性评价”等3个关键词为代表的以学习绩效为导向的网络课程的发展性评价与过程性评价。

研究热点四：网络课程质量评价研究，包括“教学设计”“网络学习”“教育评价”“网络课件”“网络教育”“质量评价”等6个关键词。该部分注重网络课程自身的质量评价，研究成果以评价指标体系、评价模型或框架为主，研究主题主要涉及网络课件质量认证、网络课程的试行评价、远程课程质量认定、精品课程质量评价、网络课程网站或平台评价、网络课程无障碍性评价以及MOOC的教学设计质量评估等，评价导向以专家评估与绩效评估为主。此外，对美国、德国等国家权威机构或高校颁布的网络课程质量评价标准的介绍及实践分析是我国开展网络课程质量评价国际比较研究的主要内容。

研究热点五：网络课程评价指标体系研究，包括“可用性”“教师教育”“评价指标”“评价体系”“高职”“层次分析法”“德尔菲法”“模糊综合评价法”“综合评价”“评价指标体系”“权重”“评价”“评价标准”“网络课程”“网络课程评价”等 15 个关键词。从网络课程应用领域看，以普通高校最为集中，高职院校与教师教育领域相对薄弱；从研究成果来看，以评价指标研究为主，评价模型、评价系统是评价指标体系研究的进一步拓展；从评价对象看，主要涉及课程自身评价、课程教学质量评价、学习评价以及网络资源评价 4 个层面；从使用的方法看，德尔菲法、层次分析法以及模糊综合评价法分别是确定评价指标、指标权重以及构建评价模型的主要方法；从评价范畴看，已逐步由高校网络教育学院的成人教育类网络课程扩展到以精品课程和 MOOC 为代表的大学生学习辅助类网络课程。

研究热点六：网络课程评价模型研究，包括“评价模型”与“网络教学”2 个关键词。通过对相关文献的分析，本研究根据评价模型构建指向的不同，将研究样本中网络课程评价模型分为网络课程质量评价模型、网络课程资源评价模型与网络课程学习评价模型 3 大类。网络课程质量评价模型是网络课程评价模型研究的主要内容，根据模型构建方法的不同可将模型分为模糊综合评价模型、在线评价模型、物元评价模型、感知质量评价模型等；网络课程资源评价模型主要包括综合评价模型与满意度评价模型两类；网络课程学习评价模型是网络课程评价模型研究的最新热点，主要包括学习质量综合评价模型、同伴互评概率模型等。

三、研究结论与启示

（一）研究结论

在对高频关键词进行网络中心度分析、系统聚类分析的基础上，本研究从历史发展的视角将我国网络课程评价研究现状归纳为以下几点。

(1)权威机构发布的相关文件对网络课程评价研究的促进作用与制约作用并存。自现代远程教育试点工程启动以来，网络课程的质量引起了国内诸多专家学者的重视。鉴于国内网络课程评价研究起步相对较晚，缺乏相关的经验借鉴，因此在网络课程评价早期主要以借鉴或参照国外权威机构发布的相关研究成果为主。通过文献梳理，对我国网络课程评价研究起重要参照作用的国外研究成果主要有美国《在线学习认证标准》《在线学习质量》《QM网络高等教育课程认证标准》与英国《虚拟学习环境的教育评价框架》、德国《远程教育课程评估》指标体系等。随着实践经验的积累,我国也陆续颁布了系列相关标准文件,为我国网络课程评价指标的确定提供了重要的参考,如《现代远程教育工程教育资源开发标准》《网络课程评价规范》《国家精品课程评估指标》以及《国家级精品资源共享课评审指标体系》等。然而,上述标准文件在推动我国网络课程评价研究与实践的同时,对其创新性发展也起到了一定的制约作用,导致对国外相关标准缺乏持续深入的国际比较研究,网络课程评价指标的确定基本以网络课程构成要素为依据且共性特征显著等。

(2)网络课程类别不断丰富,网络课程评价理念不断更新。纵观我国网络教育的发展历程,从现代远程教育试点到以MOOC为代表的在线开放课程,网络课程类别不断丰富,由最初的高校网络教育学院或广播电视大学等开设的满足社会在职人员继续教育需求的"学历补偿型"课程逐步扩充到高等教育领域辅助各学科面授教学的"效果增强型"课程,再扩展到面向全体社会成员的"全员普惠型"课程。网络课程的评价始终是各阶段网络课程研究的重点。从对研究样本的分析结果来看,我国网络课程的评价对象经历了由最初仅仅注重课程本身质量的评价逐步扩展到注重课程教学质量的评价,再到目前的网络课程学习评价。评价对象的演变意味着我国网络课程评价理念的更新与发展,如逐渐突显学习者在网络课程评价中的主体地位、注重系统思维的应用、网络课程评价的理论基础的发展呈多元化态势等。

(3)评价主体呈多元化,且注重"系统"评价价值的挖掘。在网络课程评价早期,网络课程的评定基本以"专家评估"为主,随着对教育评价认知的不断深入,评价主体逐步由"专家"扩展到包括教师、同事以及学生在内的多元评价主体。此外,由于大数据、学习分析等新兴信息技术在网络课程设计与开发阶段的深度应用,促使网络课程平台的智能化水平不断提高,网络课程平台或系统所具备的自动评价功能的价值逐步引起了专家学者的关注和挖掘,"系统"逐步成为参与网络课程评价的主体之一,同时推动了网络课程评价的量化、可视化与智能化的发展。

(4)网络课程评价指标体系虽经个案实践检验，但其可推广性有限。通过归纳，网络课程评价指标体系可推广性受限的原因主要有：网络课程评价指标体系在设计、开发与实践层面尚未充分考虑评价活动的背景特征，如网络课程的类型、学习群体的特征、学科特征等，对共性特征的考虑远远大于个性特征，制约了网络课程评价的针对性与真实性；网络课程评价的价值导向以等级评定为主，评定结果分为“优、良、中、差”、“合格、不合格”等，缺少对网络课程改进或优化价值的挖掘；评价指标的描述方式较为封闭，制约了评价数据收集的广泛性。此外，英语文献中“课程”有两种表达方式，即 Course 和 Curriculum。其中“Course”指“单门课程”，“Curriculum”指“课程体系”。目前国内网络课程评价指标体系大多是从“单门课程”的视角着手建构与实践的，“课程体系”视角下的评价指标体系研究却较为罕见。

(5)信息技术的发展与融入，推动了网络课程评价指标确定路径的变革。在研究的早期阶段，确定评价指标的基本路径是：综合梳理、分析已有研究成果，根据研究需要对已有评价指标进行筛选、修订和补充，初步确定评价指标后，采用德尔菲法征求专家意见，最终确定评价指标。随着大数据、学习分析以及数据挖掘技术的发展，研究者越来越注重网络课程平台中的大数据对确定评价指标的重要价值，如基于网络课程平台评论区文本数据的挖掘确定部分评价指标①，将网络课程平台记录的相关数据作为确定课程量化评价指标的重要依据②等，这在一定程度上推动了网络课程评价范式的转变。

(二)对在线开放课程教学质量认定的启示

为强化研究的实践指导价值，本研究在对国内网络课程评价研究现状进行分析的基础上，着重从以下 5 个层面对当下高校在线开放课程教学质量认定标准的研制进行了尝试性思考，期望能对该标准的研制与实践提供些许指导和帮助。

① 姚凯，李思志，李艳红，等. MOOC 评价模型研究[J]. 复旦教育论坛，2017(3)：65-71.

② 冯雪松，于青青，李晓明. 在实践中探索 MOOC 评价体系[J]. 中国大学教学，2015(10)：72-81，85.

1. 树立正确的价值取向

当下，各类在线课程平台的盛行及社会影响力的不断提升，为更多高校适时引入在线开放课程、创新人才培养模式、提升人才培养质量创造了良好的外在条件。根据《教育部关于加强高等学校在线开放课程建设应用与管理的意见》(教高〔2015〕3 号)对推进在线开放课程学分认定和学分管理制度创新的具体要求，在线开放课程教学质量认定是各高校将其纳入人才培养方案和教学计划的前提，也是后续开展在线课程教学效果评价、学分认定与转换工作的重要铺垫。鉴于在线课程平台在推出某门课程之前均会按照一定的标准对课程的质量进行评估，评定结果分“合格、不合格”或“优、良、中、差”等各类等级，并将其作为是否推出的重要依据。因此，高校在引入在线开放课程时的评估或认定工作的价值取向应该由课程质量的等级评定转向课程固有特性满足自身需求程度的评估，即在线开放课程的适切性评估，这与在线课程平台(课程供给方)开展课程评定工作的价值取向截然不同。然而，随着在线开放课程市场认证的不断成熟以及在线教育机构间的相互竞争，导致部分在线课程平台严重弱化甚至忽略课程上线前的质量评定环节。这在无形之中增加了高校在课程引入环节评定工作的复杂性。因此，适度强化、完善供给侧课程评定机制是保障高校在线开放课程教学质量认定工作有效实施的重要前提。此外，从供给侧与需求侧的相互作用关系来看，高校在课程引入环节开展教学质量认定工作的另一价值取向在于能够为在线开放课程的改进和市场推广提供重要的反馈信息，有利于增强在线开放课程的普适性。因此，高校开展在线开放课程教学质量认定工作具有双重价值取向，既要满足价值主体需求，又要促进在线开放课程的供给侧改革。

2. 坚持融合的研究视角

研究视角即研究者观察、分析研究对象的特定切入点，但并不需要全面反映研究对象的总体特征。因此，对同一现象或问题的观察，选择不同的视角往往会得到不同的认知，触及被观察对象本质的程度也存在一定的差异。在教育研究中，研究视角的来源主要有问题提出的背景、教育现象的对比、问题的构成要素、具体学科的观点以及方法论等 5 种。[①] 目前,国内开展网络课程评价的研究视角呈多样化,较为全面地反映了网络课程评价的总体特征,但均未深层次触及开展网络课程评价的关键,其缘由主要在于对开展网络课程评价的背景缺乏深层次的把握与分析。当下,开展在线开放课程教学质量认定的宏观背景是高校通过引入在线开放课程推动教育教学的信息化变革,提高人才培养质量。我国开展教育信息化工作始终坚持的核心理念是促进信息技术与教育教学深度融合。[②] 高校在线开放课程教学质量认定是我国当下高校教育信息化领域的重要课题,在研究与实践领域坚持"融合"的研究视角,将更有益于深度推进在线开放课程在高等教育领域的创新应用。《教育部办公厅关于开展 2017 年国家精品在线开放课程认定工作的通知》(教高厅函〔2017〕40 号)对申报参加国家精品在线开放课程认定的课程在融合创新层面提出了明确的要求,如"在教学内容与资源、教学设计与方法、教学活动与指导、团队支持与服务、教学效果与影响等方面,坚持质量为本、注重共享应用、体现融合创新。"因此,相比其他视角,坚持"融合"视角下的高校在线开放课程教学质量认定的研究与实践,更有利于促进高校在线开放课程的可持续发展。

3. 重视数据价值的挖掘

"先建设应用、后评价认定"是我国开展国家精品在线课程认定工作的重要原则,同时也反映了我国网络课程评价理念的转变。自 2012 年世界"慕课元年"至今,以 MOOC 为代表的在线开放课程的发展初具规模,平台功能不断完善、课程类别不断丰富、学习支持服务不断优化、注册并参与课程学习的群体也在不断扩大等。高校在引入在线开放课程之前,在线课程平台已经积累了较大规模的课程应用数据,这是先前网络课程投入教育教学使用前尚未具有的独特特征,是现阶段开展在线开放课程教学质量认定的重要依据。本研究认为在线课程平台累积的大量课程应用数据的应用价值主要体现在以下几方面:通过多个在线课程平台功能的比较分析,有利于明了各在线课程平台的共性功能与个

① 汪旺根,王小丁.论教育研究中的问题与视角[J].西华师范大学学报(哲学社会科学版),2010(1):51-54.
② 教技[2016]2 号文件.教育部关于印发《教育信息化"十三五"规划》的通知.

性功能，能强化高校对在线课程平台及其课程固有教学特性的深度认知；通过挖掘、分析、比较某门在线开放课程中不同学习群体的系列数据，有利于明了适应在线开放课程的学习群体的基本特征，能为高校引入和应用该课程提供参照；通过对在线课程平台讨论区或评论区所累积的文本数据的深度挖掘与分析，可初步归纳不同类型的学习群体对课程特性的关注点，能为深度了解在线开放课程的价值主体需求提供参照等。

4. 注重指标的动态构建

《ISO9000—2015 质量管理体系　基础和术语》将“质量”界定为“客体的一组固有特性满足要求的程度”。“教学质量是过程质量与结果质量、产品质量与服务质量的有机统一。学生发展结果是产品质量，教学运行是过程质量，教学条件与管理是服务质量。产品质量与结果质量决定过程质量与服务质量并以后者为条件，过程质量与服务质量服从于结果质量与产品质量并以后者为目的，提高产品质量或提高学生素质，必以提升服务质量和过程质量为前提和基础。”①以此为参照，本研究将“在线开放课程教学质量”界定为“在线开放课程所固有的教学特性满足价值主体需求的程度”。为实现对在线开放课程教学质量的“总体评判”，结合教学质量的内涵及“融合”的研究视角，本研究从整体观念出发，以过程质量为核心，倾向于从教学条件、教学过程和教学结果 3 个方面全面把握在线开放课程固有的教学特性。价值主体包括个体和社会两个方面，其中个体方面的价值主体主要包括教师、学生，社会方面的价值主体包括高等学校、用人单位乃至整个社会。

在上述逻辑推演下，本研究认为在线开放课程教学质量认定就是评判在线开放课程固有的教学特性满足价值主体需求程度的过程。“大学教育本质上是一种按学科和专业进行的分科教育。”②这意味着在线开放课程教学质量具有多样性特征。为增强课程教学质量评价的真实性、针对性与有效性，包含学生特征、课程特征和教师特征等在内的背景特征是开展在线开放课程教学质量认定必须考虑的关键要素。因此，在考虑背景特征的基础上，构建一个模块式或

① 刘振天.《高等学校教学质量报告》应该报告什么[J].中国高等教育，2012(3)：48-50.

② 钟锦文，张晓盈.美国高校课程教学质量评价指标体系及其启示[J].现代远距离教育，2007(2)：49-51.

菜单式的在线开放课程教学质量认定指标体系，由单一的基本构建组成模块或子菜单，使高校能够根据实际需要任意组合模块或菜单，形成所需要的评价指标体系，进而实现在线开放课程固有教学特性与价值主体需求之间的动态组合，二者组合指标的数量及匹配程度可作为评判课程适切性的重要依据。

5. 强化国际间比较研究

社会各领域的发展是一个相互借鉴的过程。与美国、英国、德国等西方发达国家相比，我国网络教育事业的起步相对较晚，从现代远程教育试点到MOOC，持续的国际比较研究对推进我国网络教育事业的跨越式发展起到了重要作用。对我国而言，开放教育资源是一种“舶来品”，该理念的引入促进了我国信息化资源建设与发展思维模式的转变。以 MOOC 为代表的在线开放课程是开放教育资源发展的最前沿代表，强化我国与欧美等国 MOOC 评价领域理论与实践的比较研究，对持续推进我国高校在线开放课程教学质量的认定更具有借鉴价值。此外，欧美等其他国家间网络课程评价的比较研究也应当作为今后国内开展网络课程评价国际比较研究的关注点。

现阶段，在线开放课程是网络课程发展的最新形态，是在线教育研究的热点话题，受到了各级各类学校的高度关注，尤其是高等教育领域，将其作为推进教育教学模式变革、创新人才培养体系的利器。对课程的教学质量进行认定是学校引入在线开放课程的前提，也是促进在线开放课程不断优化与强化市场认证的重要途径。本研究以事物发展的否定之否定规律为宏观指导，在对国内网络课程评价研究现状进行梳理与分析的基础上，对如何开展在线开放课程教学质量认定提出了自己的见解，希望能对在线开放课程教学质量认定的相关研究起到抛砖引玉的作用。

第二节　国外在线课程评价研究述评

自教高(2015)3 号文件发布以来，在线开放课程教学质量认定标准的研制已成为各高校通过引入在线开放课程推动课堂教学革命、促进高等教育内涵式发展所面临的现实问题，也是新时期继续完善我国高等教育质量保障体系的重大课题。国外在线课程评价研究起步相对较早，尤其是美国、英国等西方发达国家，积累了丰富的研究成果。在我国教育信息化迈入 2.0 时代的新背景下，运用定量与定性相结合的方法，对国外在线课程评价研究的现状进行系统梳理与深度剖析，能够为我国当下高校在线开放课教学质量认定标准的研制提供重要启示。

一、研究设计

（一）文献检索与描述

为增强研究样本的代表性，本研究以 Web of Science 核心文集为检索源，采用高级检索功能，分别将“web based course” OR “web-based course” “Massive Open Online Course” OR“Open Online Course” “MOOC”“Online Course” OR“on-line Course” “elearning Course” OR “e-learning Course” “distance Course” OR “distance education Course” “Virtual Course” “Internet course” OR “Network course”与“Evaluation” OR “Evaluate” OR “Assessment”OR “Appraisal”进行匹配，设定语种为“English”且文献类型为“Article”，开展主题检索，分别生成检索结果＃1、＃2、＃3、＃4、＃5、＃6、＃7、＃8；其次，采用逻辑“或”运算生成检索结果＃9，涉及文献 472 篇，即＃9＝＃8 OR ＃7 OR ＃6 OR ＃5 OR ＃4 OR ＃3 OR ＃2 OR ＃1；最后，剔除“国家/地区”值为“中国(PEOPLESR CHINA)”的 14 篇文献和值为“台湾(TAIWAN)”的 21 篇文献，生成检索结果＃10，涉及文献 437 篇，将其作为本研究引文空间分析的施引文献。

通过对 437 篇施引文献的刊载年代、作者及其国家/地区、所属机构、研究方向及刊载期刊等特征进行描述性统计分析，本研究发现：

(1)就刊载年度而言，自 2007 年至 2016 年，与在线课程评价相关的文献数量呈逐年递增的趋势，这意味着随着在线教育的发展，关于在线课程评价的研究日益受到专家、学者的广泛关注和重视。

(2)就刊载期刊而言，共涉及 235 种期刊，最高频次为 18，其中《Amerisan Journal of Pharmaceutical Education》、《International Review of Research in Open and Distance Learning》是对在线课程评价最为关注的两个期刊，累计百

分比分别为 4.12%、3.66%,其次依次是《Bmc Medical Education》(2.75%)、《Computers Education》(2.52%)、《Computers in Human Behavior》(2.29%)、《Educational Technology Societ Y》(2.06%)等。

(3)就研究作者而言,研究样本共涉及 500 位作者,最高频次为 5、最低频次为 1,其中累计频次为 5 的高产作者主要有 Khan KS,Kloos CD,Kulier R,Munoz-merino PJ,Pittenger AL 等 5 位,累计频次为 4 的高产作者主要有 Cook DA,Valimakim 等 2 位。

(4)就国家/地区而言,研究样本共涉及 72 个国家/地区,最高累计频次为 208,其中美国是关注在线课程评价最为集中的国家,占研究样本总量的 47.6%,其次是英国(9.15%)、西班牙(8.24%)、澳大利亚(5.49%)、荷兰(5.03%)、加拿大(4.81%)等西方发达国家。

(5)就研究机构而言,研究样本共涉及 500 家研究机构,最高频次为 12,其中英国开放大学是关注在线课程评价最集中的机构,占研究样本总量的 2.75%,其次依次为明尼苏达大学(2.52%)、斯坦福大学(2.06%)、布朗大学(1.37%)、哈佛大学(1.37%)、卡洛斯三世马德里大学(1.37%)以及华盛顿大学(1.37%)等。

(6)就作者的研究方向而言,研究样本中作者的研究方向共包括 63 类,最高累计频次为 255,主要以教育研究为主,累计百分比为 58.35%,其次依次是计算机科学(8.92%)、保健科学服务(7.32%)、心理学(6.41%)、工程学(5.49%)、护理学(5.49%)、公共环境职业保健(5.03%)及药理学(4.58%)等。

(二)研究方法与思路

本研究采用定性分析与定量研究相结合的方法,运用引文分析法对文献数据进行定量研究,并在可视化分析的基础上进一步开展定性分析。引文分析法是指运用数学和计算机等方法和手段,分析文献之间引证和被引证的知识联系和知识网络,揭示文献之间知识流动规律的一种计量方法,其主旨在于通过同时被其他文献引用的频次来表达文献间的关系,能够帮助人们更好的理解和定量的揭示科学的结构、亲缘关系和演化规律。研究前沿和知识基础是 CiteSpace 引文分析中的两个主要概念,二者之间的关系本质上是相互对应的。

研究前沿是由形成文献共被引矩阵中的文献及其施引文献中使用的突显词或突显词的聚类来体现的，是挖掘某一主题当前研究热点的关键数据源；知识基础是对应于研究前沿的所有前期文献的集合，主要是根据文献共被引聚类来体现的，[①]是挖掘某一主题前期研究积淀的关键数据源。

基于上述对 CiteSpace 引文分析学科基础和技术基础的分析和理解，本研究着重采用以下思路对国外在线课程评价的研究热点进行分析：①利用知识图谱可视化分析软件 CiteSpace 对研究样本进行共被引聚类分析，形成共被引聚类图谱、共被引时间线图谱；②根据上述聚类分析的结果，探寻各类主题所涉及的高突现性文献、高被引文献、高中心性文献以及各聚类所涉及的前沿文献和经典文献；③通过对高突现性文献、高被引文献、高中心性文献的分析，从宏观层面了解国外在线课程评价研究的发展历程；④分别对各聚类所涉及的高被引文献、高引用频次施引文献进行查阅与分析，了解各聚类研究的知识基础与前沿动态；⑤对上述数据分析结果进行归纳和总结，形成研究结论，并结合我国实际，对当下我国高等教育领域开展在线开放课程教学质量认定研究与实践的启示进行归纳和梳理。

二、数据分析与结果

参考文献共被引是指两篇参考文献被同一篇文献引用的现象，通过分析共被引网络中的聚类及关键节点，可以揭示出某个研究领域的知识结构。[②] 本研究采用引文空间分析软件 CiteSpaceV，以 Cited Reference 为节点，时间区段设置为 1 年，选择“burst term”为突变术语类型，设置 top N% per sliced 值为 10%，设置 LRF＝2、LBY＝8、e＝2.0，对 437 篇施引文献进行分析，最终在 12660 篇参考文献中筛选出 196 篇高被引文献，通过聚类分析最终形成引文共现聚类图谱（图 2－4）、引文共现时间线图谱（图 2－5）以及聚类结果（表 2－5）突现文献（表 2－6）与高中心性文献（表 2－7）。

① 陈悦，陈超美，胡志刚，等．引文空间分析原理与应用[M]．北京：科学出版社，2014：15，16，65.
② 陈悦，陈超美，胡志刚，等．引文空间分析原理与应用[M]．北京：科学出版社，2014：15，16，65.

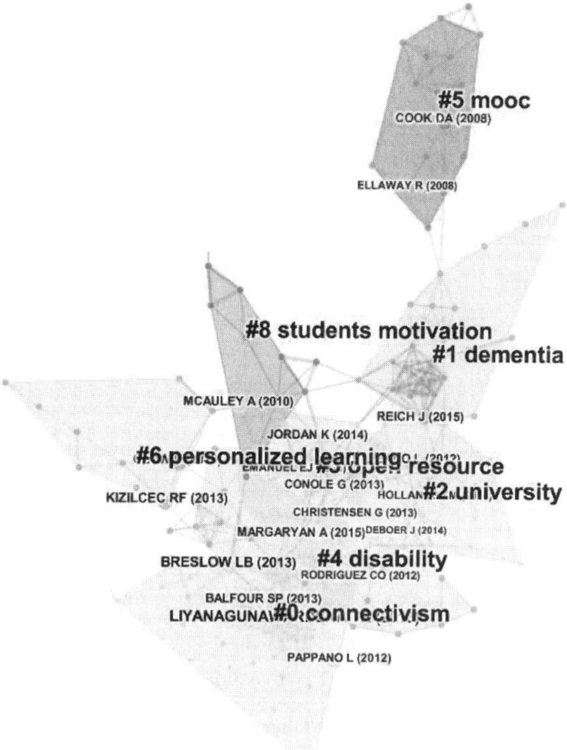

图 2-4 引文共现聚类图谱(LLR)

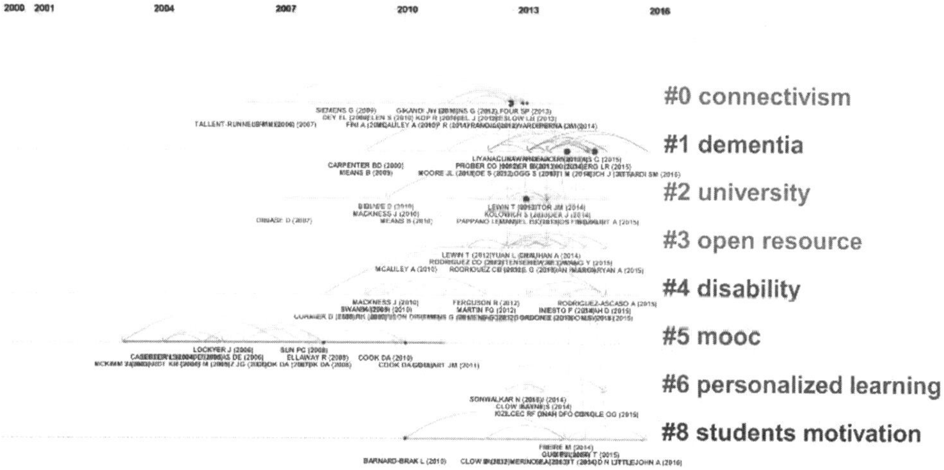

图 2-5 引文共现时间线图谱(LLR)

通过聚类分析,196 篇高被引文献被划分为 32 类,其中显著聚类共 8 类,其规模(Size)、轮廓值(Silhouette)、聚类标签(LSI、LLR、MI)、引文的平均发表年份(mean(Year))等信息统计如表 2-5 所示。

表 2-5　聚类基本信息描述

Cluster ID	Size	Silhouette	mean(Year)	Label (LSI)	Label (LLR)	Label (MI)
0	38	0.902	2011	massive open online course	connectivism	open educational practice
1	22	0.901	2013	continuing education	dementia	kirkpatrick
2	21	0.788	2012	distance education	university	high enrolment online course
3	21	0.772	2013	massive open online course	open resource	educational method
4	17	0.871	2011	online learning	disability	learning culture
5	16	0.968	2006	medical education	mooc	mentor
6	11	0.944	2013	learning analytics	personalized learning	fedx
8	9	0.901	2013	massive open online course	students motivation	mentor

表 2-6　高突现性文献

序号	Burst	参考文献	区间	聚类
1	4.47	Cook DA,2008,JAMA-J AM MED ASSOC	2011～2014	＃5
2	2.49	Ellaway R,2008,MED TEACH	2012～2013	＃5
3	4.59	Davis J,2007,BMC MED EDUC	2008～2010	＃7

高突现性文献是指那些被引频次在时间维度上突增的文献。突现性高的节点意味着这些文献在相应的时间区间里受到了额外的关注,一定程度上代表了该学科在相应时间区间的研究前沿和热点问题。从表 2-6 可知,前 3 篇高突现性文献有 2 篇来源于＃5,可见＃5 在一定程度上可以表达在某个时间区间内国外在线课程评价研究的前沿或热点问题。

表 2-7 高中心性文献信息表

Rank	Centrality	References	Cluster #
1	0.36	Friedman T,2013,NY TIMES	0
2	0.31	Goldberg LR,2015,BMC MED EDUC,5	1
3	0.28	Lahti M,2014,INT J NURS STUD,1,36	1
4	0.26	Emanuel EJ,2013,NATURE,03,42	2
5	0.19	Breslow LB,2013,RES PRACTICE ASSESSM,,3	0
6	0.19	Cook DA,2010,ADV HEALTH SCI EDUC,5,55	5
7	0.18	Barnard-brak L,2010,INT REV RES OPEN DIS,1,1	8
8	0.17	King C,2014,NATURE,05,6	2
9	0.14	Cook DA,2008,JAMA-J AM MED ASSOC,00,181	5
10	0.11	Liyanagunawardena TR,2013,INT REV RES OPEN DIS,4,02	0

高中心性论文意味着在结构上占据着重要位置的论文，即它们在连接其他节点或者几个不同的聚类上发挥着重要作用。这些文献可以看作国外在线课程评价领域具有里程碑意义的研究成果。文献“Friedman T，2013，NY TIMES”排位第一，其中心性为 0.36，属于＃0，从文献共被引聚类（表 2-7）中能够直接显示该文献的结构意义。此外，从聚类的分布来看，有 3 篇文献出现在＃0、2 篇文献出现在＃1、2 篇文献出现在＃2、2 篇文献出现在＃5、1 篇文献出现在＃8。

通过文献共被引聚类分析既可以准确查找出某一聚类中能够代表该类主题研究基础的高被引文献，同时也可精确定位该聚类中能够代表该类主题研究前沿的高引用比例的施引文献。被引频次越高意味着该文献对该主题研究的奠基作用越明显，引用比例越高意味着该文献对该主题研究前沿的代表性越强。因此，为进一步深度分析国外在线课程评价研究的现状，本研究对各聚类中所涉及的高被引文献与高引用频次文献进行了深度分析。

＃0 Connectivism

＃0 中所反映的高被引文献与高引用比例施引文献的基本信息见表 2-8。

表 2－8　#0“Connectivism”的主要被引文献与施引文献

被引文献（经典文献）		施引文献（前沿文献）	
被引频次	文献基本信息	引用比例	文献基本信息
15	Tharindu Rekha Liyanagunawardena, Andrew Alexandar Adams, Shirley Ann Williams. MOOCs: A Systematic Study of the Published Literature 2008-2012[J]. International Review of Research in Open & Distance Learning, 2014. 14(3): 202-227.	36.84%	Sinclair, Jane, Boyatt, Russell, Rocks, Claire, Joy, Mike. Massive open online courses (MOOCs): A review of usage and evaluation. International Journal of Learning Technology, 2015, 10 (1): 2-23.
12	L Breslow, DE Pritchard, J Deboer, GS Stump, AD Ho. Studying Learning in the Worldwide Classroom Research into edX's First MOOC[J]. Research & Practice in Assessment, 2013. 8: 13-25.	18.42%	Ahmed Mohamed Fahmy Yousef, Mohamed Amine Chatti1, Ulrik Schroeder, Marold Wosnitza. A Usability Evaluation of a Blended MOOC Environment: An Experimental Case Study [J]. International Review if Research in Open and Distancelearning, 2015, 5 (16): 69-93. (#2、#3、#6)
9	SP Balfour. Assessing Writing in MOOCs: Automated Essay Scoring and Calibrated Peer Review[J]. Research & Practice in Assessment, 2013. 8 (1): 40－48.	15.79%	Anthony C. Robinson, Joseph Kerski, Erin C. Long, Heng Luo, David DiBiase, Angela Lee. Maps and the geospatial revolution: teaching a massive open online course (MOOC) in geography[J]. Journal of Geography in Higher Education, 2015, 5(39): 1-18. (#2)
7	Laura Pappano. The Year of the MOOC [OL]. < http://www. nytimes. coom/2012/11/04/education/edlife/massive-open-online-course-are-multiplying-at-rapid-pace. html? pagewanted=all&_r=0. >	15.79%	M Ebben, JS Murphy. Unpacking MOOC scholarly discourse: a review of nascent MOOC scholarship [J]. Learning Media & Technology, 2014, 39 (3): 328-345.
4	JP Meyer, S Zhu. Fair and Equitable Measurement of Student Learning in MOOCS: An Introduction to Item Response Theory, Scale Linking, and Score Equating. Research & Practice in Assessment. 2013, 8: 26-39.	13.16%	S Ashton, RS Davies. Using scaffolded rubrics to improve peer assessment in a MOOC writing course[J]. Distance Education, 2015, 36(3): 312-334.

通过对表中主要被引文献的分析，该类研究的知识基础主要包括：Tharindu等人从概念与发展、经典案例、教育理论、技术支撑、课程学习者、课程提供者等8个层面对2008～2012年间MOOC的相关研究进行了综合性述评；Lori Breslow等人以edX平台发布的首门MOOC课程所积累的数据为挖掘对象，对课程资源的使用、学习者的人口学特征以及学生的学习成就与学习持久性等信息进行的统计与评估；Stephen P. Balfour对“基于机器的自动作文评分”和“基于校准的同伴评价”两种作文评价方法进行了比较分析；Laura Pappano在MOOC发展早期，对MOOC的内涵、特征及其在实践中急需解决的突出问题进行了分析；J. Patrick Meyer等人采用项目反应理论、测量链接（Scale Linking）、分数等值计算（Score Equating）等方法设计了能够阻止在线评价中欺骗行为发生的MOOC学习评价框架等。

通过对表2-8主要施引文献的分析，该类的研究前沿话题主要包括：Jane Sinclair等人开展的教学与技术双重视角下多类别MOOC（如cMOOC，xMOOC，aMOOC，sMOOC，SPOC等）实践应用的比较研究；Yousef等人开展的混合型MOOC（bMOOCs）在高等教育领域中有用性与有效性进的评估研究；Anthony C. Robinson等人从课程内容与传输的质量评价、课程教学效果和影响评价两个维度开展的MOOC在地理学教学中的应用评估研究；M Ebben与JS Murphy等人开展的MOOC发展阶段研究；S Ashton等人开展的基于引导性量规的MOOC同伴互评优化策略研究。此外，通过对该聚类中其他施引文献的分析，该类研究前沿话题还包括：iMOOC的设计与实施效果评估①、MOOC用户界面设计与通用教学设计评估②、MOOC价值评估③、MOOC中自

① José Coelho, ntónio Teixeira, Paula Bacelar Nicolau, Sandra Caeiro, Vitor Rocio. iMOOC on Climate Change: Evaluation of a Massive Open Online Learning Pilot Experience[J]. International Review of Research in Open and Distributed Learning, 2015(16): 152-173.

② Richard Meyer, Martonia Gaskil, Phu Vu. Rating User Interface and Universal Instructional Design in MOOC Course Design[J]. Revue internationale des technologies en pédagogie universitaire, 2015(12): 62-74.

③ Hayriye Tugba Ozturk. Examining Value Change in MOOCs in the Scope of Connectivism and Open Educational Resources Movement[J]. International Review of Research in Open and Distributed Learning, 2015(5): 119-143.

动作文评分系统的有效性评估①、教师培训类 MOOC 教学质量评估指标研究②、MOOC 质量评估工具的比较研究③、社交媒体参与视角下 MOOC 学习有效性评估④、网络教学视频协同标注的设计及有效性评估⑤以及 xMOOC 评价标准研究⑥，等等。

♯1 dementia

♯1 中所反映的高被引文献与高引用比例施引文献的基本信息见表 2－9。

表 2－9　♯1"Dementia"的主要被引文献与施引文献

被引文献（经典文献）		施引文献（前沿文献）	
被引频次	文献基本信息	引用比例	文献基本信息
8	J Reich. Rebooting MOOC Research [J]. Science, 2015, 347: 34-35.	36.36%	Bronwen J. Swinnerton, Neil P. Morris, Stephanie Hotchkiss, James D. Pickering. The Integration of an Anatomy Massive Open Online Course (MOOC) into a Medical Anatomy Curriculum [R]. Wiley Subscription Services, Inc., 2017 Jan-Feb.

① ED Reilly, RE Stafford, KM Williams, SB Corliss. Evaluating the Validity and Applicability of Automated Essay Scoring in Two Massive Open Online Courses[J]. International Review of Research in Open & Distance Learning. 2014(5): 83-98.

② Lyadl Garza, TS Vinuesa, MGG Zermeo. Indicators of pedagogical quality for the design of a Massive Open Online Course for teacher training[J]. International Journal of Educational Technology in Higher Education, 2015(1): 104-118.

③ MR Fernandez, JLS Silvera, EL Meneses. Comparative between quality assessment tools for MOOCs: ADECUR vs Standard UNE 66181: 2012[J]. International Journal of Educational Technology in Higher Education, 2015(1): 131-144.

④ Alan Ruby, Laura Perna, Robert Boruch, and Nicole Wang. Are There Metrics for MOOCs from Social Media? [J]. Online Learning, 2015(5): 159-170.

⑤ F Grunewald, C Meinel. Implementation and Evaluation of Digital E-Lecture Annotation in Learning Groups to Foster Active Learning[J]. IEEE Transactions on Learning Technologies, 2015(3): 286-298.

⑥ M Khalil, H Brunner, M Ebner. Evaluation grid for xMOOCs[J]. International Journal of Emerging Technologies in Learning, 2015(4): 40-45.

续表

被引文献(经典文献)		施引文献(前沿文献)	
被引频次	文献基本信息	引用比例	文献基本信息
4	L Mari, H Heli, V Maritta. Impact of e-learning on nurses' and student nurses knowledge, skills, and satisfaction: A systematic review and meta-analysis [J]. International Journal of Nursing Studies, 2014, 51(1): 136-149.	36.36%	Pickering, JD, Henningsohn, L, DeRuiter, MC, de Jong, PGM, Reinders, MEJ. Twelve tips for developing and delivering a massive open online course in medical education [J]. Medical Teacher, 2017, 39(7): 691-696. (#3)
4	Lynette R Goldberg, Erica Bell, Carolyn King, Ciaran O'Mara, Fran McInerney, Andrew Robinson, James Vickers. Relationship between participants' level of education and engagement in their completion of the Understanding Dementia Massive Open Online Course [J]. Bmc Medical Education, 2015, 15 (1): 2-7.	31.82%	RF Kizilcec, M Pérez-Sanagustín, JJ Maldonado. Self-regulated learning strategies predict learner behavior and goal attainment in Massive Open Online Courses [J]. Computers & Education, 2017, 104: 18-33. (#8)
3	Siemens G, 2015, PREPARING DIGITAL U*	27.27%	Bozkurt, Aras | Keskin, Nilgun Ozdamar | de Waard, Inge. Research Trends in Massive Open Online Course (MOOC) Theses and Dissertations: Surfing the Tsunami Wave[J]. Open Praxis, 2016, 8(3): 203-221. (#2)
3	HK Suen. Peer Assessment for Massive Open Online Courses (MOOCs) [J]. International Review of Research in Open & Distance Learning. 2014, 15 (3): 312-327	22.73%	SA Chapman, S Goodman, J Jawitz, A Deacon. A strategy for monitoring and evaluating massive open online courses [J]. Evaluation & Program Planning. 2016, 57: 55.

注：标*文献为未精确检索到全文文献，下同。

通过对表 2－9 中主要被引文献的分析，该类研究的知识基础主要包括：Justin Reich 从改善评价、数据共享与实验设计 3 个层面对 MOOC 的研究趋势进行了分析，并指出学习者深度学习的影响因素是 MOOC 研究更应聚焦的主题；Mari Lahti 等人开展的在线学习对在职、职前护士专业知识与技能提升的影响研究，并指出在线学习对护士专业发展有效性评估是 MOOC 在医学领域的研究趋势；Lynette R Goldberg 等人开展的 MOOC 学习者教育水平与课程参与度的关系研究，研究表明课程参与者的教育水平对能否完成课程学习无显著影响，强化课程讨论功能的设计与开发是提升课程完成率的重要条件；Hoi K. Suen 提出了提升 MOOCs 同伴互评有效性的 4 种途径，即基于联通主义的 MOOC 设计、校准的同伴互评系统、贝叶斯事后统计校正法与信誉指数法等。

通过对表 2－9 中主要施引文献的分析，该类研究的前沿话题主要包括：Bronwen J. Swinnerton 等人与 Pickering，JD 等人分别开展的 MOOC 与医学教育的融合与评价研究；Rene F. Kizilcec 等人开展的 MOOC 情境下学习者自我调节策略对个体学习行为、目标达成的预测效应研究；Aras Bozkurt 等从研究学科、研究方法等维度开展的 MOOC 研究趋势评估；S. A. Chapman 等人开展的 MOOC 监测与评估策略研究，并提出了“双管齐下的 MOOC 评估策略”。此外，通过对该聚类中其他施引文献的分析，该类研究的前沿话题还包括 MOOC 对提升老年人看护劳动力的优势评估[①]、MOOC 同伴互评有效性论证[②③]，等。

＃2 University

＃2 中所反映的高被引文献与高引用比例施引文献的基本信息见表 2－10。

① Gitlin，Laura，Hodgson，Nancy. Online training-can it prepare an eldercare workforce? [DB/OL] <https://www.questia.com/read/1P3-4092830421/online-training-can-it-prepare-an-eldercare-workforce>. 2016-1-1.

② SEM Meek，L Blakemore，L Marks. Is peer review an appropriate form of assessment in a MOOC? Student participation and performance in formative peer review[J]. Assessment & Evaluation in Higher Education，2017(42)：1-14.

③ M Formanek，MC Wenger，SR Buxner，CD Impey，T Sonam. Insights about large-scale online peer assessment from an analysis of an astronomy MOOC[J]. Computers & Education，2017(113)：243-262.

表 2－10 ＃2“University”的主要被引文献与施引文献

被引文献（经典文献）		施引文献（前沿文献）	
被引频次	文献基本信息	引用比例	文献基本信息
9	Laura Pappano. The Year of the MOOC [OL]. < http://www.nytimes. coom/2012/11/04/education/edlife/massive-open-online-course-are-multiplying-at-rapid-pace. html?pagewanted=all&_r=0.>	47.62%	J Sinclair，Boyatt，J Foss，C Rocks. A study of user participation across different delivery modes of a massive open online course [J]. International Journal of Learning Technology，2016，11(2)：1-21.（＃3）
6	EJ Emanuel. MOOCs taken by educated few [J]. Nature，2013，503 (7476)：342.	33.33%	Ahmed Mohamed Fahmy Yousef，Mohamed Amine Chattil，Ulrik Schroeder，Marold Wosnitza. A Usability Evaluation of a Blended MOOC Environment：An Experimental Case Study [J]. International Review of Research in Open and Distance Learning，2015，5(16)：69-93.（＃0、＃3、＃6）
6	Fiona M. Hollands，Devayani Tirthali. MOOCs：Expectations and Reality[J]. Online Submission，2014(5)：1-210.	33.33%	SE Alcock，JA Dufton，M Durusu-Tanrover. Archaeology and the MOOC：Massive，open，online，andopportunistic[J]. Journal of Social Archaeology，2016，16(1)：3-31.
5	Jennifer DeBoer，Andrew D. Ho，Glenda S. Stump，Lori Breslow. Changing “Course”：Reconceptualizing Educational Variables for Massive Open Online Courses[J]. Educational Researcher，2014，43 (2)：74-84.	28.57%	Bozkurt，Aras | Keskin，Nilgun Ozdamar | de Waard，Inge. Research Trends in Massive Open Online Course (MOOC) Theses and Dissertations：Surfing the Tsunami Wave[J]. Open Praxis，2016，8(3)：203-221.（＃1）
4	Means，Barbara，Toyama，Yukie，Murphy，Robert，Bakia，Marianne，Jones，Karla. Evaluation of Evidence-Based Practices in Online Learning：A Meta-Analysis and Review of Online Learning Studies [J]. Us Department of Education，2009，115 (3)：93.	28.57%	Anthony C. Robinson，Joseph Kerski，Erin C. Long，Heng Luo，David DiBiase，Angela Lee. Maps and the geospatial revolution：teaching a massive open online course (MOOC) in geography[J]. Journal of Geography in Higher Education，2015，5(39)：1-18.（＃0）

通过对表 2－10 中主要被引文献的分析，该类研究的知识基础主要包括：Ezekiel J. Emanuel 的研究表明当下 MOOC 的使用者仍以已接受良好教育的群体为主，对弱势群体的普惠程度仍差强人意，这在一定程度上与 MOOC 的发展初衷存在较大差距；Fiona M. Hollands 等人采用案例分析的方法对“机构为什么引入与应用 MOOC”“MOOC 未来 5 年发展趋势”等问题进行了详尽阐释；Jennifer DeBoer 等人对“注册”“参与”“课程”“成绩”等 4 个 MOOC 研究变量的内涵进行了重新界定，并提出了描述和理解 MOOC 情境下用户行为的新途径；Barbara Means 等人对 1996～2008 年间在线学习实证研究的文献进行了综合性评价与反思。

通过对表 2－10 中主要施引文献的分析，该类研究的前沿话题主要包括：Jane Sinclair 等人开展的不同传递模式下（传统型、支持型）MOOC 学习者参与度的比较研究，研究表明支持型 MOOC 学习者的课程参与度、课程测试的完成率显著高于传统型，但二者之间的学习效果并不存在显著性差异；Susan E Alcock 等人从课程设计、课程内容、评价标准等方面开展的 MOOC 在考古学领域的应用研究，并对 MOOC 推动考古领域公共宣传的可能性进行了探究。此外，通过对该聚类中其他施引文献的分析，该类研究的前沿话题还包括：MOOC 对开放地理教育领域开放教育计划的应用效果评估①、MOOC 的创新潜力评估②、学习者参与 bMOOC 的学习活动评价③、MOOC 学习活动的翻转评价④、数字代理或智能机器人在视频教学中作为讲师的“教学”效果评估⑤、MOOC 平台的经

① M Belgiu，J Strobl，G Wallentin. Open Geospatial Education[J]. ISPRS International Journal of Geo-Information，2015(2)：697-710.

② YM Kalman. Cutting through the hype：evaluating the innovative potential of new educational technologies through business model analysis[J]. Open Learning，2016(1)：64-75.

③ JA Konstan，JD Walker，DC Brooks，et al. Teaching recommender systems at large scale：evaluation and lessons learned from a hybrid MOOC[J]. Acm Conference on Learning，2014(2)：61-70.

④ Yenn Lee，J. Simon Rofe. Paragogy and flipped assessment：experience of designing and running a MOOC on research methods[J]. Open Learning：The Journal of Open，Distance and e-Learning，2016(2)：116-129.

⑤ J Li，R Kizilcec，Bailenson，et al. Social robots and virtual agents as lecturers for video instruction[J]. Computers in Human Behavior，2015(55)：1222-1230.

济效益评估①、在线公开课评估焦点研究②以及 MOOC 写作评估的改进策略③等。

#3 Open Resource

#3 中所反映的高被引文献与高引用比例施引文献的基本信息见表 2-11。

表 2-11　#3"Open Resource"的主要被引文献与施引文献

被引文献		施引文献	
被引频次	文献基本信息	引用比例	文献基本信息
9	K Jordan. Initial Trends in Enrolment and Completion of Massive Open Online Courses[J]. International Review of Research in Open & Distance, 2014,15 (1):133-160.	47.62%	J Sinclair, Boyatt, J Foss, C Rocks. A study of user participation across different delivery modes of a massive open online course [J]. International Journal of Learning Technology, 2016, 11(2):1-21.(#2)
8	A Margaryan, M Bianco, A Littlejohn. Instructional quality of Massive Open Online Courses (MOOCs)[J]. Computers & Education, 2015, 80:77-83.	38.10%	Pickering J D, Henningsohn L, DeRuiter M C, de Jong, PGM, Reinders, MEJ. Twelve tips for developing and delivering a massive open online course in medical education [J]. Medical Teacher, 2017, 39(7): 691-696.(#1)
8	Mcauley A, 2010, MOOC MODEL DIGITAL P*	38.10%	J Sinclair, S Kalvala. Student engagement in massive open online courses[J]. Inderscience Publishers, 2016, 11(3):218.
7	G Conole. MOOCs as disruptive technologies: strategies for enhancing the learner experience and quality of MOOCs[J]. Red Revista De Educación A Distancia. 2013, 39 (50).	33.33%	Ahmed Mohamed Fahmy Yousef, Mohamed Amine Chattil, Ulrik Schroeder, Marold Wosnitza. A Usability Evaluation of a Blended MOOC Environment: An Experimental Case Study [J]. International Review of Research in Open and Distance Learning, 2015, 5 (16):69-93.(#0、#2、#6)

① P Belleflamme, J Jacqmin. An Economic Appraisal of MOOC Platforms: Business Models and Impacts on Higher Education[J]. Social Science Electronic Publishing, 2016(1):1-24.

② L Hills, J Hughes. Assessment worlds colliding? Negotiating between discourses of assessment on an online open course[J]. Open Learning, 2016(31):1-8.

③ Kdk D, Mem E. Adventuring into MOOC writing assessment: Challenges, results, and possibilities[J]. College Composition & Communication, 2016(67):318-359.

续表

被引文献		施引文献	
被引频次	文献基本信息	引用比例	文献基本信息
6	Gayle Christensen, Andrew Steinmetz, Brandon Alcorn, Amy Bennett. The MOOC Phenomenon: Who Takes Massive Open Online Courses and Why? [J]. Social Science Electronic Publishing, 2016.	33.33%	SE Alcock, JA Dufton, M Durusu-Tanrover. Archaeology and the MOOC: Massive, open, online, and opportunistic[J]. Journal of Social Archaeology, 2016, 16(1): 3-31. (#2)

通过对表 2-11 中主要被引文献的分析，该类研究的知识基础主要包括：Katy Jordan 基于大数据分析技术开展的 MOOC 注册与完成率的变化趋势研究；Anoush Margaryan 以首要教学原理为主要依据，基于问卷调查开展的 xMOOCs 与 cMOOCs 教学设计质量评估研究，研究表明大多数 MOOCs 在教学设计原则的各维度得分均较低，教学设计质量令人担忧；Gráinne Conole 提出的优化学习者学习体验与改善 MOOC 质量的 7C 学习设计框架，即概念化(Conceptualization)、引起注意(Capture)、沟通(Communicate)、协作(Collaborate)、深思(Consider)、合并(Combine)、巩固(Consolidate)；Gayle Christensen 等人基于 Coursera 平台的在线调查，发现学习者使用 MOOC 的主要缘由是优化工作与满足好奇心，使用 MOOCs 的群体以接受过良好教育的在职年轻人为主，其中绝大多数来自发达国家，男性群体的规模显著高于女性，尤其是发展中国家，MOOC 使用对象的开放性有待进一步扩展。

通过对表 2-11 中主要施引文献的分析，该类研究的前沿话题主要包括：J Sinclair等人认为重新界定 MOOC 情境下“学生参与”的内涵，要比从“资源获取模式”或“辍学率”的视角着手，更有利于深度分析 MOOC 情境下学生完成率的相关问题。此外，通过对该聚类中其他施引文献进行分析，其研究前沿话题还包括 MOOC 学习者学习情绪的监测与评估研究①、MOOC 在牙科教育中应

① D Leony, PJ Muoz-Merino, JA Ruipérez-Valiente, et al. Detection and evaluation of emotions in massive open online courses[J]. Jucs, 2015(5): 638-655.

用的利弊评估[①]、MOOC 视频内嵌测试效果的评估[②]、欧洲高等教育领域 MOOC 质量评估指标构建[③]等。

♯4 Disability

♯4 中所反映的高被引文献与高引用比例施引文献的基本信息见表 2－12。

表 2－12 ♯4"Disability"的主要被引文献与施引文献

被引文献		施引文献	
被引频次	文献基本信息	引用比例	文献基本信息
3	Garrison DR，2010，Internet High Educ*	35.29%	Sanchez-Gordon，S，How Could MOOCs Become Accessible? The Case of edX and the Future of Inclusive Online Learning，Journal of Universal Computer Science，2016(22)：55.
2	M Sharples. P Mcandrew，M Weller，R Ferguson. Innovating Pedagogy 2012：Open University Innovation Report [R]. < https://www.researchgate.net/publication/236616273_Innovating_Pedagogy_2012_Open_University_Innovation_Report_1>.	29.41%	Martin，JL，MOOCs for all：Evaluating the accessibility of top MOOC platforms，International Journal of Engineering Education，2016(32)：2274
2	Rodriguez-ascaso A，2015，Ibero AM J Distance*	17.65%	Mathews，SA，Developing a Framework to Evaluate the Potential of Global Learning in MOOCs，New Horizons in Adult Education and Human Resource Development，2016(28)：3

① RC Kearney，S Premaraj，BM Smith，et al. Massive Open Online Courses in Dental Education[J]. Journal of Dental Education，2016(2)：121-127.

② CG Brinton，S Buccapatnam，M Chiang，et al. Mining MOOC Clickstreams：Video-Watching Behavior vs. In-Video Quiz Performance[J]. IEEE Transactions on Signal Processing，2016(14)：3677-3692.

③ Yepes i Baldó，Montserrat，Romeo Delgado，et al. Quality indicators：developing 'MOOCs' in the European Higher Education Area[J]. Emi. Educational Media International，2016(3)：184-197.

续表

被引文献		施引文献	
被引频次	文献基本信息	引用比例	文献基本信息
2	Dhawal Shah. MOOCs in 2014: Breaking Down the Numbers[OL]. 2014-12-26. < https://www. edsurge. com/news/2014-12-26-moocs-in-2014-breaking-down-the-numbers >	17.65%	Kim,J. Effects of learning analytics dashboard: analyzing the relations among dashboard utilization, satisfaction, and learning achievement, Asia Pacificeducation Review, 2016 (17)
2	S Hayes. MOOCs and Quality: A Review of the Recent Literature [J]. French Forum, 2015, 13(3): 261-276.	17.65%	Goggins, SP. Connecting performance to social structure and pedagogy as a pathway to scaling learning analytics in MOOCs: an exploratory study, Journal of Computer Assisted Learning, 2016(32):224.

通过对表 2-12 中主要被引文献的分析，该类研究的知识基础主要包括：英国开放大学发布的《创新教育 2012》明确阐释了 MOOC 的发展及其对未来教育教学产生影响的趋势；Dhawal Shah 在对 MOOC 提供商、课程主题等信息进行统计分析的基础上，将 2014 年度 MOOC 的发展趋势归纳为：MOOC 提供商推出学业证书、MOOC 质量改善、MOOC 个性化发展、MOOC 的"随时可用性"；Sarah Hayes 从 MOOC 本质与 MOOC 质量两个层面对 MOOC 研究成果进行了综合性述评。

通过对表 2-12 中主要施引文献的分析，该类研究的前沿话题主要包括：Sandra 等人采用 ATAG 2.0 从视觉、听觉、监控与认知 4 个层面对 edX Studio 的无障碍性进行了评估；José R. Hilera 等人以 eXaminator、FAE、Tingtun 等无障碍性自动评估工具为主，以专家引导性评估为辅，对 Coursera、edX、Udacity、MiriadaX、UNED COMA、Udemy、Futurelearn、NovoEd 等 8 个 MOOC 平台的无障碍性进行了评估；Sarah A. Mathews 等人以培养学生 21 世纪技能为导向，设计和开发了 MOOC 全球性学习潜能评估框架；Jeonghyun Kim 等人采用实验研究的方法对 MOOC 学习活动中学习分析仪表盘的学习支持效果进行了评估;Goggins 等人基于 MOOC 平台上学习者学习跟踪数据与质性绩效数据的分析，从绩效结构评估、小群体动力与结构的差异分析以及学习绩效与社会结构之间的联系等 3 个层面对 MOOC 的教学分析进行了评估。此外，通过对该聚类中其他施引文献进行分析，该类研究的前沿话题还包括 MOOC 质量评估与 e-learninn 质量评估的比较①、MOOC 学习文化研究②等。

#5 MOOC

#5 中所反映的高被引文献与高引用比例施引文献的基本信息见表 2－13。

表 2－13 #5“MOOC”的主要被引文献与施引文献

被引文献		施引文献	
被引频次	文献基本信息	引用比例	文献基本信息
8	David A. Cook, Anthony J. Internet-Based Learning in the Health Professions: A Meta-analysis [J]. JAMA 2008,300:1181-1196.	31.25%	Fredy A. Canchihuaman, Patricia J. Garcia, Stephen S. Gloyd, King K. Holmes. An Interactive Internet-Based Continuing Education Course on Sexually Transmitted Diseases for Physicians and Midwives in Peru[J]. Plos one 6(5): e19318.
6	Rachel Ellaway, Ken Masters. Amee Guide 32:e-Learning in medical education Part 1: Learning, teaching and assessment[J]. Medical Teacher. 2008,30(5):455-473.	25.00%	CS Silva, MB Souza, RSS Filho, LMD Medeiros, PR Criado. E-learning program for medical students in dermatology[J]. Clinics. 2011,66(4):619-622.
4	DA Cook, TJ Beckman. Reflections on experimental research in medical education[J]. Advances in Health Sciences Education. 2010, 15(3): 455-464.	25.00%	Muroff, J, 2011, A Data Management System Integrating Web-based Training and Randomized Trials, Educational Technology & Society, V14, 136

① Patrizia Ghislandi. “the fun they had”or about the quality of MOOC[J]. Journal of e-Learning and Knowledge Society, 2016, 3(12): 99-114.

② J Loizzo, PA Ertmer. MOOC ocracy: the learning culture of massive open online courses[J]. Educational Technology Research & Development, 2016, 64 (6): 1013-1032.

续表

被引文献		施引文献	
被引频次	文献基本信息	引用比例	文献基本信息
4	Jorge G. Ruiz, MD, Michael J. Mintzer, MD, and Rosanne M. Leipzig, MD, PhD. The Impact of E-Learning in Medical Education [J]. Academic Medicine. 2006, 3 (81):207-212.	18.75%	R Spice, M Palacios, PD Biondo, NA Hagen. Design and implementation of an online course on research methods in palliative care: lessons learned[J]. Journal of Palliative Medicine. 2011,14 (4):413-419.
3	Michael Fordis, Jason E. King. Comparison of the instructional efficacy of Internet-based CME with live interactive CME workshops: a randomized controlled trial [J]. Jama. 2005, 294 (9):1043-1051.	18.75%	LA Dimeff, EA Woodcock, MS Harned, B Beadnell. Can dialectical behavior therapy be learned in highly structured learning environments? Results from a randomized controlled dissemination trial [J]. Behavior Therapy, 2011, 42 (2): 263-275.

通过对表 2－13 中主要被引文献的分析，该类研究的知识基础主要包括：David A. Cook、Rachel Ellaway 等人开展的医学教育领域在线学习研究的综合性述评；Jorge G 等人从在线教育有效性、学习资源的可用性、学习过程与成果评价以及在线课程与医学教育的融合等层面开展的在线学习对医学教育的影响研究；David A. Cook 开展的医学教育领域实验研究的反思性研究；Michael Fordis 等采用随机对照实验的方式开展的医学继续教育领域线上、线下教学效果的对比研究，结果表明在线教学能够客观量化学习者行为的变化以及促进学习者知识的持续增长，其教学效能在一定程度上优于线下工作坊式的教学。

通过对表 2－13 中主要施引文献的分析，该类研究的前沿话题主要集中体现在在线课程在医学教育领域应用效果的评估，如 Fredy A. Canchihuaman 等人的研究表明基于互联网的交互型网络课程在医学继续教育领域具有较强的灵活性和较高的可接受度，能够很好地促进内科医生和助产护士的专业化发展，Cristiana Silveira Silva 等人以巴西科技大学皮肤病学的医学生为研究被试，采用实验研究的方法，证实了采用线下、线上相混合的教学方式的教学效果要优于单独的线下教学，Linda A. Dimeff 等人的研究表明基于在线的非结构化学习环境更有利于辩证行为疗法的教学等。此外，通过对该聚类中其他施引文献的分析，其研究前沿话题还包括医学大学生模块化课程初次学习体验研究①、在线临床学模块化课程学习效果确定性评价研究②以及在线课程在护理专业药物计算教学中的有效性评估③等。

#6 Personalized Learning

#6 中所反映的高被引文献与高引用比例施引文献的基本信息见表 2－14。

表 2－14　#6“Personalized Learning”的主要被引文献与施引文献

被引文献		施引文献	
被引频次	文献基本信息	引用比例	文献基本信息
10	René F. Kizilcec，Chris Piech，Emily Schneider. Deconstructing disengagement：analyzing learner subpopulations in massive open online courses[J]. International Conference on Learning Analytics & Knowledge，2013：170-179.	63.64%	Ahmed Mohamed Fahmy Yousef，Mohamed Amine Chattil，Ulrik Schroeder，Marold Wosnitza. A Usability Evaluation of a Blended MOOC Environment：An Experimental Case Study [J]. International Review of Research in Open and Distance Learning，2015，5(16)：69-93.（#0、/2、#3）
8	Doug Clow. MOOCs and the Funnel of Participation[J]. International Conference on Learning Analytics & Knowledge，2013：185-189.	36.36%	D Leony，PJ Muoz-Merino，JA Ruipérez-Valiente，A Pardo，CD Kloos. Detection and evaluation of emotions in massive open online courses[J]. Journal of Universal Computer Science，2015，21(5)：638-655.

① M Jawaid，J Ashraf. Initial experience of eLearning research module in undergraduate medical curriculum of Dow University of Health Sciences：Development and students perceptions[J]. Pakistan journal of medical sciences online，2012(4)：591-596.

② K Luetsch，J Burrows. Certainty rating in pre-and post-tests of study modules in an online clinical pharmacy course-A pilot study to evaluate teaching and learning[J]. Bmc Medical Education. 2016(1)：267-276.

③ LA Van，K Baldewijns，R Verhaeghe. The effectiveness of an e-learning course on medication calculation in nursing students：a clustered quasi-experimental study[J]. Journal of Advanced Nursing. 2016(9)：2054-2064.

续表

被引文献		施引文献	
被引频次	文献基本信息	引用比例	文献基本信息
3	DFO Onah, JE Sinclair, R Boyatt. Dropout Rates of Massive Open Online Courses: Behavioural Patterns[J]. International Conference on Education & New Learning Technologies, 2014:5825-5834.	36.36%	CG Brinton, R Rill, S Ha, M Chiang, R Smith. Individualization for Education at Scale: MIIC Design and Preliminary Evaluation[J]. IEEE Transactions on Learning Technologies, 2015, 8 (1): 136-148.
2	Tharindu Rekha Liyanagunawardena, Andrew Alexandar Adams, Shirley Ann Williams. MOOCs: A Systematic Study of the Published Literature 2008—2012[J]. International Review of Research in Open & Distance Learning, 2014. 14(3): 202-227.(#0)	36.36%	PGD Barba, GE Kennedy, M. D. Ainley. The role of students' motivation and participation in predicting performance in a MOOC[J]. Journal of Computer Assisted Learning, 2016, 32 (3): 218-231.
2	Milligan C, 2013, MERLOT J ONLINE LEAR*	36.36%	JA Konstan, JD Walker, DC Brooks, K Brown, MD Ekstrand. Teaching recommender systems at large scale: evaluation and lessons learned from a hybrid MOOC[J]. ACM Transactions on Computer-Human Interaction, 2014, 22 (2): 10.

通过对表 2-14 中主要被引文献的分析,该类研究的知识基础主要包括:René F. Kizilcec 等人提出了一种简单、可扩展且较为翔实的 MOOC 学习群体分类方法,推动了 MOOC 环境个性化学习的深入研究;MOOC 低完成率的原因分析,如 Doug Clow 基于学习分析技术构建了自上而下依次为"意识—注册—活动—进步"4 个环节的"参与漏斗",D. F. O. Onah 等人的研究表明 MOOC 模式过于单一难以支持多样的学习参与模式与资源呈现方式,难以适应所有学习者的认知偏好。

通过对表 2-14 中主要施引文献的分析,该类研究的前沿话题主要包括 Christopher G 等人对基于移动的个性化课程平台(Mobile Integrated and Individualized Course，MIIC)进行了设计、实施与评估，且评估表明 MIIC 比 MOOC 更能实现大规模的个性化学习。此外，通过对该聚类中其他施引文献进行分析，其聚类研究的前沿话题还包括：SPOCs 的应用效果评估①、MOOC 环境下学习者自我调节能力评估②等。

#8 Students Motivation

#8 中所反映的高被引文献与高引用比例施引文献的基本信息见表 2－15。

表 2－15 #8“Students Motivation”的主要被引文献与施引文献

被引文献		施引文献	
被引频次	文献基本信息	引用比例	文献基本信息
3	N Hood，A Littlejohn，C Milligan. Context counts：How learners' contexts influence learning in a MOOC[J]. Computers & Education，2015，91：83-91.	77.78%	Kizilcec，RF. Self-regulated learning strategies predict learner behavior and goal attainment in Massive Open Online Courses[J]. Computers & Eduction，2017(104)：18-33.(#1)
2	M Freire，AD Blanco，B Fernandez-Manjon. Serious games as edX MOOC activities[J]. Global Engineering Education Conference. 2014：867-871.	44.44%	J Ruipérez-Valiente，P Munoz-Merino，D Pijeira，R Santofimia，C Kloos. Evaluation of a learning analytics application for open edX platform[J]. Computer Science & Information Systems，2017，14：51-73.
2	Mullaney，Tommy，Reich，Justin. Staggered Versus All-At-Once Content Release in Massive Open Online Courses：Evaluating a Natural Experiment [J]. Social Science Electronic Publishing，2015：185-194.	44.44%	Munoz-Merino，PJ. Design，Implementation and Evaluation of SPOCs at the Universidad Carlos Ⅲ de Madrid[J]. Journal of Universal Computer Science，2017(23)：167(#6)

① PJ Muoz-Merino，EM Rodríguez，CD Kloos，et al. Design，Implementation and Evaluation of SPOCs at the Universidad Carlos Ⅲ de Madrid[J]. Journal of Universal Computer Science，2017(2)：167-186.

② Daniel Onah，Jane Sinclair. Assessing Self-Regulation of Learning Dimensions in a Stand-alone MOOC Platform[J]. International Journal of Engineering Pedagogy，2017(2).

续表

被引文献		施引文献	
被引频次	文献基本信息	引用比例	文献基本信息
2	A Littlejohn, N Hood, C Milliga, P Mustain. Learning in MOOCs: Motivations and self-regulated learning in MOOCs[J]. Internet & Higher Education. 2016, 29:40-48.	33.33%	Onah, DFO. Assessing Self-Regulation of Learning Dimensions in a Stand-alone MOOC Platform[J]. International Journal of Engineering Pedagogy, 2017(7):4(#6)
2	PJ Guo, J Kim, R Rubin. How video production affects student engagement: an empirical study of MOOC videos[J]. Acm Conference on Learning, 2014, 43(2):41-50.	33.33%	SL Watson, WR Watson, JH Yu, H Alamri, C Mueller. Learner profiles of attitudinal learning in a MOOC: An explanatory sequential mixed methods study [J]. Computers & Education, 2017. 114:274-285.

通过对表2-15中主要被引文献的分析，该类研究的知识基础主要包括：Nina Hood等人的研究，表明学习者的当前角色与专业背景对其MOOC学习行为具有重要影响，从事信息化工作与攻读高等教育学位人员的自我调节能力显著高于其他学习群体；Manuel Freire等人以edX平台为依托，开展的严肃游戏(Serious Games)与MOOC课程活动的融合研究，丰富了MOOC学习活动的类型，提升了MOOC课程的注册率以及可供学习分析的宝贵资源；Tommy Mullaney等人采用自然实验评价法开展的MOOC课程内容发布形式(阶段性发布、一次性发布)对学习活动的影响研究，研究表明学生课程学习的持续性、活动参与率与课程完成率在两种不同方式之间不存在显著性差异，MOOC课程内容的一次性发布是可行的；Allison Littlejohn等人采用混合研究法开展的MOOC情境下学习者学习动机与学习者自我调节策略的关系研究，研究表明自我调节策略高的学习群体在与学习动机与目标设定、自我效能、任务策略、任务兴趣与价值、自我满足与评价等5个层面均显著高于自我调节策略低的群体；Philip J. Guo等人基于edX平台开展的MOOC视频制作对学生课程参与度的影响研究，研究表明短视频比长视频更具有吸引力、非正式大头照谈话式(Informal Talking Head)视频更具有吸引力、可汗风格的平板表征更吸引人、

高质量的预先录制的课堂演讲不适合作为在线视频学习等。

通过对表 2-15 中主要被引文献的分析，该类研究的前沿话题主要包括：José A 等人以 edX 平台为依托开展的学习分析工具的有用性与有效性评估研究以及 SL Watson 等人采用解释顺序型混合研究方法（explanatory sequential mixed methods study）从认知学习、情感学习、行为学习 3 个维度开展的 MOOC 学习环境下学习者态度性学习（Attitudinal Learning）评估。

三、研究结论与启示

（一）研究结论

通过对上述国外在线课程评价引文共现聚类分析中高频被引文献与高引用频率施引文献的分析，本研究发现：

（1）聚类标签需要重新调整与修订。本研究参考 LSI、MI 法生成的聚类标签，对 LLR 法生成的聚类标签进行了适当调整，重新命名后的各类标签名称依次为 #0 慕课、#1 继续教育、#2 高校、#3 开放资源、#4 障碍或缺陷、#5 医学教育、#6 个性化学习、#8 学生动机。各类所集中反映的国外在线课程评价的主题依次为：#0 在线课程本体评价、#1 继续教育领域在线课程评价、#2 高等教育领域在线课程评价、#3 开放教育资源视角下在线课程评价、#4 在线课程无障碍性评价、#5 医学教育领域在线课程评价、#6 以个性化学习为导向的在线课程评价、#7 关注学习者学习心理特征的在线课程评价，除 #5 以外，其他各聚类中在线课程均以 MOOC 为主。

（2）国外在线课程评价研究系统性较强，各聚类研究前沿共性主题与个性主题并存。通过文献，本研究发现：综述性研究、权威机构发布的研究报告是国外开展在线课程评价研究的重要知识基础；在线课程有用性、有效性评估是高等教育、医学教育、继续教育等领域研究的共性主题，其评价对象由宏观的课程逐步转向微观层面的课程构成要素及其具体功能的有用性与有效性评价，如视频资源类型、同伴互评工具、学习分析工具等；多类型 MOOC 的教学质量评估工具、学习活动评估工具等是国外在线课程评价研究的前沿主题；MOOC 对全球性学习(Global Learning)的支持研究是在线课程无障碍性评价的最新主题；基于移动学习的个性化在线课程的设计与评价(MIIC)、SPOCs 课程的改进与评价以及学习者自我调节能力评价是个性化学习取向下国外在线课程评价研究的前沿主题；学习情绪、态度性学习是国外在线课程学习者心理特征评价的新兴主题。

(3)从在线课程评价的阶段来看，国外在线课程评价主要包括两个层面：本体层面的评价与应用层面的评价。在线课程本体层面的评价是在线教育发展早期在线课程评价研究的集中关注点，其评价取向主要是促进在线课程功能的不断完善，推进在线课程的普及与应用，评价聚焦主题主要涉及作文评价工具的比较及其有效性评估、各类在线课程价值评估、界面设计与教学设计评估、学习对象开放性评估、课程内容与平台无障碍性评估、支持全球性学习的潜力评估、经济效益评估、发展趋势评估以及视频协同标注、同伴互评与学习分析工具的有用性与有效性评估等；在线课程应用层面的评价是在线课程评价的最新发展，其评价取向主要是优化学习者学习体验，提高学习者课程参与度与课程完成率，更加注重在线学习活动中学习者学习心理研究与在线课程的学习支持性研究，评价聚焦主题主要涉及应用现状评估、注册与完成率的趋势评估、教学质量评估、学习者自我调节能力评估、学习者学习情绪评估、学习者个体特征(学习动机、专业背景等)对课程学习的影响评估、内容发布方式与视频资源类型对学习者课程参与的影响研究、态度性学习评估等。

(4)从研究方法来看，质性研究与量化研究相结合的混合研究法是国外开展在线课程评价研究的主要方法，其中个案研究是质性研究的主要方法，基于量表的调查研究是量化研究的主要方法；元分析是国外在线课程综合性述评研究的主要方法，实验法是在线课程有用性与有效性评估研究的常用方法。

(5)从研究成果来看，国外在线课程评价研究形成了类别丰富的研究成果，除聚焦不同主题、界定不同时间区间的综述性研究成果外，还包括：论证类成果，如 iMOOC、bMOOC 等多类型在线课程在医学、考古学、地理学等不同领域或学科应用价值的论证以及自动评分系统、仪表盘等课程要素功能价值的评价等;工具类成果,如教师教育类MOOC教学质量评估指标、xMOOC评估标准、医学教育领域MOOC评价理论框架、双管齐下的MOOC评估策略、欧洲高等教育领域MOOC评估指标以及MOOC支持全球性学习潜能评估框架等;关系类成果,如MOOC情境下学习者教育背景、课程内容发布方式、视频资源类型等与学生课程参与度、完成率之间的关系研究以及学习者学习动机与自我调节能力的作用关系研究等。

(二)研究启示

通过对国外在线课程评价相关研究的梳理与分析,对我国当下高校在线开放课程教学质量认定的研究与实践主要有以下几点启示。

(1)以课程特性为基点,注重固有特性与赋予特性的双重评估。通过对质量概念的梳理,[①②③]本研究发现产品特性和用户需求是质量的两种属性,是以产品为基础的质量观和以用户为基础的质量观的融合。质量既有客观性,又有主观性,因此质量特性是固有特性与赋予特性的辩证统一。随着经济的发展和社会的进步,质量理念先后经历了符合性质量、适用性质量、满意性质量以及卓越质量4个阶段的演变。[④] 从质量理念的演变中,我们可以发现当下对质量的关注重心逐步由固有特性转向赋予特性,这也是互联网思维注重用户体验的集中反映。鉴于此,一个完整的在线开放课程教学质量认定标准应该是在综合统筹在线开放课程的固有特性与赋予特性基础上的共性标准与个性标准的辩证统一。高校在线开放课程的共性标准,是指在线开放课程在本体层面的质量认证标准或规范,侧重在线开放课程的固有特性。明确在线开放课程的固有特性,有利于推动在线开放课程健康、科学发展。高校在线开放课程的个性标准,

① 叶敦平,张新.马克思主义哲学原理[M].北京:高等教育出版社,2003:63.

② (美)约瑟夫·朱兰,布兰顿·戈弗雷著.焦叔斌等译.朱兰质量手册(第5版)[M].北京:中国人民大学出版社,2003:12.

③ 国际标准化组织.ISO9000:2005质量管理体系[EB/OL].http://vdisk.weibo.com/s/Acm7ZctuXnAa6.

④ 董东铭,陈运焘.质量概念的演变与新世纪质量管理的发展趋势[J].中国科技信息,2010(6):143-144

是指为最大程度满足不同高校及高校管理者、教师、学生等多方利益相关者的个性化需求，在在线开放课程固有特性的基础上，加入价值主体约束之后的在线开放课程应用层面的质量认定标准或规范，侧重在线开放课程固有特性与赋予特性的融合。突出在线开放课程赋予特性，有利于强化课程供给与需求之间的有效衔接。此外，为精确高校对在线开放课程的个性化需求，应在对高校进行科学分层（如本科高校与专科高校等）、分类（如师范类与非师范类、普通高校与重点高校等）进行需求调研的基础上，归纳其共性需求与个性化需求，进而推动在线开放课程供给侧结构性改革。

（2）强化混合学习设计，注重课程特性与主体需求的有效衔接。在线开放课程应用模式是促进在线开放课程与高校人才培养活动深度融合的关键环节，是连接课程特性与价值主体需求的有效通道。在过去5年《新媒体联盟地平线报告（高等教育版）》提到的“加速高等教育技术采用的趋势”中，混合式学习设计位居榜首。2017年地平线报告（高等教育版）再次将混合学习设计描述为在未来1～2年内推动高等教育变革的技术手段。[①] 近些年来，随着人们对在线学习观念的转变以及在线开放课程的不断发展，基于在线开放课程的线下、线上混合教学模式逐步备受高等教育领域教师和学生的青睐。通过引入在线开放课程开展混合式教学成为当下各高校推动课堂教学革命的重要举措之一。混合学习视角下在线开放课程教学质量的评估要突破以往单独从教学视角或技术视角开展评估的局限，注重线下、线上的有效融合。此外，注重混合学习视角下在线开放课程教学质量的评估既是开展教学过程评估的体现，也是适应在线开放课程在高校应用趋势、发挥评价导向作用、促进其深度融合的主要举措。

再次，以深层学习为目标，注重学习空间与应用方式的合理匹配。深层学习指的是学习者通过批判性思考、问题解决、互相协作、自主学习等方式掌握学习内容，包括掌握核心内容、批判性思考与解决复杂问题、协同工作、有效沟通、学会学习、培养学术思想等6项能力，[②]一直是高等教育领域强调的主题。然

① Adams Becker S，Cummins M，Davis A，et al. NMC Horizon Report：2017 Higher Education Edition. Austin，Texas：The New Media Consortium，2017.

② file:///C:/Users/li/Desktop/Deeper_Learning_Defined_April_2013.pdf

而,受教育理念、教育资源、教育评价等因素的制约,深度学习在高等教育领域的实施仍处于一种薄弱状态。在线开放课程的引入引发了高等教育生态系统的变革,促进了教育观念、评价方式的转变,丰富了学生的学习资源,拓展了学生学习的时间和空间。这在一定程度上为深度学习创造了条件,促进了高等教育创新性人才培养目标的实现。然而,部分高校现有学习条件难以满足深层学习移动性、灵活性、泛在性以及实践性、协作性的需要,制约了在线开放课程应用方式的多样性,进而制约了在线开放课程满足教师、学生等价值主体需求的程度。因此,高校应将深层学习的实现、学习空间对在线开放课程应用方式的支持程度纳入在线开放课程教学质量认定标准的范畴。

(3)以混合研究为范式,注重质性研究与量化研究的协同应用。近年来,混合研究法在国外教育研究领域中的应用得到了迅速发展,它是以实证主义和系统哲学为理论基础,注重量化研究与质性研究的协同应用与优势互补的新兴研究范式或研究框架。[①] 当下,在开展在线开放课程教学质量认定标准的相关研究中,采用混合研究方法的必要性集中体现在以下3个层面:①"先建设应用、后评价认定"是我国当下开展国家精品在线课程认定工作的重要原则,这意味着高校在引入在线开放课程之前,在线课程平台已经积累了大规模的课程应用数据,这是先前在线课程投入教育教学应用前尚未具有的独特特征,为现阶段在线开放课程教学质量认定标准的量化研究提供了大数据支撑。然而,为深度挖掘量化研究数据分析的深层次含义,就不得不借助访谈等质性研究手段。②在线开放课程教学质量认定标准是共性标准与个性标准的辩证统一,这就决定了基于个案的研究是提升在线开放课程教学质量认定标准(个性标准)针对性与有效性的主要手段。③当下国内可供制定在线开放课程教学质量认定标准参考的已有研究成果较为罕见,混合研究法中的探索性研究设计分析[②](Exploratory Design Analysis)能够为新工具的设计与开发提供科学、严谨的研究框架。

---

① 张绘.混合研究方法的形成、研究设计与应用价值[J].复旦教育论坛,2012(5):51-57.

② John W. Creswell. Educational Research: Planning, Conducting, and Evaluating Quantitative and Qualitative Reaearch(FOURTH EDITION)[M]. TexTech International, 2010:552.

第三节 国际最新成果:MOOQ 与 QM

一、MOOQ

MOOC 质量参考框架(Quality Reference Framework,QRF)是由欧洲在线开放课程质量联盟 MOOQ 设计和组织实施。该框架为 MOOC 的设计提供了质量标准和清单。MOOQ 通过混合研究的方式与 1 万余名 MOOC 学习者、设计者、促进者和提供者进行紧密协作以及通过各种社交媒体和传统媒体开展分类研讨对该框架进行了精细讨论和严谨开发,为 MOOC 设计者、推动者、提供者改善 MOOC 提供了非常有价值的工具。

案头调研(Desktop Research)、文献研究及全球 MOOC 质量调查(Global MOOC Quality Survey)、36 次半结构访谈对 MOOC 质量参考框架的迭代修订和改进起到了重要的推动作用。其次,该框架也有效地吸收了诸多 MOOC 国际研讨会参与者的贡献和反馈,如 ICDE(2015,Sun City,South Africa)、OE Global(2016,Krakow,Poland)、EC－TEL(2016,Lyon,France)、OE Global (2017,Cape Town,SA)、IEEE EDUCON(2017,Athens,Greece)、ICALT (2017,Timisoara,Romania)、EARLI(2017,Tampere,Finland)、EC－TEL (2017,Tallinn,Estonia)。最后,该框架在 MOOQ 两门 MOOC 的设计中得到了充分应用,并对该框架的完善提供了重要反馈。

QRF 的目标群体:QRF 的主要目标群体是 MOOC 的设计者、促进者和提供者以及 MOOC 学习者。

QRF 的使用与价值:QRF 可被用于 MOOC 需求分析、新建 MOOC 的设计和实施以及对已有 MOOC 的评估和改进,主要价值包括以下几个方面:提供了可适用每一个具体情境的通用框架;明确了 MOOC 质量的关键要素,为 MOOC 的设计提供了明确导向;为 MOOC 的质量设计和评估提供了明确清单;为 MOOC 的设计和供应提供了一个持续改进循环圈。

(一)MOOC质量参考框架概览

QRF包括质量标准和工具3个维度:阶段、视角和角色。

1. 第一个维度:阶段

QRF包括5个阶段:

(1)分析:识别、描述要求、需求和条件。

(2)设计: MOOC概念化和设计。

(3)实施:实施MOOC草案并通过测试最终确定。

(4)实现:运行MOOC,包括支持与评估。

(5)评估:分析MOOC评估结果并改进。

这些阶段能够并通常并行处理。各阶段彼此相互支撑,也就意味着整个框架的各阶段能够迭代循环和渐进细化。每一个阶段都包括若干过程,如"A-1引发"是分析阶段的第一个过程。评估阶段在MOOC的规划和设计前期就应该已经启动。评估渗透在其他4个阶段,以便对所有阶段的各类过程开展形成性评估。因此,评估可以确保MOOC的所有阶段和整个开发过程中的持续改进。

5个阶段间相互作用关系如图2-6所示。

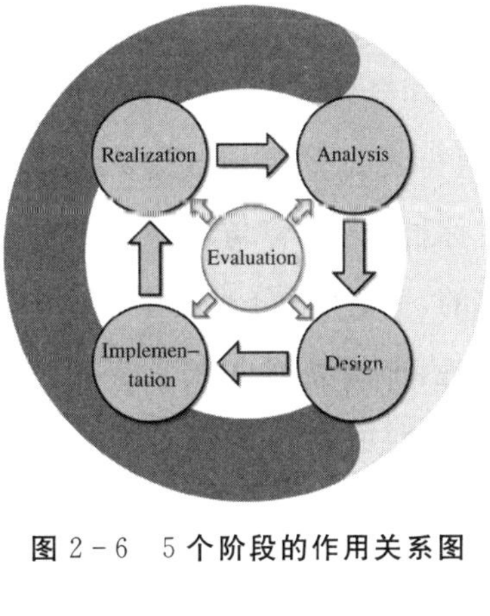

图2-6 5个阶段的作用关系图

2. 第二个维度:视角

该维度包括3个主要视角:教育(Pedagogical)视角、技术(Technological)

视角、战略(Strategic)视角。每一个视角都包含在QRF的每一个阶段，并且有一定的表述。每一个阶段各视角下的质量标准在后文中有具体表述。

3. 第三个维度：MOOC中的角色

该维度包括3个角色：设计者、支持者、提供者。

(1)设计者。主要包括：内容专家、内容作者、教学设计者、MOOC平台专家以及与技术增强学习与数字媒体等其他有助于MOOC设计的相关人员。

(2)支持者。主要包括：管理课程论坛、提供课程反馈和监控学习过程的教学支持者和具有内容知识的专家，如课程主持人、指导教师、助教等；技术支持者和其他可能在MOOC中为参与者的学习过程提供支持的人。

(3)提供者。主要包括：MOOC提供商、技术提供商(如程序员、软件设计人员、开发人员等)、管理者、沟通和营销人员以及其他参与MOOC推广决策的相关人员。

(二)MOOC质量参考框架的具体内容

QRF阶段、过程、视角和角色明确的主要依据。

(1)国际ISO标准ISO/IEC 40180适应MOOC的特定要求和需求。

(2)全国MOOC质量调查的结果。

(3)MOOQ与MOOC专家进行的半结构式访谈结果。

(4)MOOQ研讨会在国际会议上的反馈。

在实际应用过程中，值得提示的是：MOOC设计者、支持者和提供者要根据具体情境、学习目标、目标群体、内容与条件等选择合适的、相关的阶段和过程。某些过程是预先指定的，并且(部分或完全)有一定的前提条件和要求。尽管如此，还要建议记录那些由前提条件和要求界定的过程，以确保所有涉及的利益相关者都能得到正式的通知。

1. QRF的具体内容

QRF的具体内容见表2-16～表2-20。

表 2-16　分析阶段的主要内容

阶段:分析(A)		视角			角色		
编号	过程描述	P	T	S	D	F	P
A-1	**引发**	√	√	√			R
具体内容	组建团队,启动 MOOC 设计与规划	√	√	√			R
	确保团队多样性,涉及核心利益相关者	√	√	√			R
	现有产品的再利用和已建 MOOC 的再开发(如果可行)	√	√	√			R
A-2	**明确利益相关者**	√		√	X		R
具体内容	明确内部、外部的利益相关者	√		√	X		R
	确保 MOOC 设计和开发的团队中包括每一个核心利益相关者	√		√	X		R
	明确目标学习者以及与内容、IT 和在线学习经验相关群体	√		√	X		R
A-3	**确定目标**	√	√	√	R	X	R
具体内容	基于目标学习者初级水平确定内容知识的学习目标	√		√	R	X	X
	基于学习目标、学习内容和目标学习者或群体确定教学模式、教学设计的目标	√	√	√	R	X	X
	基于目标学习者的初级水平(先有经验、文化背景及教学文化等)确定学习活动的目标	√		√	R	X	X
	基于目标学习者 ICT 能力的初级水平确定学习活动目标	√	√	√	R	X	X
	确定提供 MOOC 的机构目标(如利润、MOOC 与主要课程的整合等)			√	X	X	R
A-4	**分析需求与要求**	√		√	R		X
具体内容	扼要介绍学习者及其内容知识的入门水平	√		√	R		X
	扼要介绍学习者及其教学经验、机构文化的入门水平(如果可能)	√		√	R		X
	扼要介绍学习者及其 ICT 能力的入门水平	√	√	√	R		X
A-5	**分析外部环境**	√		√			R
具体内容	辨别和提供相似的 MOOC 信息	√		√			R
	确定潜在的咨询和合作伙伴	√		√			R
	评估课程达标和提供结业证书的相关性和可能性	√		√			R
A-6	**分析组织环境**	√	√	√	X		R
具体内容	分析 MOOC 所需的课程、教学和教学设计的掌握程度	√	√		X		R
	分析 MOOC 所需的内容知识的精通程度	√	√		X		R
	分析 MOOC 所需的数字化知识和技能的精通程度	√	√		X		R
	分析现有(机构)IT 基础设施的充分性和支持 MOOC 的 IT 需求			√	X		R

续表

阶段:分析(A)		视角			角色		
编号	过程描述	P	T	S	D	F	P
A-7	**规划时间、资源和预算**		√	√	X		R
具体内容	估算 MOOC 设计和开发团队的工作周期和成本			√	X		R
	估算设计和开发 MOOC 所需的学习材料、(IT)资源和人员的生产成本		√	√	X		R
	估算(IT)资源、员工的成本以及 MOOC 运行的隐形成本		√	√	X		R
	制定财务计划,包括投资回报率计算和成本效益分析等			√			

表 2-17　设计阶段主要内容

阶段:设计(D)		视角			角色		
编号	过程描述	P	T	S	D	F	P
D-1	**学习目标**	√		√	R	X	X
具体内容	根据期望的学习结果(例如获得特定的知识和技能)确定学习目标	√		√	R	X	X
	根据 MOOC 确定学习目标	√		√	R	X	X
	确定目标群体驱动的学习目标(如与学习内容、IT 技能和在线学习经验相关的入门水平)	√		√	R	X	X
	按周、主题、课程、子模块、技能、能力、活动、任务等定义学习目标(如果可能)	√			R	X	X
D-2	**组织的概念和角色**	√	√	√	R	X	X
具体内容	成立一个由内容专家(带教学协调员)和技术专家组成的团队	√	√	√	X	X	R
	明确 MOOC 所需的所有角色	√	√	√	X	X	R
	指派内容专家领导每个主题、模块、单元(如果可能)	√		√	X	X	R
	分配引导者并定义引导任务	√		√	X	X	R
D-3	**教学概念和方法**	√	√		R	X	X
具体内容	确定教学方法的关键决定因素:目标学习者、内容、语境和与既定学习目标相关的方法	√	√		R	X	X
	明确学习进度、个性化和监控进度	√	√		R	X	

续表

阶段:设计(D)		视角			角色		
编号	过程描述	P	T	S	D	F	P
D-4	**内容的概念**	√	√	√	R	X	X
具体内容	采用需求驱动的方法(如评估 MOOC 及其内容市场需求的具体程序)	√		√	R	X	X
	考虑目标学习者和群体、动机和入门水平(内容知识和 IT 能力)	√	√	√	R	X	X
	使学习目标、课程内容、课程周期保持一致(建议持续 6～8 周)	√		√	R	X	X
	结构化内容(基于入门级、先前知识，包括初级、中级或高级；新手、专家；大小，包括单元、模块)	√			R	X	
	确保课程的教学一致性:学习目标、模块目标、活动和评估	√	√		R	X	X
	确定课程不同完成程度的可能性认证(如果可能)	√		√	R	X	X
D-5	**学习活动的概念**	√			R	X	
具体内容	明确和设计所有的学习活动，提供以下内容(如果相关，根据选择的教学方法和教学设计确定)。 · 吸引和激励学习者的各类学习活动的范围 · 现实生活情境中的真实任务 · 促进学习迁移和应用的学习活动 · 实践活动 · 促进实验的模拟活动 · 教育游戏(可以与案例研究相关联) · 同行评审活动 · 与从业者和田野专家的访谈和互动 · 网络研讨会 · 促进社会学习的互动活动 · 促进参与学习环境的活动 · 促进学习者之间互动的活动 · 促进小组内互动的活动 · 促进合作的活动 · 小组讨论会 · 熟练学习者的额外和外部资源 · 难度和工作量的增量增加(建议轻松启动)	√			R	X	

续表

阶段：设计(D)		视角			角色		
编号	过程描述	P	T	S	D	F	P
D-6	**技术概念**	√	√	√	X	X	R
具体内容	提供策划的来源(如博客、信息图表、网站、视频、文章等)	√	√		X	X	R
	嵌入技术工具(如讨论论坛、聊天等)以促进互动、沟通和经验分享	√	√	√	X	X	R
	整合技术工具(如在线文档、维基、视频会议等)以增强社交学习、协作和社区建设	√	√	√	X	X	R
D-7	**媒体设计**	√	√		R	X	X
具体内容	明确和设计所有媒体，提供以下内容(如果相关，根据选择的教学方法和教学设计确定)： 视频讲座 数字文本 带有音频解说的文本 带有视频解说的文本 超文本 附有解说的 PPT 演示文稿 动画 PPT	√	√		R	X	X
D-8	**通信的概念**	√	√		R	X	
具体内容	通过电子邮件、广播提醒、聊天、论坛等明确通信	√	√		R	X	
	明确与辅导员的沟通	√	√		R	X	
	明确与 MOOC 参与者的沟通	√	√		R	X	
	明确以小组为基础的沟通	√	√		R	X	
D-9	**互动的概念**	√	√		R	X	
具体内容	设计与 MOOC 参与者的互动	√	√		R	X	
	设计与辅导教师的互动	√	√		R	X	
	创建与专家和从业者同步互动的机会(按主题、模块、单元、每周问题等)	√	√		R	X	
	通过博客、论坛和社交媒体平台设计互动，以促进社会性学习	√	√		R	X	
	开发免费的移动 APP 以方便支持网络	√	√		R	X	
	提供小组定期辅导课程	√	√		R	X	
	创建一个学习者社区		√		R	X	

续表

阶段：设计(D)		视角			角色		
编号	过程描述	P	T	S	D	F	P
D-10	**反馈的概念**	√	√		R	X	
具体内容	设计自动反馈	√	√		R	X	
	由课程主持人设计反馈	√	√		R	X	
	使用指南和规则设计同伴/小组反馈时刻	√	√		R	X	
	通过视频设计项目负责人的每周反馈	√	√		R	X	
	为活动和任务提供及时的反馈	√			R	X	
D-11	**测试与评估的概念**	√	√	√	R	X	X
具体内容	使用自动反馈设计测试(主题/单元/专题)	√	√		R	X	
	设计每周测验(以检查对主题/单元理解等)	√	√		R	X	
	设计案例研究分析与应用	√	√		R	X	
	设计与学习内容、每周学习目标和学习者档案保持一致的评估工具(多项选择对高级学习者不公平)	√	√		R	X	
	设计能够测试和评估特定学习成果(如绘制、设计和制订)的评估工具	√	√		R	X	X
	嵌入游戏化元素(如评估工具中的徽章)	√	√				
	提供实用的自我评估策略和技术(如数字视频、在线表格、量规、聊天和反思工具等)	√	√				
	使用指南和评分标准设计同行评估	√	√		R	X	
	设计用于同行评审的规则(先前经验匹配以减少同行之间的差距)	√	√		R	X	
	设计评估最终产品的规则	√	√		R	X	X
	明确深度学习的思维导图和概念映射	√	√		R	X	
	使用场景工具设计开放式作业	√	√		R	X	
	设计协作任务并提供支持协作过程的支架(如通过智能教学代理/导师或认知工具)	√	√				
	明确形成性评估(如提供开放的答案以区分优秀的和普通学习者)	√	√		R	X	
	明确最终产品和人工制品	√			R	X	X
	明确书面考试和成绩	√	√	√	R	X	
	为可选活动设计反馈和答案	√	√		R	X	

表 2-18 实施阶段主要内容

阶段:实施(I)		视角			角色		
编号	过程描述	P	T	S	D	F	P
I-1	**内容实现**	√	√		R	X	X
具体内容	与教学协调员建立一个内容团队	√	√		R	X	X
	提供一套关于学习目标、内容及其呈现、活动以及评估计划和程序的具体指导方针和说明	√	√		R	X	X
	确保内容维护	√	√		R		X
	在内容和学习目标方面重新使用和调整现有的学习资源	√	√		R		X
	确保为 MOOC 创建的新材料受贡献作者的版权保护,并在 Creative Commons 下获得许可	√	√		R		X
I-2	**设计实现**	√	√		R		X
具体内容	确保有效使用图形设计来支持学习	√	√		R		X
I-3	**媒体实现**	√	√		R		X
具体内容	考虑所需媒体的提供和制作	√	√		R		X
I-4	**技术实现**		√	√	X		R
具体内容	使用开放软件平台和开放许可证			√	X		R
	使用外部服务(如 You Tube)		√	√	X		R
	使用现有硬件基础架构支撑平台		√	√	X		R
	使用能够集成对学习者有用的所有工具的技术平台(如开放 edx 或 moodle)		√	√	X		R
	整合第三方工具进行形成性评估		√	√	X		R
	确保技术维护		√		X		R
	建立和维护基础设施、数据安全、文档和支持		√	√	X		R
I-5	**组织应用**	√	√		X	X	R
具体内容	为促进者和学习者提供详细的指导和说明	√	√		X	X	R
I-6	**测试与激活**	√	√		R		X
具体内容	确保对 MOOC 及所有学习资源进行试点测试	√	√		R		X

表 2－19　实现阶段主要内容

阶段:实现(R)		视角			角色		
编号	过程描述	P	T	S	D	F	P
R-1	**管理**	√	√		X	X	R
具体内容	确保 MOOC 平台管理员、设计人员和协助人员之间持续不断的互动，以报告错误并提出运营改进建议	√	√		X	X	R
	建立 MOOC 平台、简化流程、控制和测试学习成果的专家团队	√	√		X	X	R
	协调不同促进者的促进过程和行动	√	√		X	X	R
	通过个人简介和照片强化个人资料，增强学习过程中的互动和协同	√	√		X	X	R
R-2	**学习活动与相关支持**	√	√	√	X	R	
具体内容	提供一个训练营模块来引导学习者	√		√	X	R	X
	提供有关任务和活动的综合指南	√		√	X	R	X
	在主持人之间建立非正式的实践社区，以讨论问题和挑战	√			X	R	X
	根据他们的熟练程度对学习者进行分类，以呈现同行反馈	√			X	R	X
	提供练习来训练学习者以给予同行反馈	√			X	R	
	提供准则和评分标准以供同行评审	√			X	R	
	通过评分监控同行评审的作业和任务	√			X	R	
	创建通过小组互动提供小组支持的学习体验	√			X	R	
	根据主题和专业领域创建感兴趣的子社区	√			X	R	
	培养相似兴趣群体的终身学习者社区	√			X	R	
	为学习者提供充足的时间与其他学习者互动	√			X	R	
	使用角色提供学习支持	√	√		X	R	
	为独立和反思性学习提供学习支持	√			X	R	
	确保主持人的定期反馈	√	√		X	R	
	嵌入同行反馈作为协作和参与文化的一部分	√	√		X	R	
	为学生提供办公时间，以解决问题和挑战	√	√		X	R	
	吸引和支持学生开展合作活动	√			X	R	
	促进协作学习小组的组建				X	R	
	促进协作过程				X	R	
	指派 2～3 个主持人来管理论坛并将问题转发给专家	√	√		X	R	X

续表

阶段：实现(R)		视角			角色		
编号	过程描述	P	T	S	D	F	P
R-2	**学习活动与相关支持**	√	√	√	X	R	
具体内容	组织对内容专家和从业人员的采访或谈话	√			X	R	X
	在论坛上促进小组互动，以减少帖子的阅读	√			X	R	
	利用学习者的问题作为新的讨论主题	√			X	R	
	提供社区助教，向学习者提供反馈和支持	√		√	X	R	X
	使学习者可以发布他们在任务和活动以及结果(如果适用)方面的经验以征求意见和反馈	√			X	R	
	通过提问使学习者参与高阶思维	√			X	R	
	提供及时一致的反馈	√			X	R	
	提供每周的视频更新，对论坛帖子的评论	√	√		X	R	
	每周提供学生的出色表现和范例	√	√		X	R	
R-3	**胜任力审核**	√	√	√	R	X	X
具体内容	提供差异化和可选评估，以区分能力水平	√	√	√	R	X	X
	提供相关的认证和认可	√	√	√	R	X	X

表 2－20　评估阶段主要内容

阶段：评估(E)		视角			角色		
编号	过程描述	P	T	S	D	F	P
E-1	**评估计划**	√		√	X	X	R
具体内容	确定评估目标(如减少辍学、增加参与度和动力、有效利用技术能力来支持学习等)	√		√	X	X	R
	指定评估过程及其频率(如定期间隔、定期、主题、模块、基于单元的评估等)	√		√	X		R
	提供评估重点(如针对学习者：参与、动机、互动、协作、支持学习的技术能力、学习成果等)	√		√	X		R
E-2	**评估实施**	√	√	√	X	X	R
具体内容	使用调查、问卷调查、访谈等	√	√	√	X	X	R
	嵌入学习分析工具以提供有关所有学习者活动的反馈	√	√	√	X	X	R
	利用论坛的贡献和讨论来评估学习者和小组的学习进度	√	√		X	X	R

阶段：评估(E)		视角			角色		
编号	过程描述	P	T	S	D	F	P
E-3	评估审查	√		√	R	X	X
具体内容	开展由 MOOC 设计团队中代表所有核心利益相关者参与的事后审查协议	√		√	R	X	X
	提供学习结果、评论和分析的文档，以及在 MOOC 过程中获得的其他形式的数据	√		√	R	X	X
	确定特定领域并提出改进建议(如，课程设计和交付要求针对两个层次的学习者的课程内容和学习活动有所不同)	√		√	R	X	X
E-4	改进和优化	√	√	√	X	X	R
具体内容	成立评估咨询小组，以监督建议的实施	√	√	√	X	X	R
	与平台管理员和设计人员进行定期互动和协作，以报告错误并提出运营改进建议	√	√	√	X	X	R

2. MOOC 质量参考框架质量检查表

表 2-21～表 2-25 列出了 QRF 质量检查表，其中列出了 QRF 的 3 个维度的主要问题。面向 MOOC 设计和开发的新手和专家，QRF 质量检查表提出了一些重要问题。因此，QRF 质量检查表是 MOOC 设计和开发过程中要解决的关键问题的起点和提醒。它补充了 QRF 关键质量标准，该标准定义了 MOOC 设计和开发的阶段和过程。

如前所述，最重要的是 MOOC 的设计者、促进者和提供者必须根据他们的情境、学习目标、目标群体以及背景和条件来选择适当和相关的阶段和过程。QRF 质量检查表也是如此。某些过程或其某些质量指标是预先规定的，并且(部分或全部)由前提条件和要求(如，可用资源，预算和人员)定义。

此外，如上所述，QRF 阶段和过程基于改编的国际 ISO 标准 ISO/IEC 40180(以前的 ISO/IEC 19796-1)。这 5 个阶段及其流程的 QRF 关键质量标准是从全球 MOOC 质量调查、半结构化访谈和 MOOQ 组织的国际会议的研讨会中得出的。

表 2－21　分析阶段主要内容

阶段：分析(A)		视角			角色		
编号	过程描述	P	T	S	D	F	P
A-1	**引发**	√	√	√			R
具体问题	谁必须参与启动项目规划和开发	√	√	√			
	过去有哪些 MOOC 示例(如果有)	√	√	√			
	预计的时间表是什么	√	√	√			
A-2	**明确利益相关者**	√		√	X		R
具体内容	涉及哪些不同类型的利益相关者(如学习设计师、作者、专家、媒体设计师、开发人员、技术提供商、技术支持、协调人、评估人员、经理、董事会成员、人力资源、市场营销、公共机构、学习者、客户、合作伙伴等)			√			
	与内容、IT 能力、在线和电子学习的先前经验有关的目标人群是谁	√		√			
	谁是内部利益相关者(如小学、中学)			√			
	谁是外部利益相关者(如小学、中学)			√			
A-3	**确定目标**	√	√	√	R	X	R
具体问题	我们的总体教学目标是什么(如高质量、大规模、以学习者为导向、主题重点、合作)	√					
	我们的总体技术目标是什么(如新功能、内部、外包)		√				
	我们的总体经济目标是什么(如利润、费用分摊、慈善)			√			
	我们的总体战略目标是什么(如学习者支持、未来学习者、市场营销)			√			
A-4	**分析需求与要求**	√		√	R		X
具体问题	目标学习者的需求和要求是什么(如小型学习单位、在线协作与交流、认证)	√		√			
	本组织有什么要求			√			
	市场有哪些需求			√			
	其他利益相关者有什么要求			√			
A-5	**分析外部环境**	√		√			R
具体问题	还有哪些其他类似的 MOOC(如果有)	√		√			
	存在哪些潜在合作伙伴	√		√			
	存在哪些影响 MOOC 设计、实施和实现的法律条件或法律(如果有)			√			
	需要哪些评估、批准、证明或认可			√			

续表

阶段：分析(A)		视角			角色		
编号	过程描述	P	T	S	D	F	P
A-6	**分析组织环境**	√	√	√	X		R
具体问题	涉及哪些内部部门和单位			√			
	存在哪些教学原则	√		√			
	存在哪些空间要求	√		√			
	存在哪些技术要求	√	√	√			
	存在哪些经济规格			√			
	存在哪些战略要求			√			
A-7	**规划时间、资源和预算**		√	√	X		R
具体问题	什么是时间进度表			√			
	需要哪些类别的人员			√			
	可以部署哪些内部人员			√			
	必须招聘或委托哪些外部人员			√			
	学习资源、(IT)资源的生产成本以及设计、开发和运行 MOOC 的隐性成本是多少		√	√			
	哪些预算是可行的			√			
	预算如何分配（如员工、外部合同、技术、营销）		√	√			
	是否制定了包括投资回报计算和成本效益分析的详细财务计划			√			

表 2-22 设计阶段主要内容

阶段：设计(D)		视角			角色		
编号	过程描述	P	T	S	D	F	P
D-1	**学习目标**	√		√	R	X	X
具体问题	短期、中期和长期学习目标是什么	√		√			
	如何定义学习目标（如知识、技能、能力、主题驱动、内容驱动、目标群体驱动、任务驱动）	√					
	学习目标针对哪些入门级（如初学者、中级、高级、新手、专家）	√					
	如何评估学习目标（如形成性评估、每周测验、多项选择测试、产品交付、论文、期末考试）	√		√			

续表

阶段：设计(D)		视角			角色		
编号	过程描述	P	T	S	D	F	P
D-2	**组织的概念和角色**	√	√	√	R	X	X
具体问题	MOOC时间线是怎样的	√	√	√			
	MOOC活动中都包括了哪些角色（如学习者、主持人、导师、专家、考官、评估员、内容专家、教学法协调员、技术专家等）	√					
	是否计划同步会话？如果是，提供哪种支持	√	√				
	计划使用哪些类型的异步会话	√	√				
	所有角色和员工如何协调（如课程的教学调整、学习目标、活动和评估、持续时间）	√	√	√			
	如何保证开放性和免费使用权	√					
D-3	**教学概念和方法**	√	√		R	X	X
具体问题	有哪些关键因素会影响对教学概念和方法的决策（如内容、学习目标、目标群体）	√					
	哪个教学原则是重点（如自我调节学习、直接指导、反思性学习、协作学习、情感学习）	√					
	是否实现了个性化和选择自己的学习速度和途径？如果可以，怎么办	√	√				
	都有哪些支撑或相关课程	√					
	使用哪些方法（如活动导向的学习、以学习者为中心、基于网络、基于任务、基于交互、基于问题等）	√					
	教学原则和方法如何传达给学习者（如方向模块、入门单元、任务指南）	√					
	如何在MOOC平台上实现教学原则和方法	√	√				
	如何保证包容性和公平性（如Web内容可访问性指南标准、特殊教育需求的满足等）	√	√				
D-4	内容的概念	√	√	√	R	X	X
具体问题	影响内容类型和内容质量的关键决定因素是什么（如市场需求、需求驱动、学习目标/结果、目标群体、入门级）	√		√			
	解决了哪些主题	√					

续表

阶段：设计(D)		视角			角色		
编号	过程描述	P	T	S	D	F	P
D-4	**内容的概念**	√	√	√	R	X	X
具体问题	内容如何结构化处理（如入门级—初学者、中级、高级、新手、专家、单位、模块、主题）	√					
	计划了多少内容	√					
	使用哪种不同的媒体和演示类型的内容	√	√				
	内容的来源是什么（如重用、自我发展、贡献、外部合同、混合方法）	√	√				
	内容将如何整合	√	√				
	哪些开放许可证将用于内容	√	√	√			
D-5	**学习活动的概念**	√			R	X	
具体问题	影响活动类型决策的关键决定因素是什么（如内容、学习目标、目标学习者、学习效果、参与度、动机因素、教学原则、方法论）	√					
	有哪些强制性活动	√					
	有哪些可选活动和拓展活动	√					
	活动的结构如何（如结构良好、结构不良）	√					
	活动范围是什么（如知识生成、表演、应用）	√					
	个人、同伴和小组活动是什么（如自测测验、同行评审活动、小组案例研究）	√					
	学习者如何监视他们的学习进度（如进度栏、每周生成的反馈或清单）	√					
	如何在活动类型中建立教学环境（专家、主持人、助教）（如与专家的访谈、与从业人员的互动、专家的在线讲座、与专家的双月问答、现场小组讨论）	√					
D-6	**技术概念**	√	√	√	X	X	R
具体问题	如何提供 MOOC 平台	√	√	√			
	如何保证可拓展性		√	√			
	如何定义、选择和添加所需的模块和功能	√	√				
	如何根据隐私收集，使用和分析数据以学习分析和支持	√	√	√			
	除了运行 MOOC 以外，如何收集数据并将其用于其他目的（如研究数据）	√	√	√			

续表

阶段：设计(D)		视角			角色		
编号	过程描述	P	T	S	D	F	P
D-6	**技术概念**	√	√	√	X	X	R
具体问题	无法添加到 MOOC 平台的外部工具将如何集成到 MOOC 中	√	√				
	MOOC 会议将如何实施	√	√				
	将为员工和学习者提供什么样的技术支持	√	√	√			
	将遵循哪种维护理念	√	√	√			
D-7	**媒体设计**	√	√		R	X	X
具体问题	将使用哪种类型的媒体(如视频讲座、数字文本、动画、模拟)	√	√				
	将遵循哪种媒体概念(如交互式媒体)	√	√				
	媒体将如何设计	√					
D-8	**通信的概念**	√	√		R	X	
具体问题	将遵循哪种通信概念	√	√				
	不同类型的通信需要哪些支持	√	√				
D-9	**互动的概念**	√	√		R	X	
具体问题	将使用哪种类型的交互	√	√				
	交互将如何设计	√					
	不同类型的交互需要哪些支持	√	√				
D-10	**反馈的概念**	√	√		R	X	
具体问题	会提供哪些类型的反馈	√	√				
	数据和学习分析将如何用于反馈	√	√				
	如何以及何时提供反馈	√					
	将为反馈提供哪些准则	√					
	不同类型的反馈需要哪些支持	√	√				
D-11	**测试与评估的概念**	√	√	√	R	X	X
具体问题	影响测试、评估概念、工具决策的关键决定因素是什么(如内容、学习成果、目标群体、入门级)	√					
	将遵循哪种测试和评估概念(如形成性评估、总结性评估、真实或工作综合评估、诊断评估、标准参照评估)	√	√	√			
	测试和评估如何评分(如评分系统、取芯规则系统、分数系统、评定或评论)	√	√				
	使用的评估工具范围是什么(如,自测、测验、经过同行评审的评估、小组协作)	√	√				
	学习者如何从测试和评估中获得结果	√	√				

表 2－23 实施阶段主要内容

阶段:实施(I)		视角			角色		
编号	过程描述	P	T	S	D	F	P
I-1	**内容实现**	√	√		R	X	X
具体问题	内容将如何产生和传递	√	√				
I-2	**设计实现**	√	√		R		X
具体问题	图形设计将如何实现	√	√				
I-3	**媒体实现**	√	√		R		X
具体问题	如何制作和提供媒体	√	√				
I-4	**技术实现**		√	√	X		R
具体问题	技术概念将如何实现		√	√			
	如何实现对可伸缩性、可访问性、可用性、基础结构、安全性、隐私、服务、支持和文档的技术要求		√	√			
	维护将如何实现		√				
I-5	**组织应用**	√	√		X	X	R
具体问题	如何实现 MOOC 的组织概念(教学和技术方面)	√	√				
I-6	**测试与激活**	√	√		R		X
具体问题	如何测试 MOOC 及其学习资源	√	√				
	MOOC 及其学习资源将如何调整	√	√				
	MOOC 及其学习资源将如何激活	√	√				

表 2－24 实现阶段主要内容

阶段:实现(R)		视角			角色		
编号	过程描述	P	T	S	D	F	P
R-1	**管理**	√	√		X	X	R
具体问题	注册如何组织	√	√				
	在 MOOC 期间如何确保与学习者相关的主题反馈	√	√				
	在 MOOC 期间如何确保学习者的教学反馈	√	√				
	在 MOOC 期间如何确保对学习者、主持人的技术支持	√	√				

续表

阶段：实现(R)		视角			角色		
编号	过程描述	P	T	S	D	F	P
R-2	**学习活动与相关支持**	√	√	√	X	R	X
具体问题	学习者如何进入课程和教学方法，包括学习目标、课程内容、功能和评估类型、沟通、互动和反馈渠道（如入门单位、迎新周、指导手册）	√		√			
	实现了哪种教学方法	√		√			
	如何实现自主和自我调节的学习（如针对个人和反思性学习的学习支持、使用角色扮演的学习支持、为有疑问/挑战的学生提供办公时间）	√	√				
	如何实现网络学习（如提供工具以及相关的任务）	√	√				
	小组工作如何实现(如果有)(如促进小组的组成、提供小组支持以及相关的任务)	√	√				
	如何促进沟通过程	√	√				
	论坛和讨论平台如何组织	√	√				
	互动活动如何实现	√	√				
	如何提供反馈（如由同行、主持人、社区助教、自动执行）	√	√				
	教育者和专家的评论如何实现	√	√				
	同行评审如何实现（如提供评分规则、提供练习以训练学习者进行同行评议）	√	√				
R-3	**胜任力审核**	√	√	√	R	X	X
具体问题	提供哪些类型的可选评估	√					
	提供哪些类型的强制考试	√		√			
	评分如何实现	√	√				
	提供哪些证书，以及如何评估和获得它们	√	√	√			
	提供哪些学分，以及如何评估和取得这些学分	√	√	√			

表 2-25 评估阶段主要内容

阶段:评估(E)		视角			角色		
编号	过程描述	P	T	S	D	F	P
E-1	**评估计划**	√		√	X	X	R
具体问题	定义了哪些评估目标(如减少故障、质量保证、质量管理、持续改进周期)			√			
	评估涵盖哪些阶段			√			
	评估计划如何组织(如每周、定期、主题、基于模块)	√		√			
	评估如何设计(如评估类别、重点、满意度、参与度、动机、学习成果、影响、教学法、技术、组织和结构)	√		√			
E-2	**评估实施**	√	√	√	X	X	R
具体问题	评估如何实现和评估(如调查、问卷、学习分析工具、日志数据、观察结果、论坛、访谈)	√	√	√			
E-3	**评估审查**	√		√	R	X	X
具体问题	如何评估、分析和讨论评估数据	√		√			
	如何从评估结果中提出建议	√		√			
E-4	**改进和优化**	√	√	√	X	X	R
具体问题	评估建议如何用于 MOOC 的改进和优化	√	√	√			
	评估建议如何用于改进和优化评估设计和实现	√	√	√			

二、Quality Matters(QM)

(一)QM 简介

1. 草根起源

Quality Matters 始于马里兰在线(Maryland Online,MOL)财团的一小群同事,他们试图解决机构之间的一个共同问题:如何衡量和保证课程质量?随着 MOL 开始创建一个可以与其他机构共享在线课程的系统,这个问题就变得尤为重要。MOL 需要一种方法来确保学生的课程质量,无论课程是谁提供的。MOL 在 2003 年概述了"质量问题"计划如何创建可扩展的过程以确保课程质量,并向美国教育部申请了 FIPSE 基金(Fund for the Improvement of Postsecondary Education)。

在 FIPSE 基金的支持下,QM 开发了一套课程设计标准的规则,并创建可复制的同行评审程序,该功能能够培训并授权教师根据这些标准评估课程;为提高课程质量提供指导;跨机构认证在线和混合大学课程的质量。众所周知,现在有了确保课程质量的工具,越来越多的机构开始对质量管理过程产生兴趣并参与其中。到 3 年资助期结束时,该机构已经培训了来自 28 个州的 154 个机构的 694 位同行,并且进行了 100 多次课程评审。

尽管 FIPSE 基金于 2006 年停止资助,但 QM 仍然是 MOL 内的一个自我维持计划,逐渐对美国其他州和其他国家或地区的教学质量产生了影响。在随后的几年中,全球 1300 多家高校订阅了 QM 计划,并使用高等教育质量量规改进了课程设计。QM 还培训了 52000 多名在线课程设计标准的教育专业人员,并对数千种在线课程和混合课程进行了认证。

随着 QM 影响的不断扩大,该组织逐步扩展了 QM 质量保证工具和专业发展范围,从高等教育领域逐步向 K-12 基础教育、继续和专业教育、课程发行者和教育服务提供商等扩展。2014 年,QM 作为独立的非营利组织开始运营,以扩大业务范围,建立新的合作伙伴关系,继续倡导在线学习质量保证并在提供认证在线课程质量标准的过程中发挥更大的领导作用。

截止目前,QM 有 60000 多名成员。通过每年的会员订阅和收费服务产品,QM 继续支持研究,扩展产品范围,并培养致力于在线学习质量保证的专业人士。

QM 是作为一家引领在线教育质量保障和数字化教与学环境创新的全球性组织,通过以下方式在国内和国际上促进和提高在线教育和学生学习的质量:

(1)制定具有时代性,基于研究和实践支持的质量标准以及适当的评估工具和程序。

(2)认可在线教育质量保证和评估方面的专业知识。

(3)通过将质量管理标准和流程整合到组织计划中来提高在线教育的质

量，从而培育持续改进的文化。

(4)在量规、工具的使用和实践方面提供专业发展，以提高在线教育的质量。

(5)进行在线教育的同行评审和质量认证。

(二)QM的认证过程

帮助学习者或机构实现在线承诺意味着向您提供以持续改进为中心的协作和合作过程。此过程旨在帮助他们实现在线学习的质量保证目标，因为这些目标将逐步发展为解决在线学习质量饼状图所呈现(Online Learning Quality Pie)的各个方面。

影响在线课程质量的因素有很多。虽然质量管理模型主要聚焦于课程设计，但我们的成员可以利用质量管理过程以及质量管理资源和社区成员来扩展模型并将其应用于在线学习的各个方面，但这并非一蹴而就。成员通常会在使用QM之前进入其组织内部的有效实施阶段。虽然每个阶段根据组织类型及其目标的不同而有所不同，但通常有5个实施阶段，这些阶段可创建一个可持续的质量保证体系，以解决图2-7所示的各个方面的问题。

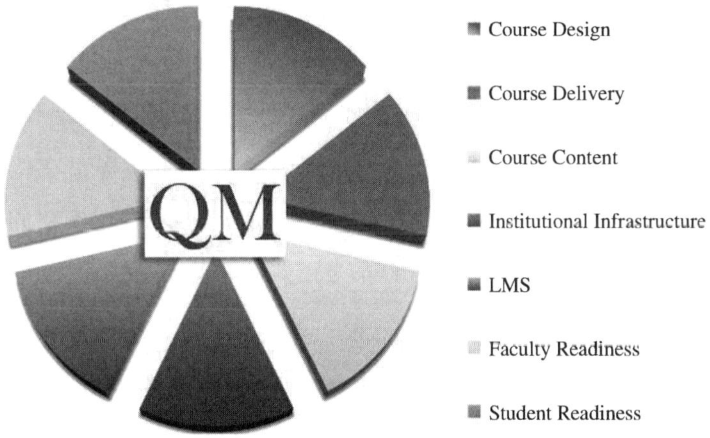

图2-7 在线课程质量的影响因素

1. 特设(Ad Hoc)

该阶段，QM协调员鼓励教师和员工熟悉QM质量认证标准，了解标准的结构,并参加“应用 QM 质量认定标准”研讨会,旨在开始授权人们使用 QM 工具,通过资源和工作簿来非正式地查看在线课程的不同组成部分并评估其质量。

2. 质量保证(Quality Assurance,QA)

该阶段,成员已开发出系统的过程来评估其课程。该过程是一致的,并根据实现内部质量保证目标的时间表进行规划。进行评审的人员已经接受了一些应用标准的质量管理培训,并且有些人可能已经获得了同行评审人认证。在此阶段通常不使用完整的同行评审过程。取而代之的是,进行这些审核的责任在于单个组织单位或委员会内,重点是将课程与部分或全部 QM 标准进行比较以评估质量。组织将制定审查计划,以确保在给定时间段(例如 3 年)每个在线课程都将通过内部委员会或使用 QM 标准的个人审查。至此,质量保证流程对课程进行了质量检查,但它不被认为是可扩展或可复制到整个组织之外的程序。

3. 持续改进(Continuous Improvement,CI)

在此阶段,成员已经制定了一个持续、系统和可扩展的审核流程,尽管它仍然是针对组织定制的,不能在组织外部复制应用。使该程序成为可扩展的持续改进过程的原因是对同行评审的承诺以及 QM 为评审员准备提供反馈的使用。该审核过程内置于组织的课程开发或年度评估中以改进和创建课程,并涉及更多的人,其中包括担任审核员的教师。此外,更高质量的课程正在接受审查和改进。尽管成员修改了 QM 质量标准,但许多成员在内部审核期间使用 QM 的 CRMS 来获取有关课程质量的反馈并为正式课程审核做准备。

4. 标杆管理(Benchmarking)

该阶段,成员使用完整的 QM 质量标准和官方课程审查流程,以确保其课程符合 QM 的严格标准,从而能够在全国范围内跨组织应用。会员可能会使用正式时间表,将所有课程(或经过精心挑选的代表性样本)通过正式审核过程获得 QM 认证。已通过 QM 认证的课程被其他组织认可为符合 QM 标准以追求卓越的高质量课程。达到此标志就证明该组织兑现了对质量保证和持续改进的承诺。

5. 制度性变革(Institutional Change)

在这一点上，整个组织将完全致力于全面的质量保证流程，得到领导团队的全面支持，并将该流程整合到长期的战略计划中，例如组织中的各个部门可能已经创建了专门致力于评估和提高在线课程质量的委员会。此外，担任 QM 角色或获得 QM 认证课程的教职员工可能会因其努力而受到认可或奖励。到目前为止，该组织已经制定了适当的政策，将质量管理模型扩展到教学的其他关键领域，并已投入资源来维持和发展其质量保证流程。

希望通过官方课程审查发布课程，并获得 QM 认证标志的组织应做好充分利用课程审查流程的准备，QM 课程质量审核流程如图 2－8 所示。

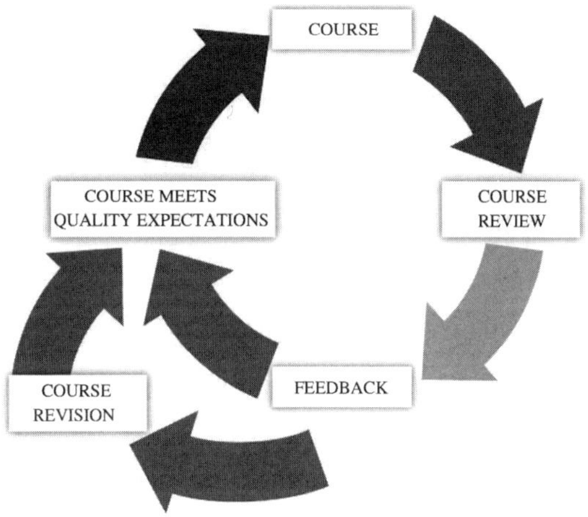

图 2－8　QM 课程质量审核流程

这涉及了解如何使用 QM 质量标准来检查课程质量以及如何使用审核过程来提供反馈以改进课程。无论正式课程审核是由 QM 还是由订购者管理，所有课程审核者都必须经过 QM 认证才能担任其审核者角色。审核小组的组成可能会略有不同，具体取决于所使用的标准。例如，使用高等教育质量标准进行的审核小组将有一位首席审核员作为团队主席，另外两名同行审核员，其中一位被指定为主题专家，另一位在提交课程进行审核的组织外部。

在为官方课程审核提交课程后，同行课程审核团队将使用 QM 质量标准对课程进行审核，并提供有关如何提高课程质量的反馈。通过与审核者、课程主讲教师、课程开发人员以及QM的工作人员的协作共同改进课程，以达到85%或更高质量水平的要求，满足QM的标准。成员还可以利用专业开发选项来帮助他们使用QM标准来改进课程。尽管有很多方法可以满足QM标准，但是一门课程只有达到质量期望后才能获得QM认证。

QM认证的有效期为3～5年(具体取决于所依据的标准)，并在此期间显示在学习管理系统和课程目录中，以向学生和其他利益相关者传达课程质量。如果课程没有重大变化，则可以通过缩短审核过程来重新认证。

(三)QM的影响

研究表明，QM课程审查或认证的范围远远超出了正在认证的课程。主要缘于以下几点：

1.它从单个认证课程开始

QM对认证课程的影响是不可否认的。课程审核可以使课程设计得更好，从在线课程导航更容易使用，减少学生学习成就获得的障碍，进而取得更好的结果。但是，使用QM的影响远远超出了所认证的课程，甚至在一个区域或一个过程中使用QM质量保证系统，就开始在整个组织中灌输一种“质量文化”。根据课程审查参与者的数据，95%的课程代表和81%的同行评审者已经或计划更改在线课程，原因是他们参加了评审。

2.指数式扩张

一次课程审核就有触角，可以触及更多。在QM的程序或流程中，3位审阅者会与课程代表(课程开发人员)进行协商，以改进一门课程。该课程被教授，该班的学生受到积极影响。但这还不止于此。然后，课程代表(Course Representative)将使用他或她正在开发和教授的其他所有课程中学到的知识。因此，所有课程代表的课程都得到了改善。此外，由于QM不是单向的过程，而是关于协作的过程，因此审阅者本身就是教师，他们可以将自己学到的知识应用到自己的课程中。

一次会影响360名学生吗？答案是肯定的！方法如下：一次课程审核会影

响4个人（正在审核其课程的主讲教师以及3位审核员）。这4位教育工作者将自己学到的知识带入了其他每门课程（保守地说，每人3门课程），总共影响了12门课程。每班30名学生，一次课程审核确实可以影响360名学生。

这就是为什么首先发布“QM”的原因，以便对学生体验产生积极影响。QM社区依靠成员组织收集的数据来深入了解QM质量保证模型的执行情况。QM的成员在会议演讲、赠款申请和学位论文中使用这项研究，以帮助我们为实现在线学习的承诺而付出的所有努力。

（四）QM高等教育质量标准及相关研究

2003年，QM组织专家在研究大量文献、借鉴国内外经验、参照全国公认的实施效果较好的标准和教学原则后，制定了“QM标准”，并逐渐成为在线开放课程设计的有效质量指南。“QM标准”经过数年实践和不断改进完善，目前已经升级至第6版。在美国，该标准不只是用来进行课程评议，也用来作为在线课程设计的指导，很多课程在该标准的指导下不断改进直至完善成熟。因此，“QM标准”是现在颇具影响力的高等在线教育课程认证标准。该标准具体指标内容见表2-27。

该标准包括8个一级指标，42项二级指标。注释解释了标准的应用及其相互关系。标准中有一个评分系统，供课程审核小组用来确定课程是否符合标准。满足QM认证的条件是：基本标准（分值为3分）必须达标以及总分不低于85分（满分为100分）。

该标准主要用于在线课程或混合式课程。课程设计者从开始就使用标准来创建旨在满足标准的课程。该标准还用于评估课程达到标准的水平以及突出需要改进的地方。达到85%的分数（基本标准达标）即表示该课程符合质量课程设计的QM认证。使用该标准的QM成员包括：个人教师和教学设计师；4年制大学；社区学院。

QM标准的独特之处在于它的协同性。当关键性课程要素，如学习目标（能力）（2.1，2.2）、评估和测量（3.1）、教学材料（4.1）、学习互动与学习者互动（5.1）以及课程技术（6.1）等协同作用时就能确保学生获得预期的学习成果。

表 2-26　QM 高等教育在线课程质量认定标准(第 6 版)

一级指标	具体要求	分值
课程概述与介绍	1.1　明确说明如何开始课程以及在何处可以找到课程的组成部分	3
	1.2　向学习者介绍课程的目的和结构	3
	1.3　明确说明在线讨论、电子邮件和其他形式的互动的交流要求	2
	1.4　在课程中明确说明了希望学习者遵守的课程和机构政策,或者提供了与当前政策的链接	2
	1.5　明确说明了该课程的最低技术要求,并提供了有关如何获得技术的信息	2
	1.6　明确说明了学习者要具备的计算机技能和信息素养	1
	1.7　明确说明了对本学科前提知识或其他任何所需能力的要求	1
	1.8　课程主讲教师的自我介绍是专业的,且可以在线获得	1
	1.9　要求学习者向班级中其他成员做自我介绍	1
学习目标(能力)	2.1　课程学习目标或课程/项目能力以及描述的成果是可衡量的	3
	2.2　模块或单元的学习目标或能力所描述的成果是可测量的,且与课程总体的目标或能力保持一致	3
	2.3　学习目标或能力要清楚地被陈述,且从学习者的角度写,并在课程中处于突出位置	3
	2.4　明确说明了学习目标或能力与学习活动之间的关系	3
	2.5　课程学习目标或能力与课程水平相匹配	3
评估与测量	3.1　评估能够测量所陈述学习目标或能力的实现情况	3
	3.2　课程评分规则在课程开始时已明确说明	3
	3.3　提供了特定的描述性标准来评估学习者的工作,并明确说明了他们的工作与课程评分规则的联系	3
	3.4　所使用的评估是序列的、多样的,且适合课程的水平	2
	3.5　课程为学习者提供了多种途径可以及时反馈他们的学习进度	2
教学材料	4.1　教学材料有助于学习者实现规定的学习目标或能力	3
	4.2　在课程中使用教学材料与完成学习活动之间的关系有明显的解释	3
	4.3　通过为教学材料的使用提供源文献和许可,以示范要求学习者达到的学术诚信	2
	4.4　教学材料能够代表该学科最新理论和实践	2
	4.5　课程中使用了多种教学材料	2

续表

一级指标	具体要求	分值
学习活动与学习者互动	5.1 学习活动能够促进既定的学习目标或能力的实现	3
	5.2 学习活动为互动提供了机会，并支持学习者主动学习	3
	5.3 明确说明了主讲教师在课程中与学习者互动的计划	3
	5.4 明确说明了学习者互动的要求	2
课程技术	6.1 本课程中使用的工具能够支持学习目标或能力的实现	3
	6.2 课程工具可促进学习者的参与和主动学习	3
	6.3 课程中使用了多种技术	1
	6.4 课程向学习者提供有关保护其数据和隐私的信息	1
学习者支持	7.1 课程说明中清楚地阐明或链接到所提供技术支持及其获取方式的清晰描述	3
	7.2 课程说明中明确说明或链接到机构的无障碍规则和服务	3
	7.3 课程说明中明确阐明或链接到该机构的学术支持服务和资源，以帮助学习者在课程中取得成功	3
	7.4 课程说明中阐明或链接到该机构的学生服务和资源，以帮助学习者成功	1
可访问性与可用性	8.1 课程导航方便易用	3
	8.2 课程设计有助于提高可读性	3
	8.3 课程在文件、文档、LMS 页面和网页中提供可获得的文本和图像，以满足各种学习者的需求	3
	8.4 课程提供了多种格式的多媒体资源和获得途径，以满足各种学习者的需求	2
	8.5 课程多媒体易于使用	2
	8.6 在课程使用中，为各种技术提供了供应商的可访问性说明	2

潘晓彦等人的研究，该标准与我国“精品在线开放课程”评价指标（简称“国标”）相比，主要有 5 个方面的不同表现：“QM 标准”更侧重于“学的过程”，“国标”更侧重于“教的结果”；“QM 标准”评价指标偏“微观具体”，“国标”评价指标偏“宏观抽象”；“QM 标准”对课程内容要求比较开放，“国标”强调课程内容的立德树人目标；“QM 标准”没有“教师团队”指标，“国标”重视“课程团队”建设；

“QM 标准”着眼课程本身、指标精细，“国标”力图全面、指标模糊。①

QM 和复旦大学于 2015 年 5 月签署了为期 5 年的合作协议。经过两年的双方努力合作，已经开发了 FD-QM 在线课程质量标准（简称“FD-QM 标准”）。2017 年 5 月 1 日，QM 与复旦大学开发的质量标准荣获“美国远程学习协会”的 2017 年度首届“全球影响力奖”。

FD-QM 标准突出“以学为中心”的理念，强调课程设计的一致性原则，适用于高校纯在线和混合式在线课程，共有 8 大类 33 个小类指标，见表 2－27。

表 2－27　FD-QM 在线课程质量标准

大类	指标
大类标准一：课程概况	1.1　向学生明确说明应该如何开始课程学习
	1.2　向学生介绍本课程的目的、内容、方式、测评
	1.3　明确说明学生必须遵守的课程规则
	1.4　明确说明学习课程所必备的学科知识、技能、技术等条件
	1.5　教师、学生在网上需提供恰当的自我介绍
大类标准二：学习目标★	2.1　课程学习目标必须是可以衡量的学习成果，并且从学生角度加以描述
	2.2　课程学习目标反映在课程各单元的设计中
	2.3　明确解释学习目标与课程活动之间的关系
	2.4　课程学习目标符合课程的等级水平
大类标准三：学业考评★	3.1　课程测评能衡量学生是否达到规定的学习目标
	3.2　明确说明课程的评分规则
	3.3　具体介绍对学生课业和学习参与情况的评价标准
	3.4　测评应循序渐进、多种多样，适合课程等级水平
	3.5　课程提供多次机会，让学生了解自己的学习进展
大类标准四：课程教材	4.1　所选教材有助于学生达到规定的课程学习目标
	4.2　明确说明所选教材的目的以及在学习活动中如何使用
	4.3　课程教材都要正确标注来源，引用得当
	4.4　课程教材仍然通用，不过时
	4.5　课程所用资料多种多样
	4.6　明确解释指定教材和可选教材之间的区别

① 潘晓彦，蒋家琼，莫兰，等. 美国“QM 质量标准”与我国“精品在线开放课程”评价指标体系比较研究[J]. 湖南师范大学教育科学学报，2019(3)：105-110.

续表

大类	指标
大类标准五：课程活动与学生互动★	5.1 学习活动有助于学生达到课程既定的学习目标
	5.2 学习活动为学生提供互动机会,引导学生主动学习
	5.3 明确说明教师答疑时间以及作业反馈等规划
	5.4 明确说明学生互动等学习参与方面的要求
大类标准六：课程技术	6.1 课程技术有助于学生实现学习目标
	6.2 课程技术有助于学生积极参与、主动学习
	6.3 课程使用的技术仍然通用,不过时
大类标准七：学习支持	7.1 明确说明为学生所提供的技术服务及获取方式
	7.2 学生容易获取课程所用的技术
	7.3 为满足不同学生的学习需要,课程学习资源有不同的呈现形式
大类标准八：课程制作	8.1 课程导航方便易用
	8.2 视频制作恰当,能吸引人
	8.3 各种文本资源可读性强,有利于学生学习

注:标注★的3项大类标准为核心标准。

自2015年以来,QM和复旦领导团队一直参加对方年度大会并作报告,继续在中国发展QM社区,介绍复旦QM中国标准,帮助中国高等教育界建立以学习为核心的质量保证系统,来帮助确保学生的学习成功。如复旦大学郑咏滟教授运用FD-QM在线课程质量标准实施混合式课程,推动教学改革。在FD-QM标准下,将传统的课程目标改为学习目标,基于布鲁姆教育目标分类金字塔图形,把学习目标设置成从学生角度出发的可量化目标,且将总的学习目标分散在单元学习目标中,让学习目标和学习任务设计及其考核方式联系起来。考评方式上,FD-QM标准强调应循序渐进、多种多样,在课程中明确说明评分规则并将其作为衡量学生是否达到学习目标的标准,让学生充分了解自己的学习进展。郑教授采用的评价手段包括同伴互评及网上互动社区探讨,将评价循环和讨论循环结合的方式促成线上线下活动的深度融合。①

① 复旦大学郑咏滟教授分享:如何运用FD-QM在线课程质量标准实施混合式课程[EB/OL]. https://www.sdju.edu.cn/2019/0528/c3002a66805/page.htm,2019-10-9.

第三章

强化发展导向，明确核心问题

质量观在质量保障的探索中有着重要的理念指导和方向引领作用。准确把握在线课程教学质量观是思考教学质量保障的基础和前提。截至目前，我国高校在线课程教学质量观经历了“规定性质量观”“需要性质量观”“发展性质量观”的变迁，在线课程质量观的变迁反映着质量保障理念和关键举措的变化。在发展性质量观的指导下，明确当下高校在线课程教学质量保障的关键问题，是开展具体实践研究的基础。

第一节　概述：高等教育质量观变迁

质量实际上就是事物的特性满足人们外显要求或潜在需求的程度。教育质量本身是一个主观的、相对的、有争议的动态概念。高等教育质量指的是高等教育的属性是否满足高等教育主体的需要及其满足的程度。高等教育质量问题本质上是教育价值问题，高等教育质量的高低与优劣直接影响到高等教育功能的发挥。高等教育质量是历史的、动态的，它必然随着时代、社会的发展变化而变化。建设高等教育强国的关键及核心问题是提升高等教育质量，不同的高等教育质量观反映出不同的高等教育质量标准。教育质量观是对教育质量的认识或看法，不是永恒不变的，而是发展变化的。[①] 高等教育质量观的演进深嵌于高等教育发展历史中。

1973 年，美国教育学和社会学家马丁·特罗在《从精英向大众高等教育转变中的问题》一文中，通过对美国和西欧国家高等教育发展过程的考察，提出了以高等教育毛入学率为指标将高等教育发展分为“精英”“大众”和“普及”3 个阶段的观点，认为：当一个国家的高等教育毛入学率在 15％以下时是精英教育阶段，超过 15％时进入大众化阶段，超过 50％时进入普及化阶段。这一观点被

① 史秋衡，王爱萍. 高等教育质量观：从认识论向价值论转变[J]. 厦门大学学报(哲学社会科学版)，2010(2)：72-78.

国际组织和学术界广泛引用。随着我国高等教育规模的不断扩大和毛入学率的逐渐提高，我国高等教育发展经历了精英化、大众化阶段，2019 年起进入了普及化发展阶段。大众化进程一旦启动，就势不可挡，呈现加速发展的态势。高等教育大众化为每个人个性的平等发展带来了机会。从精英到普及的真正转型首先是价值观的转变。[①] 2001～2021 年高等教育发展变化见表 3－1、图 3－1和图 3－2。

表 3－1　2001～2021 年高等教育发展变化

年度	普通高等学校/所	毛入学率/(%)	阶 段
2001 年	1225	13.3	精英阶段
2002 年	1396	15.0	大众阶段
2003 年	1552	17.0	
2004 年	1731	19.0	
2005 年	1792	21.0	
2006 年	1867	22.0	
2007 年	1908	23.0	
2008 年	2263	23.3	
2009 年	2305	24.2	
2010 年	2358	26.5	
2011 年	2409	26.9	
2012 年	2442	30.0	
2013 年	2491	34.5	
2014 年	2529	37.5	
2015 年	2560	40.0	
2016 年	2596	42.7	
2017 年	2631	45.7	
2018 年	2663	48.1	
2019 年	2688	51.6	普及阶段
2020 年	2738	54.4	

① 袁振国.高等教育大众化之后需要怎样的质量观[J].中国高等教育，2016(Z3)：34-37.

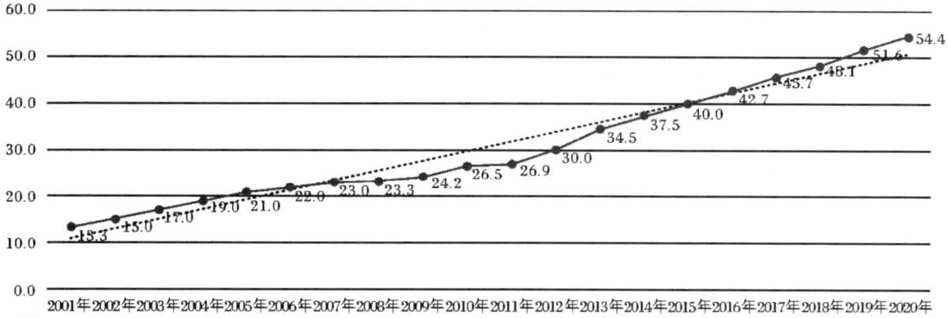

图 3-1　2001～2021 年我国高等教育毛入学率变化

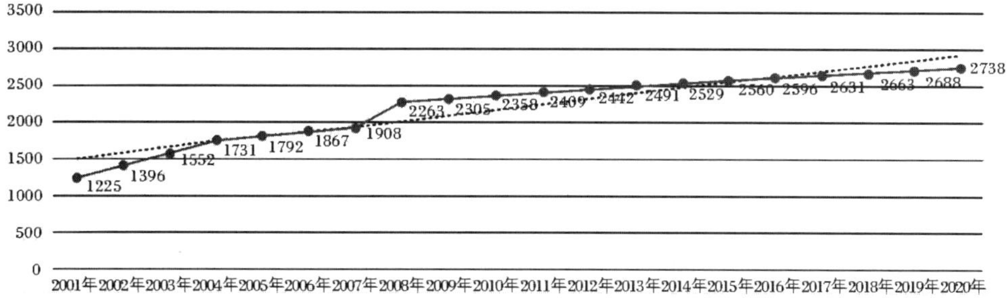

图 3-2　2001～2021 年普通高等学校规模变化

教育质量观是直接或间接影响教育行为的基本理念,对教育事业的改革和发展具有极为重要的基础性意义。教育质量保障体系是教育质量观的外部表征,优化高等教育质量保障体系有赖于从根源上对教育质量观的理性认识。[①]然而,高等教育质量是一个多层面的概念,既包括博士、硕士、本科、专科等纵向层次,也包括研究型、理论型、应用型、技能型等横向层面,[②]且高等教育的发展由精英化到大众化再到普及化的发展过程,是高等教育质量观不断变化和深化的过程,也是不同质量观引领高等教育改革发展的过程。

根据彭拥军的研究,我国高等教育在精英阶段、大众化阶段、普及化阶段,高等教育发展受不同质量观的影响,高等教育质量行为往往对应着相应的质量评价。[③]

精英教育阶段,高校、政府和社会(这里指高校、政府和个人以外的广义社

① 谢治菊.多中心治理理论视角下研究生教育质量保障机制探讨[J].现代教育管理,2017(4):102-107.

② 潘懋元.高等教育大众化的教育质量观[J].中国高教研究,2000(1):7-9.

③ 彭拥军.质量观演进与高等教育评价的耦合[J].江苏高教,2020(10):8-15.

会）最初都倾向于把大学生视为高等教育产品。受这种学生产品质量观的影响，政府和高校的质量控制行为类似于工厂的“以产定销”，即政府部门和高校事先预估社会人才需求并据此明确高校人才培养数量与规格。在这种质量控制模式下，作为生产方的政府和高校垄断了高等教育质量话语权。换句话说，这一阶段引导高等教育行为的质量观本质上是一种生产者质量观，这种质量观的逻辑基石是“学生是高校产品”，其质量行为类比工厂对有形产品的质量管理。该阶段，生产者质量观是高等教育质量评价逻辑的基石，“合格即质量”是高等教育阶段质量操控的基点，政府操控是质量控制和质量评价的实践基础。

高等教育大众化阶段，高等教育质量控制行为可以简单概括为“以销定产”或“按需定产”，意指高等教育按照市场需要组织生产。一般而言，为了适应市场需要，生产方除了在数量、品种、花色、规格、质量、包装等诸多方面都要按照市场需要来安排生产外，还要统筹安排以使产品适应市场需求变化。同样的道理，受消费者质量观影响的高等教育，相似变化必然出现在具有这类生产性质的高校中。到了大众化教育阶段，高校受教育市场供求关系变化影响，高等教育质量标准逐渐由政府和高校等内部力量直接决定演化为内部力量和诸多外部利益相关者共同决定。这一阶段，尽管视人才为高等教育产品的质量观念并未被完全颠覆，但市场逐渐赢得了质量话语权。因此，“产销对路”是高等教育质量评价的重要尺度，需求方标准是高等教育质量评价标准的市场逻辑，多元利益耦合是高等教育质量评价的结点。

高等教育进入深度大众化或普及化阶段，随着消费者的影响不断深入，高等教育领域的利益相关者更加多元，其教育诉求也更加复杂。在这种格局下，“提高产量”或者“扩大销量”等视人才为产品的质量观已经很难适应时代发展要求。因此，打破高等教育“人才产品”质量观的禁锢，重新认识高等教育质量并进行相应质量评价就变得十分必要。由此应运而生的教育服务产品观和高等教育服务质量观逐步被学界承认，以消费需求契合度为依托的质量评价也相继出现。因此，该阶段“匹配即质量”是满足差异性需求的质量准绳，质量适切性是高等教育质量评价的立足点，内隐质量是高等教育质量评价的本质回归。

第二节 梳理:网络课程质量保障研究现状

2000年,新世纪网络课程建设工程的启动标志着我国网络课程建设的起步与发展。随着教育教学理念的不断演变以及开放教育资源运动的推动,截至目前,我国网络课程先后经历了精品课程、精品开放课程(包括精品资源共享课、精品视频公开课)、MOOC、在线开放课程以及精品在线开放课程、国家级精品在线开放课程等各类课程的建设和发展,课程建设理念经历了由注重知识单向传授向以学为中心的双向互动的转变。此外,从网络课程建设和应用的价值导向来看,我国网络课程建设先后经历了"学历补偿型"到"效果增强型"再到"全民普惠型"的递进式阶段性发展。① 在不同发展阶段,网络课程质量保障始终是各阶段在线教育研究的热点话题。通过相关文献的梳理与分析,我国网络课程质量保障的代表性研究成果主要集中体现在以下3个方面:

一、保障体系(框架)研究

教学质量保障体系是对确保通过教育教学活动的实施达到预期教学目标的系统性设计和规划。构建网络课程质量保障体系是提高教育教学质量,促进在线教育内涵式发展的重大举措。从20世纪初期高校现代远程教育工程启动以来,我国对网络课程质量保障体系的建设经历了由重视外部质量保障体系向强化内部质量保障体系的转移。在线开放课程的建设和应用将我国网络课程的发展推向了新的高度,同时也为教学质量保障带来了巨大挑战。赵磊等人通过对12家中文慕课平台的比较研究后发现,在课程管理方面,尚未建立健全的质量保障体系。建立健全质量保障体系,明确中国MOOC教学质量和课程认证标准,确定相应的评价方法与实施模式,是我国MOOC发展亟待解决的重要问题。② 截至目前,我国有关网络课程质量保障体系研究的代表性成果主要

① 杨晓宏,李运福.我国网络课程研究热点与趋势分析[J].现代远距离教育,2018(3):4-12.

② 赵磊,吴卓平,朱泓.中国慕课项目实践现状探析[J].电化教育研究,2017(9):41-48.

有：李青等人从媒体技术、课程内容及课程管理3方面讨论了MOOC建设及运营的质量要点和保障措施，构建了MOOC质量保证体系；[①]林世员等人通过对我国高校现代远程教育质量保障体系的反思性回顾与总结，指出质量保障体系是教育治理体系的重要组成部分，应从组织建设、标准制订、运行机制调整等方面加强我国高校现代远程教育外部质量保障体系建设；[②]王桂林等人以全面质量管理理论为基础，提出了包括在线开放课程输入体系、实施体系和输出体系3部分的高校在线开放课程质量保障体系；[③]石磊等人在MPOC质量模型的基础上，提出了国家开放大学MPOC建设质量保障机制，包括课程设计与开发、课程运营、管理机制、团队建设、技术支持5个环节；[④]汤晓等人提出了《大学生心理健康》慕课教学质量保障体系，包括课程建设、上线前专家评审、课程运行评估3个环节，并通过构建督学服务与指导体系对教学质量保障体系进行了补充和完善。[⑤]

二、评价指标（模型）研究

指标体系评价法是目前网络课程评价最常用的方法。该方法通常会在对网络课程构成要素进行研究的基础上，对各要素进行相应指标设置及特征描述，形成网络课程评价指标或体系，其价值取向主要包括评定网络课程等级、改进课程两个层面，且由早期过多关注网络课程本体层面的质量逐步转向网络课程应用层面的质量，更加凸显了以学为中心的教育理念。目前，国内专家学者从多视角对网络课程质量评价指标进行了深度研究，代表性成果主要体现在以下几个方面。其一，专家视角。该视角更多关注网络课程的宏观设计，主要聚焦解决网络课程设计的合理性和课程内容的科学性问题，将影响网络课程质量的要素归纳为课程内容、课程设计、课程实施、技术等方面，如各级各类精品课

① 李青，刘娜．MOOC质量保证体系研究[J]．开放教育研究，2015(5)：66-73．

② 林世员，陈丽，彭义平．我国高校现代远程教育外部质量保障体系建设[J]．中国远程教育，2016(5)：43-49．

③ 王桂林．基于全面质量管理的在线开放课程质量保障体系构建[J]．教育理论与实践，2017(21)：50-52．

④ 石磊，程罡，刘志敏．大规模私有型在线课程建设模式及其质量保障机制[J]．中国远程教育，2018(8)：24-32．

⑤ 汤晓，赵山．《大学生心理健康》慕课教学质量保障体系的建立与完善[J]．黑龙江高教研究，2019(5)：146-149．

程与在线开放课程评审指标[①]、教育部教育信息化技术标准委员会制定的《网络课程评价规范》、网络课程在线评价指标体系[②]以及基于专家访谈的MOOC质量评价指标体系[③]等；其二，学生视角。该视角更多关注的是网络课程的可用性、有用性等网络课程的学习体验，是专家视角下网络课程质量评价指标研究的重要补充，将影响网络课程质量的要素归纳为学习过程的交互、内容符合需求、任务驱动学习、课程界面及导航的清晰等，如网络课程感知质量评价模型[④]、网络课程可用性测试检查表[⑤]、网络课程可用性质量保障模型[⑥]、基于质量保障的学生评教指标[⑦]、以学习绩效为核心的基于网络计量方法的网络课程评价指标体系[⑧]、慕课设计质量指标规范[⑨]、面向学习者感知的在线课程内容质量分析框架[⑩]、基于学习者体验和知识付费视角的在线课程内容质量评价指标体系[⑪]以及学习体验视角下教师研修类在线开放课程质量评价模型[⑫]等；其三，交互视角。该视角主要是从网络课程侧面判断学习者与网络课程资源、教师、平台、学习同伴之间的交互作用，从网络课程最重要的交互性角度对网络课程质量进行评价，将网络课程质量的影响因素归纳为学生与教师、学生及学习资源的交互状况是否有助于学习等，如网络课程教学交互质量评价指标体系[⑬]、学习资源交互性评价指标[⑭]以及将学习环境给养与学习者的契合度作为网络学

① 张秀梅.精品课程评审指标体系分析[J].中国电化教育，2012(10)：76-80.
② 刘永福，李静辉.网络课程在线评价指标体系的设计与实现[J].中国远程教育(综合版)，2015(8)：57-63.
③ 童小素，贾小军.MOOC质量评价体系的构建探究[J].中国远程教育，2017(5)：65-73，82.
④ 詹泽慧，徐福荫，梅虎.网络课程质量评价模型：感知维度的研究[J].现代教育技术，2009(3)：86-90.
⑤ 刘名卓，刘名海.网络课程可用性质量的衡量与评估[J].中国远程教育，2011，(07)：27-31.
⑥ 刘名卓.网络课程可用性质量保障的策略分析与模型建构[J].中国电化教育，2011(10)：79-83.
⑦ 陈磊.基于质量保障体系的学生评教指标研究[J].现代教育技术，2011(10)：37-40.
⑧ 张家年，占南，李阳.基于网络计量学的网络课程评价方法研究[J].远程教育杂志，2015(1)：101-102.
⑨ 姜强，赵蔚.MOOC低完课率现象背景下的设计质量有效规范实证研究[J].电化教育研究，2016(01)：53-60.
⑩ 闫寒冰，段春雨.面向学习者感知的在线课程内容质量分析框架[J].现代远程教育研究，2018(5)：97-105.
⑪ 黄璐，裴新宁，朱莹希.在线课程内容质量评价指标体系新探[J].远程教育杂志，2020(1)：104-112.
⑫ 赵呈领，黄琰，疏凤芳，等.学习体验视角下在线开放课程质量评价模型研究[J].现代远距离教育，2020(3)：32-41.
⑬ 魏志慧，陈丽，希建华.网络课程教学交互质量评价指标体系的研究[J].开放教育研究，2004(6)：40-45.
⑭ 张国民，张剑平，邱红霞.基于教学交互视角的网络课程分析[J].现代教育技术，2008(7)：79-83.

习环境质量评价的新观点[①]等；其四，教学原理视角。该视角主要从有效教学角度对网络课程质量进行评价，形成网络课程质量评价指标的主要依据是网络课程设计遵从不同教学原理的程度，如基于梅瑞尔首要教学原理的网络课程评价[②]、建构主义视角下的网络课程评价体系[③]、基于多元智能理论的网络课程评价指标[④]等。此外，随着网络课程形态及应用方式的多样化以及学科领域之间的相互借鉴和影响，更加丰富了网络课程质量评价指标体系的研究成果，如高校混合式教学质量评价体系[⑤]以及供需匹配视角下，以满足高校在线开放课程价值主体需要为导向，以质量功能展开理论为基础的高校在线开放课程教学质量认定标准[⑥]等。

三、影响因素（模型）研究

明确影响因素是保障网络课程质量的重要环节。目前，我国有关网络课程质量影响因素的研究呈现出典型的以学为中心的特征，以技术接受模型、解构计划行为理论、顾客满意度理论、信息系统持续使用理论和自我决定理论等为基础，围绕网络课程学习满意度、网络课程接受行为及持续使用意愿、网络课程学习效果等构建影响因素模型，并开展深度实证研究，代表性研究成果可归纳为以下几方面。首先，网络课程学习满意度影响因素研究，主要涉及课程层面因素，如界面设计友好、课程内容明确与重点突出、拓展资料充足以及良好的教学交互效果等，[⑦]此外还包括学习者、指导者以及学习环境等因素。[⑧] 其次，网络课程接受行为及持续使用意愿影响因素研究，如大学生对网络课程的有用性感知以及网络课程的品牌形象、课程内容、课程功能、设计吸引力均与大学生接

① 李彤彤．契合度：生态视角的网络学习环境质量评价新观[J]．现代远程教育研究，2019(2)：103-112.

② 冯秀琪，赵可云．梅瑞尔首要教学原理及网络课程的评价[J]．开放教育研究，2005(5)：67-71.

③ 邱阳，杨云涛．建构主义视角下网络课程评价体系的探索研究[J]．电化教育研究，2009(5)：56-60.

④ 马晓玲，抗文生，季明．多元智能理论与网络课程评价[J]．中国教育信息化·高教职教，2007(12)：12-14.

⑤ 李逢庆，韩晓玲．混合式教学质量评价体系的构建与实践[J]．中国电化教育，2017(11)：113-118.

⑥ 杨晓宏，郝照，周海军．基于质量功能展开的高校在线开放课程教学质量认定标准研究[J]．中国电化教育，2019(6)：108-113.

⑦ 王宁，琚向红，葛正鹏．开放教育网络课程学习满意度影响因素[J]．开放教育研究，2014(6)：113-120.

⑧ 蒋志辉，赵呈领，李红霞．在线开放课程学习者满意度研究：发展、影响因素与提升路向[J]．现代远距离教育，2017(3)：34-43.

受网络课程的行为呈显著正相关;[①]地方高校大学生的态度对其接受慕课的意向影响最大,其次是主观规范、知觉行为控制,[②]此外学习者满意度的提升对其继续学习意愿影响效果显著,[③]期望确认对感知有用性、满意度和内在动机有直接影响,并通过它们对 MOOC 用户持续使用意愿产生间接影响。[④] 最后,网络课程学习效果影响因素研究。MOOCs 课程质量影响模型的分析结果显示"课程学习支持与服务"和"课程学习目标与教师素养"是影响学习效果最重要的两个方面;[⑤]慕课学习支持服务评测模型的分析结果显示导学、促学和管理服务与慕课学习效果正相关,其中促学对学习效果的影响最大,其次是导学和管理服务。[⑥] 此外,影响高校混合式教学质量的因素主要有教师教学能力、态度和方法,学生参与网络学习的适应性以及学习态度,教学支持系统的特征以及教学效果和评价等。[⑦]

通过上述文献分析,本研究发现我国对在线课程质量保障的研究从关注课程本体质量拓展到课程应用质量,课程质量保障的指导理念从以课程为中心转向以教师为中心,进而再次转型为以学生为中心。然而,已有研究中,在线课程应用情境呈现多样化和泛在化的特征,这就意味着在线课程质量保障体系的构建缺乏在线课程质量观的理论支撑,进而导致所构建课程质量保障模型或体系实践应用的针对性不强。

第三节 透视:在线课程质量观变迁

现有文献中,针对性探讨网络课程质量观的研究较为少见,其中具有代表

---

① 张刚要,安涛.基于 TAM 的高校网络课程接受度影响因素研究[J].中国电化教育,2015(5):73-77.
② 张长海,焦建利.地方高校大学生慕课接受度影响因素研究[J].中国电化教育,2015(6):70-74,97.
③ 戴心来,郭卡,刘蕾.MOOC 学习者满意度影响因素实证研究[J].现代远距离教育,2017(2):17-23.
④ 杨根福.用户持续使用行为影响因素研究[J].开放教育研究,2016(1):100-111.
⑤ 黄璐,裴新宁,朱莹希.MOOCs 课程质量影响因素的实证研究[J].现代远程教育研究,2017(5):78-86.
⑥ 方旭,崔向平,杨改学.慕课学习支持服务满意度研究[J].开放教育研究,2016(5):76-85.
⑦ 解筱杉,朱祖林.高校混合式教学质量影响因素分析[J].中国远程教育,2012(19):9-14.

性的主要有李爽等人通过对专家、实践者和学习者开展深度访谈和质性数据分析，将在线课程质量观归纳为服务质量观、系统性质量观、目标性质量观和增值性质量观4种，并定义了设计开发与实施运行两大类的9个在线课程质量要素，其中课程目标、学习内容与实施效果为核心要素。① 为增强研究的多样性，本研究本着网络课程质量保障的研究与实践是网络课程质量观外在表现的观点，在梳理、分析我国网络课程质量保障研究成果的基础上，对我国网络课程质量观进行了归纳。此外，分析网络课程质量观离不开对网络课程建设和应用价值取向的分析。因此，本研究随后对相关政策文本中网络课程建设与应用价值的描述进行分析后，发现我国在线课程质量观主要经历了由"规定性"质量观到"需要性"质量观再到"发展性"质量观的转变。

一、"规定性"质量观

在我国网络课程发展初期，《关于实施新世纪网络课程建设工程的通知》的发布对网络课程的建设有着非常重要的指导性作用。通知中明确指出"网络课程是网络教学的基本单元，是网络教育学院的重大支撑条件"。这也就意味着网络课程是推动我国现代远程教育工程的重要元素，建设合格的网络课程是最基础性前提。为保障合格网络课程的建设，国家及权威团队或机构先后发布的系列重大标准，如《新世纪网络课程建设工程质量认证标准》《现代远程教育资源建设规范》等为网络课程的验收提供了参考依据，②以及CELTS-22"网络课程质量评价规范"课题组构建的网络课程评价规范③、网络课程课件质量认定标准④为网络课程课件及其他资源的设计与开发规定了明确的标准或要求。

鉴于此，本研究将我国网络课程建设初期的质量观概括为"规定性"质量观，即产品符合国家或行业颁布的技术标准，就是合格产品。也就是说，网络课程开发机构以国家或学术团体为网络课程制定的某种标准为参照，进行网络课

① 李爽，李梦蕾，赵宏. 在线课程质量观和质量要素的质性研究[J]. 中国远程教育，2020(3)：42-50，81.

② 高教司远程与继续教育处. "新世纪网络课程建设工程"总体情况介绍[J]. 中国远程教育，2003(9)：67-68.

③ 教育信息化技术标准委员会. 网络课程评价规范[DB/OL]. http://www.docin.com/p-204706450.html

④ 董艳，黄荣怀，李晓明，等. 《网络课程课件质量认证标准》的研制与修订[J]. 电化教育研究，2003(6)：65-70.

程的设计与开发。如果提供的网络课程能够达到所规定的标准，这种网络课程就被认定为有质量的课程，即“合格课程”。在“规定性”质量观的指导下，人们对网络课程质量的关注点主要集中在政策文本或评估指标等网络课程质量的规定性描述上，以期制定统一的网络课程质量标准或评价指标。也就是说，网络课程的质量标准可以通过政策文件的形式发布或呈现，也可以由权威的专家团体、课题研究团队或机构来确定。这是一种政府的网络课程质量观，即处于客体性质量观阶段，网络课程的建设及其质量保障可概括为一种符合规定的行为。

二、“需要性”质量观

信息技术的发展和教育教学理念的变革，推动了合格网络课程建设规模的快速提升。《教育部关于启动高等学校教学质量与教学改革工程精品课程建设工作的通知》（教高〔2003〕1 号）明确表述“精品课程建设是高等学校教学质量与教学改革工程的重要组成部分”。此外，受开放教育资源理念、终身学习理念的影响以及学习型社会建设的需要，我国网络课程建设由精品课程推向了精品开放课程、在线开放课程的新阶段。根据《教育部关于国家精品开放课程建设的实施意见》（教高〔2011〕8 号）的描述，我国开展精品开放课程建设的主要目的是“利用现代信息技术手段，加强优质教育资源开发和普及共享，进一步提高高等教育质量，服务学习型社会建设”，《教育部关于加强高等学校在线开放课程建设应用与管理的意见》（教高〔2015〕3 号）明确提出“鼓励高校间通过协同创新和集成创新的方式建设满足不同教学需要、不同学习需求的在线开放课程或课程群”。这就意味着网络课程建设和应用的价值取向逐步由支撑现代远程教育工程拓展为满足高等学校教学质量与教学改革以及学习型社会建设的需要。

鉴于此，本研究将该阶段的在线课程质量观概括为“需要性”质量观。在此质量观的指导下，网络课程满足价值主体需求的程度成为衡量网络课程质量的重要标准，如何使合格课程满足教育教学改革和学习型社会建设需要逐渐成为现阶段网络课程建设和应用的核心问题。人们对网络课程质量的关注更多是网络课程满足不同层次、不同类别群体的需要，如 2007 年教育部专门制定了高职、高专院校国家精品课程评审指标体系，将高职、高专院校与本科院校区分开来，以便更好地体现不同类别院校网络课程需求的多样性，以及根据价值主体需求制定在线开放课程教学质量认定标准等。① 此外，该质量观指导下的网络课程质量保障更加注重以优化学习体验、增强学习投入、提高学习绩效为导向的多价值主体视角下网络课程质量保障体系、评价指标及课程质量影响因素研究，并根据价值主体需求推动网络课程改革。因此，这是一种在"规定性"质量观基础上，更加注重多样性价值主体需要的客体性与主体性并存的质量观。

三、"发展性"质量观

党的十八大以来我国教育事业发展取得了显著成就，"九个坚持"深刻地回答了我国教育培养什么人、怎样培养人、为谁培养人这一根本问题，对新时期人才培养工作提出了新的更高要求，不仅重视学生专业知识的获得，更加注重学生思维能力的训练以及创新性学习能力的培养，进而提升高校毕业生适应社会和支撑自身职业生涯发展的能力。此外，《国家教育事业发展"十三五"规划》指出，"充分发挥教育评价对科学育人的导向作用，把促进人的全面发展、适应经济社会发展作为评价教育质量的根本标准。全面改进各级各类教育评价体系，注重考查学生适应社会发展和终身发展的能力"，改进高校人才培养质量评价，注重学生运用知识系统分析问题和解决问题能力的考核。

课程是学校教育实现育人目标的主要载体，有特色的人才培养离不开有特色、高质量课程体系的支撑。在线开放课程已成为推动高校课堂教学革命和人才培养模式改革的重要抓手，是高校人才培养课程体系的重要组成部分，其设计、应用与评估必然要适应新时期高校人才培养目标变革的需求。因此，在线开放课程教学设计理念在行为主义、认知主义、建构主义以及联通主义的基础上，更加注重成果导向教育理念对在线开放课程教学活动设计的指导作用，如汪潇潇等人以学习者获得知识和能力为目标，提出了基于成果导向的慕课设计

① 杨晓宏，周效章，李运福. 价值主体需要视角的高校在线开放课程教学质量认定研究[J]. 中国电化教育，2018(07)：51-57，67.

框架,[①]张久美等人构建了基于 OBE 理念的产品创新设计在线开放课程的资源结构模型,[②]以及柏晶等人构建了基于 OBE 理念的在线开放课程资源结构模型。[③] 在研究实践中,在线开放课程教学应用的目标逐步由侧重知识传授转变为学生创新性学习能力的培育,如刘全香在"新工科"教育的背景下,利用精品在线开放课程探索构建了多种教学方式融合的混合式教学模式、研学型翻转课堂教学模式、开放式实践教学模式,提升了学生创新创造能力和人才培养质量等。[④] 因此,本研究将该阶段的质量观概括为"发展性"质量观,是一种在"需要性"质量观的基础上进一步关注学生未来可持续发展的主体性质量观。

通过上述分析,本研究发现"规定性"质量观主要聚焦于在线课程的设计与开发环节,解决的核心问题是"如何建设高质量在线课程";"需要性"质量观主要聚焦于在线课程的认证与引入环节,解决的核心问题是"如何建设或引入合适的在线课程","发展性"质量观主要聚焦于在线课程的管理与应用环节,解决的核心问题是"如何利用在线课程推动教学模式改革,提升人才培养质量",对"如何判断或评估在线课程应用成效及推动在线课程持续改进"这一核心问题的关注较为少见。因此,"发展性"质量观的内涵有待从促进学生发展层面拓展至通过教学质量评估促进在线课程教学质量持续改进,保障在线课程可持续发展层面,更深层次促进在线课程与学生发展之间深度融合。

第四节 融合:认证理念指导

根据我国高校在线开放课程"立足自主建设、注重应用共享、加强规范管理"的基本原则,本科院校在中国特色在线开放课程体系的构建中也扮演着重要的角色。然而,现阶段本科院校在线开放课程的建设尚处于初级阶段,引入

① 汪潇潇,刘威童.基于 OBE 理念的 MOOC 课程设计与案例分析[J].远程教育杂志,2017(6):104-110.
② 张久美,胡光忠.基于 OBE 理念的产品创新设计在线开放课程建设[J].机械设计,2018(S2):389-391.
③ 柏晶.谢幼如."互联网+"时代基于 OBE 理念的在线开放课程资源结构模型研究[J].中国电化教育,2017(1):64-70.
④ 刘全香.借力精品在线开放课程培养学生创新创造能力[J].包装工程,2019(12):30-33.

的在线开放课程水平高、质量高，但缺乏特色，且与本校已有应用型人才培养课程体系处于边缘性融合的尴尬境地。建设具有中国特色的在线开放课程体系是促进高等教育高质量发展、提高应用型人才培养质量、提升高校服务地方经济社会发展能力的必然要求。

《教育部关于深化本科教育教学改革全面提高人才培养质量的意见》(教高〔2019〕6号)明确要求“全面落实学生中心、产出导向、持续改进的先进理念，加快形成以学校为主体，教育部门为主导，行业部门、学术组织和社会机构共同参与的中国特色、世界水平的质量保障制度体系”。“学生中心、产出导向、持续改进”是我国当下高等教育专业认证、系列评估的核心理念，也是我国本科院校在线开放课程教学质量保障的重要指导理念。学生中心理念，即强调以学生为中心，围绕培养目标和全体学生毕业要求的达成进行资源配置和教学安排，并将学生和用人单位满意度作为专业评价的重要参考依据；产出导向理念，即强调专业教学设计和教学实施以学生接受教育后所取得的学习成果为导向，并对照毕业生核心能力和要求，评价专业教育的有效性；持续改进理念，即强调专业必须建立有效的质量监控和持续改进机制，能持续跟踪改进效果并用于推动专业人才培养质量不断提升。以发展性质量观为基础，以专业认证理念为指导，对本科院校在线开放课程教学质量保障的3个关键问题进行了深度思考，对推进在线开放课程深度应用，提升在线开放课程教学质量有着重要意义。

(1)什么是本科院校在线开放课程教学质量？质量是一个不确定的概念，对它的理解要结合具体情境而定。对于不同的利益相关者而言，“质量”是一个复杂的、相对的、不同的概念，很难对“质量”形成一个严格的定义。对界定在线开放课程教学质量而言，利益相关者的不同使概念界定的视角更加多元化，但概念在实践中的落脚点是相同的、唯一的，即培养促进地方经济社会发展的应用型人才。因此，本研究以“学生中心”的理念为指导，结合在线开放课程在本科院校应用的具体情境，将本科院校在线开放课程教学质量界定为：学习者通过自主学习或混合学习的方式应用在线开放课程促进自身应用型人才所需的知识、能力和素质的协调发展，使其能够满足地方经济社会发展需求的程度。其内涵主要包括4个层面：其一，对应用型人才培养目标的支撑度，即学习者通过学习在线开放课程能够获得人才培养方案所要求的应用型人才所具备的知识、能力和素质;其二,与现有应用型人才培养课程体系的融合度,即在线开放课程在本科院校的应用要与已有应用型人才培养课程体系深度融合,推动人才培养模式深度改革,提升应用型人才培养质量;其三,与地方经济社会发展需求的契合度,即学习者借助在线开放课程所获得的知识、能力和素质要能够满足地方经济社会的发展需求;最后,应用型与地方性的彰显度,即在线开放课程的课程性质要突出应用型,注重学生应用能力的培养,课程内容及活动设计要凸显地方性,注重对地方教育元素的挖掘和融合。

(2)如何评估本科院校在线开放课程的教学质量?目标、内容、实施及评价是课程的基本构成要素。现阶段,本科院校应用型人才培养课程体系的构建基本上以教学内容为导向,课程目标的设置及达成度评估过多注重学生知识的传授与习得,忽略了学生应用能力,尤其是创新性学习及发展能力的培育和评估。"成果导向"的教育理念为以课程评估为突破口推动应用型人才培养课程体系构建、教学模式改革提供了新的抓手。鉴于此,本科院校应立足区域经济发展需求,合理确定各专业应用型人才培养目标和毕业要求,并在此基础上,将毕业要求细化为各类学习成果,形成专业人才培养标准,再将培养标准进一步细化为知识、能力、素质模块,并根据各模块要求及学校现有应用型人才培养课程体系自建或引入适合应用型人才培养的在线开放课程。在对在线开放课程教学质量进行评估时,以学生学习成果为抓手,将学习成果所反映的学生学习能力与毕业要求进行阶段性比较,进而判断在线开放课程在应用型人才培养中作用的发挥情况。基于成果导向的本科院校在线开放课程教学质量评估应重点把握以下4点。①以应用型人才培养为导向,立足应用型人才培养课程体系中在线开放课程的价值和功能,科学制定在线开放课程教学质量评价标准及学分管理办法;②注重毕业要求与区域经济社会发展需求的契合度,确保本科院校能够根据人才培养需求合理引入或自建在线开放课程,同时也是凸显本科院校服务地方经济社会发展的重要途径;③注重在线开放课程学习成果与专业学习成效的关联度,即通过评估促进在线开放课程与应用型人才培养方案深度融合;④注重成果导向的课程评估对课程教学模式改革的推进力度,即以变革课程评估为抓手，应用在线开放课程变革应用型人才培养模式，提高人才培养质量的深度和广度。

(3)如何提升本科院校在线开放课程的教学质量？人才培养方案是一个宏观的、静态纲领，而应用型人才培养是一个持续的、动态体系。因此，为保障在线开放课程教学质量的持续改进和各项毕业要求的顺利达成，需要构建一个持续改进的动态机制。持续改进的特征就是建立和执行“评价—反馈—改进”反复循环的闭环系统。① 基于此，本科院校在构建在线开放课程教学质量持续改进机制时，要注意以下4点。①立足本科院校应用型人才培养的实际需求，明确在线开放课程教学质量持续改进机制的核心功能。即促进应用型人才培养目标的持续改进，使其与区域经济社会发展需求相符合；促进毕业要求的持续改进，使其与应用型人才培养目标相符合；促进基于在线开放课程的学生自主学习或混合教学活动的持续改进，使其与应用型人才的毕业要求相符合；②建立和完善在线教学质量管理机构。应用型人才培养质量取决于培养过程质量，而培养过程质量取决于质量管理的质量。因此，建立健全结构合理、高效运作的在线开放课程教学质量管理机构有利于对基于在线开放课程的教学活动、毕业要求及培养目标之间的内部相互支撑度进行阶段性评估，是提升在线开放课程教学质量的基础性保障；③动态重构学校教学质量管理体系。对本科院校而言，在线开放课程作为应用型人才培养课程体系的重要组成部分，其在人才培养中的应用必然会引起学校已有教学质量管理体系各要素及其作用关系的变化。因此，本科院校应考虑在线开放课程的实际应用，重构在线开放课程教学质量管理体系，保障其完整性与有效性；④塑造以“持续改进文化”为核心的在线教学质量文化，完善高等教育质量文化，为在线开放课程教学质量评价创造良好的评价条件和评价环境。

① 李志义.解析工程教育专业认证的持续改进理念[J].中国高等教育，2015(z3)：33-35.

第四章

多方视角探究，明确保障方向

教育是经济社会发展人力资本供给的主要渠道。工业革命 4.0 是现阶段思考一切教育改革问题的时代背景。高等教育与经济社会发展是以人才供给为纽带的一个整体。在以人工智能为核心技术的第四次工业革命的冲击下,产业智能化转型升级推动了就业结构新格局的形成,进而对高等教育人才培养改革提出了新的挑战。新时代高质量教育支撑体系的构建对高校在线课程的建设和应用提出新的要求。高校在线课程应用实际上指的是教师与学生以在线课程为依托的互动过程。课程、学生、教师是研究高校在线课程应用及质量保障的关键抓手。在分析时代变革的背景下,从课程、教师、学生等多视角分析高校在线课程的应用问题,有助于全面把握在线课程教学质量保障方向,提出更具针对性的保障举措。

第一节 关注时代变革,强化系统研究

就业是根本性民生工程。高质量就业是建设高质量高等教育体系的重要要求,高校人才培养与经济社会发展需求精准匹配既是高质量就业的主要特征,也是高质量高等教育体系社会价值的集中体现。以人工智能技术为核心的第四次工业革命,对经济产业结构调整产生了重大影响,引发了高校人才培养改革的连锁反应。2018 年 10 月 31 日,习近平总书记在中共中央政治局第九次集体学习上的讲话中明确提出:“要加强人工智能同保障和改善民生的结合,从保障和改善民生、为人民创造美好生活的需要出发,推动人工智能在人们日常工作、学习、生活中的深度运用,创造更加智能的工作方式和生活方式。”现阶段,国内学者对“人工智能+高等教育”“人工智能+就业”“人工智能+传统产业”开展了广泛而深度的研究,并积累了丰富的研究成果。然而,高等教育与经济社会发展是以人才供给为纽带的一个整体,已有研究中从人才培养、高质量就业、产业结构变革“三位一体”的系统性研究较为少见。鉴于此,以系统理论科学为指导,充分发挥人工智能优势,思考产业智能化升级对就业结构的影响

及其对高等教育人才培养带来的新挑战，对提升高等教育引导和服务经济社会发展的能力就显得更为必要和紧迫。

一、文献梳理与分析

人才培养是高等教育的基本任务，其培养质量是评估高等教育服务和引领经济社会发展能力、高等教育社会价值的核心指标。面对人工智能、区块链、大数据等技术推动的数字经济的深度变革与快速发展对高等教育人才培养提出的各种挑战，如何推动高等教育人才培养改革，引起了国内学者的普遍关注和深度思考。

（一）基础层面：以人才培养观、人才培养改革路径研究为主要内容

人才培养观直接决定了高等教育改革和发展方向，对高等教育人才培养改革路径的制定起着重要的理论指导作用。余小波认为人工智能时代的高等教育亟需树立一种更积极的人才培养观，即重视学生独立思考与主动学习能力、想象力和批判性思维的培养，在夯实专业教育的基础上要强化通识教育，拓展学生成长空间。[①] 岳瑞凤构建了“智能＋”时代，以数据为中心、多元数字在场的数字人交互共生新范式，形成正向循环的三层学习者成长飞轮，使学习者能够实时永续、按需学习。[②] 面对虚拟现实技术、智能化学习技术及混合式教学模式、智慧校园等在高等教育中的应用，李广平等人认为人工智能时代人才培养的变革路径主要包括及时更新人才培养理念、提升教学主体人工智能相关素养、优化资源配置、加强校际协同等。[③] 郑洁红等人认为新一代人工智能变革大学教育的可能方向包括重构高校新型师生关系、改变大学学习形式、重组教

① 余小波，张欢欢．人工智能时代的高等教育人才培养观探析[J]．大学教育科学，2019(01)：75-81.

② 岳瑞凤．“智能＋”时代高等教育新范式探究[J]．高校教育管理，2021(1)：87-96.

③ 李广平，陈武元．人工智能背景下我国高校人才培养变革的有效思路[J]．中国高等教育，2020(11)：54-56.

师科研模式、创新现代大学管理。①任增元认为，人工智能对高校人才培养规格提出了新要求，在能力结构层面更加强调人工智能技术的掌握，在知识结构层面更加强调学科融合和建立包容的复合知识体系，在素质结构层面更加凸显了创新能力的核心地位。②

（二）投入层面：以教师角色定位与发展、人工智能学院与学科建设研究为主要内容

高素质创新型教师队伍是建设高质量高等教育体系，提升人才培养质量的基础保障。现如今，人工智能已深度融入高等教育，逐渐形成了数字化、智能化的教学情境。面对教学情境的转变，田宏杰等人提出要构建以学科教学能力、技术应用能力和教学学术能力为核心的智能教学能力体系和灵活、多元、开放、智慧的个性化教育生态体系。③张曦琳提出智能时代高校教师面临着职业身份危机、知识身份危机和情感身份危机，并提出了高校教师身份重塑的实践路径，即高校教师应成为成熟型的技术使用者、研究型的知识共享者和有温度的情感互动者。④陈鹏等人认为，"立人机之德""立未来之人""立师生之业"是人工智能时代高校教师的核心价值。⑤张优良等人认为，为迎接人机协同推动教育发展的新时代，教师要树立合作意识，同时强化转型意识，发挥在学生成长过程中的独特作用。⑥此外，人工智能的发展推动了高校组织结构和学科专业的调整。近年来，面对经济社会发展、国家战略、高校改革等"三重"需求，有条件的高校有效整合校内资源，陆续成立人工智能学院，推动人工智能学科建设和人工智能专业人才培养。⑦由于人工智能学院建设尚处于起步发展阶段，存在

---

① 李广平，陈武元．人工智能背景下我国高校人才培养变革的有效思路[J]．中国高等教育，2020(11)：54-56．

② 任增元，刘军男．人工智能时代高校人才培养变革的思考[J]．大学教育科学，2019(4)：114-121．

③ 田宏杰，龚奥．智能教育时代高校教师教学能力体系研究[J]．苏州大学学报（教育科学版），2020，8(4)：73-82．

④ 张曦琳．智能时代高校教师的身份危机及其重塑[J]．现代教育技术，2020，30(11)：5-11．

⑤ 陈鹏．共教、共学、共创：人工智能时代高校教师角色的嬗变与坚守[J]．高教探索，2020(06)：112-119．

⑥ 张优良，尚俊杰．人工智能时代的教师角色再造[J]．清华大学教育研究，2019，40(4)：39-45．

⑦ 方兵，胡仁东．我国高校人工智能学院建设：动因、价值及哲学审思[J]．中国远程教育，2020(4)：19-25．

着学科专业建设薄弱、人才培养模式创新不足、科技创新领域有待开拓、社会服务体系有待健全等问题，推动了高校对人工智能学科建设和专业型人才培养的积极探索与实践。[①]

（三）过程层面：以学科建设、教学模式、教育评价研究为主要内容

李斑斑等人认为，中国高等教育应继续深入开展人工智能与大学学科发展的关系研究，推动形成面向人工智能的人才培养与学科发展良性互动机制，引导大学学科组织转型发展。[②] 任志锋认为，人工智能对破解高校立德树人难题，实现“三全”育人具有重大的积极意义，并提出了人工智能赋能高校立德树人的实践路径。[③] 田少煦充分分析了智能媒体环境下数字创意专业群教学面临的挑战，并对数字创意专业群的基础课程改革进行了实践性探索。[④] 郭宏伟提出了基于智能教育的高校在线课程知识图谱构建路径。[⑤] 西安交通大学在本科教育改革中充分发挥信息技术优势，构建了学教学质量实时监测大数据平台、课堂教学质量评价模型和精准督导机制，推动了人工智能、物联网等现代信息技术和教育教学管理评价服务的深度融合，提升了高校教学管理服务的精细化、规范化和个性化。[⑥] 秦静怡等人提出了智慧型高等教育评价体系的构建路径，即基于区块链实现决策导向以过程为主，基于物联网实现评价主体的多维全方位参与，基于大数据和云计算实现评价指标多元联动，基于人工智能技术实现评价重心下移学生本位、增值结果动态可视。[⑦] 谭海萍等人提出通过动态、系统、全面的数据网络，将抽象、复杂的素养数据化，从而监测和评估学生核

---

① 方兵，胡仁东. 我国高校人工智能学院：现状、问题及发展方向[J]. 现代远距离教育，2019(3)：90-96.

② 李斑斑，刘进. 人工智能如何促进学科变革[J]. 中国高校科技，2019(09)：90-93.

③ 任志锋. 以人工智能赋能高等学校立德树人[J]. 社会科学战线，2020(4)：274-280.

④ 田少煦. 智能媒体环境下数字创意专业群教学面临的挑战[J]. 传媒，2021(5)：12-15.

⑤ 郭宏伟. 基于智能教育的高校在线课程知识图谱构建研究——以中国医学史为例[J]. 中国电化教育，2021(2)：123-130.

⑥ 郑庆华. 人工智能促进智慧教育，提升人才培养质量[J]. 高等工程教育研究，2019(4)：128-132.

⑦ 秦静怡，李华. 智慧型高等教育评价体系创新研究[J]. 中国高校科技，2019(S1)：30-32.

心素养的发展变化情况。[①] 此外，如何在学习监控的基础上利用智能技术进行调节，如何根据学生的个体需求、能力结构和情感倾向等设计个性化的学习路径是基于人工智能自适应学习目前面临的新问题。[②]

（四）产出层面：以"供需匹配"视角下高校人才培养结构调整研究为主要内容

人工智能引发的社会分工体系重组及劳动形态变革驱动高等教育结构优化。[③] 赖德胜等人站在劳动分工的角度回顾了三次工业革命的历程，发现技术变革的重要影响是扩大市场半径，深化劳动分工，从而影响劳动力市场对人才的需求，进而推动教育变革。为适应工业 4.0 的到来，高等教育不仅要培养学生的科学技能，更要注重人文精神，保证教育公平，促进终身学习和建立新型教育生态。[④] 田贤鹏等人从市场供需匹配的视角出发，对高等教育人才培养结构优化进行了分析，认为高校需要基于市场需求动态调整人才培养结构，但人工智能时代人力资源供需具有高度复杂性和系统性，受学科专业种类结构矛盾、空间结构矛盾、层次结构矛盾和规模结构矛盾的多重交叉困扰。因此，人工智能时代的学科专业人才培养结构优化，需完善学科专业动态调整机制，扩大人才培养的灵活性和自主性；因应经济产业结构变革趋势，强化人力资源市场的需求预测；面向人工智能发展的新要求，促进不同类型高校内涵式发展；提供个性化人才培养方案，破解学科专业结构化思维的边界束缚。[⑤]

通过上述分析，可以发现如何通过人才培养结构变革回应人工智能时代经济产业转型新需求，是高等教育供给侧结构性改革面临的重大现实问题。从人

---

① 谭海萍，李子建，邱德峰．大数据时代高等教育学生学习与核心素养：展望与挑战[J]．江西师范大学学报（哲学社会科学版），2019(4)：15-20.

② 刘德建．人工智能赋能高校人才培养变革的研究综述[J]．电化教育研究，2019(11)：106-113.

③ 赵渊．人工智能时代的高等教育抉择：方向、策略与路径[J]．社会科学战线，2019(10)：234-241.

④ 赖德胜，黄金玲．第四次工业革命与教育变革——基于劳动分工的视角[J]．国外社会科学，2020(6)：117-126.

⑤ 田贤鹏，田良臣．人工智能时代的高校学科专业人才培养结构变革——基于市场供需结构视角[J]．湖南师范大学教育科学学报，2020(4)：63-70.

工智能对经济社会发展的作用关系（图4－1）来看，人才供给是高等教育领域与经济社会领域之间信息交换的核心要素。现实中，人工智能技术对经济社会领域产生影响的深度、广度均要远远高于对高等教育的影响，且高等教育领域应对人工智能技术变革的反应速度和效果彰显度相对较为滞后。在人工智能时代，人才培养规格应在以往过于注重低阶认知能力培养的基础上，更加凸显高阶认知能力、非认知能力培养的时代价值和必要性、紧迫性。因受传统思维的影响，高等教育在人才培养中支撑作用的发挥仅局限于学历教育阶段，阶段性、闭环性特征较为明显，高校的开放性及其在学生人力资本持续开发中作用的发挥尚未引起足够关注。投入和过程层面的相关研究，技术理性相对强于主体性，即对未来高等教育的想象力要强于高等教育的建构力，[①]其根源在于缺乏高等教育与经济社会发展相互联系的系统性思维的指导，进而导致人工智能推动高等教育变革的研究中缺少“未来人才”的目标导向。产出层面的相关研究凸显了人工智能引发的经济社会发展新需求对高等教育改革的影响，但对基于人工智能的高等教育改革研究的深度仍有待推进。总之，如何发挥人工智能技术进一步推动高等教育的开放度，切实发挥高等教育在人才供给及人力资本持续开发方面对经济社会发展的引领作用和持续服务能力是“人工智能＋高等教育”中仍需深度研究的现实问题。

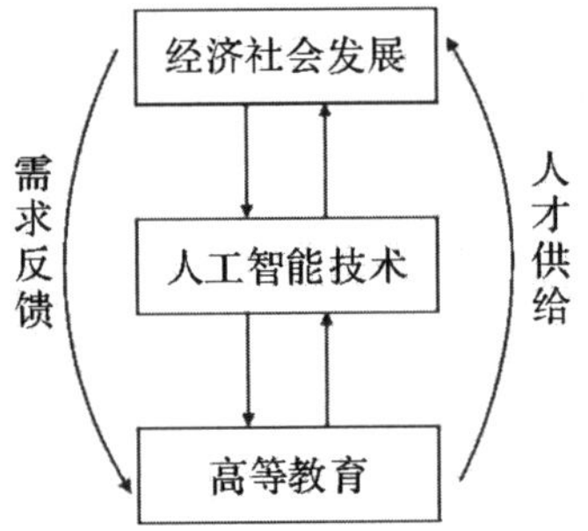

图4－1　人工智能对经济社会发展的作用关系

① 鲍俊逸．未来的高等教育与高等教育的未来——基于技术理性与主体性的双重视角[J]．江苏高教，2021(2)：20-27．

二、产业智能化升级催生就业结构新格局

人工智能是新一轮科技革命和产业变革的重要驱动力量，是推动我国科技跨越发展、产业优化升级、生产力整体跃升的重要战略资源。2020年，人工智能更是与SG基站、大数据中心、工业互联网等一起被列入新基建范围，为智能经济的发展和产业数字化转型提供底层支撑。人工智能推动产业智能化、数字化转型升级的同时，也推动了就业结构新格局的形成。就业结构是指劳动力在国民经济各产业部门、地区和领域的分布、构成及联系，主要是由就业者的内在条件（包括年龄、性别、知识技能水平）与外在条件（经济社会发展及其提供的就业机会与就业场所）有机结合而形成的一种就业形态，包括就业的职业结构、产业结构、区域结构、年龄结构及就业形式（如正式或非正式就业）等内容。历次工业革命的发生，都是通过变革技术体系、产业结构以及生产方式引发就业结构的调整。①

（1）低技能劳动力将逐渐被取代，中高技能人才面临的被取代的风险逐渐增高。技术进步有技能偏向，低技能劳动最先被自动化取代。与前三次工业革命相比，以人工智能技术为核心的第四次工业革命更偏向于一种"技能型技术变革"，即技术创新更青睐于高技能劳动力而不是低技能劳动力。随着人工智能领域深度学习研究的不断深入，智能机器的自主决策和行动能力逐渐增强，进而引发高智能化、高自主化的机器对低技能劳动力的挤出效应逐渐向中高技能劳动力延伸，对各级技能劳动力人力资本的再开发提出了更高的挑战。此外，各职业被人工智能替代的概率同劳动者教育水平、收入水平之间都存在着明显的负相关关系。那些对学历要求较低、收入相对较少的职业遭受到的冲击将更为严重，面临更高的失业风险，②是引发不充分、不公平就业突破口。

（2）产业智能化转型程度越高，就业人口占比就越高。根据《新一代人工智能白皮书（2020）》（产业智能化升级）报告显示，我国农业、工业、服务业智能化

---

① 杜传忠，许冰.第四次工业革命对就业结构的影响及中国的对策[J].社会科学战线，2018(2)：68-74.

② 陈永伟，许多.人工智能的就业影响[J].比较，2018(2)：135-160.

升级总指数得分分别为29.7、54.8、61.6。也就意味着，在后续发展中第一、第二产业智能化转型会不断加剧。随着“人工智能＋农业”的深度推进，农业的集约型、规模化、智能化水平及劳动生产率将进一步提高，进而导致劳动就业比重将进一步下降。在工业4.0阶段，工业机器人、智能化制造等进一步推广应用，导致传统制造业就业持续衰减。随着产业边界的逐渐模糊，产业融合是产业智能化转型的最新发展，就催生了新型服务体系的产生和对应劳动力需求的增加。此外，根据《中国统计年鉴》的数据统计，2015～2019年，第一、第二产业就业人口占就业总人口数的比例逐年下降，第三产业就业人口占就业总人口的比例逐年上升，如图4－2所示。综合分析后可以发现，各产业就业人数占比与智能化升级总指数呈正相关，各产业就业人口流动对人力资本再开发提出了新的要求。

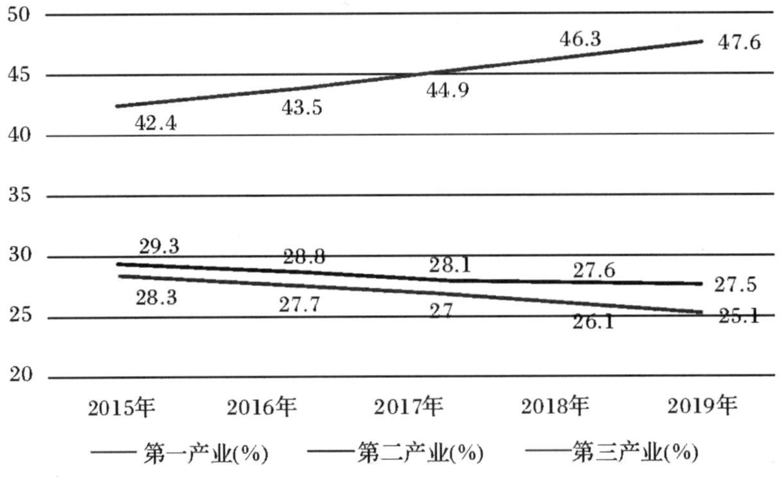

图4－2　2015～2019年各产业就业人数变化趋势

(3)与东部地区相比，中西部地区高校毕业生更充分更高质量就业形势相对更为严峻。在产业智能化转型升级的背景下，遭受就业冲击的人口比例和区域经济发展状况、产业结构有着十分明显的关系。在经济发展较低、产业结构相对落后的地区，就业结构中更容易被人工智能替代的岗位占比更高，而在经济发展水平较高，产业结构相对优化的地区，就业结构中更容易被人工智能替代的岗位占比相对较低。[①] 赵璐的研究发现，2003～2016年我国第一产业空间

① 陈永伟，许多．人工智能的就业影响[J]．比较，2018(2)：135-160.

离散化发展，空间聚集度减小，第二产业正在加快由沿海向内陆地区空间集中化聚集发展，空间聚集度增大且高于第三产业；第三产业正加快在沿海地区空间集中化聚集发展，空间聚集度不断增大。① 这就意味着，随着我国产业结构区域布局的调整，与东部地区相比，中西部地区受到就业冲击的人口比例会更高，高校毕业生更充分、更高质量就业面临的形势更为严峻。

(4)人工智能替代效应难以全面形成，劳动力需求增大。求人倍率是监测劳动力供给情况的重要指标，是劳动力需求与劳动力供给的比值，求人倍率小于1表明劳动力供给过剩，大于1则表明劳动力供给不足。在中国经济发展新常态背景下，求人倍率逐渐增高，劳动力市场已从供给过剩转变为供给不足与结构性供给矛盾并存的格局，使人工智能的就业替代效应难以产生挤出效应，也无法形成全面的就业替代效应。此外，在人工智能国家战略的驱动下，中国逐渐成为吸纳人工智能投融资最多的国家。根据《2020～2025年中国人工智能行业市场前瞻与投资战略规划分析报告》，2014～2017年，中国人工智能市场总规模年均增长率超过40%，预计2023年中国人工智能产业规模将增长至380亿元。随着产业智能化升级，人工智能技术催生的新就业岗位数量将呈现井喷式增长。再加之新兴产业劳动力就业规模的扩大效应，新兴产业规模扩张的过程无疑也是劳动力需求迅速膨胀的过程，人工智能创造的岗位数量将持续增长。②

(5)非正规就业逐渐成为就业的主流形式。非正规就业指的是不具有正式雇佣关系或者没有进入政府监管体系的就业类型。③ 人工智能技术的应用催生了劳动形态的多元化发展，并且多以非正规就业的形式呈现，且具有极强的社会惯性，如零工经济以及平台经济下的灵活就业、基于互联网的新型创业等。这些新型用工形态不仅体现了智能技术推动下的用工灵活性要求，还进一步造成了传统用工关系的解体，再次增加了非正规就业规模。

① 赵璐.中国产业空间格局演化与空间转型发展态势[J].地理科学，2021(3)：387-396.

② 高春明，于潇，陈世坤.人工智能对中国未来劳动力就业的影响[J].社会科学战线，2020(10)：249-254.

③ Maloney, W. F. Dose Informality Imply Segmentation in Urban Labor Markets? Evidence from Sectoral Transition in Mexico. World Bank Economic Review, 1999(1): 275-302.

三、就业结构调整对高校人才培养提出新要求

产业结构智能化升级催生的就业结构调整，对高校人才培养提出了新的挑战，主要体现在以下几方面。

（一）完善终身教育体系，提升教育公平

高技能人才是促进产业智能化转型升级、推动经济高质量发展的重要支撑。习近平总书记指出，“工业强国都是技师技工的大国，我们要有很强的技术工人队伍”。产业结构智能化转型升级加大了低技能劳动群体的失业风险，加剧了结构性失业的发生。如何持续提升现有技能型劳动力职业胜任力，尤其是低技能劳动群体，是构建终身教育体系所面临的新的挑战。欧洲历来重视技能型人才培养。面对劳动力技能短缺，欧盟 2016 年正式提出“欧洲新技能议程”，为欧盟成员国劳动力技能的提升提供了参考框架。面对绿色经济、智能化社会对工作环境的变革以及人口结构的变化，欧盟于 2020 年对“欧洲新技能议程”进行了调整和更新，旨在支持欧盟公民在社会转型中及时掌握适切的技能。与 2016 版相比，2020 版的“欧洲新技能议程”更加凸显了治理理念、终身教育理念以及教育公平理念，在内容上扩大了技能目标范围、目标更具体化以及促进终身学习的工具更加丰富。① 与欧盟相比，我国对人工智能时代劳动力技能的提升缺乏宏观指导，基于学分银行建设的终身教育体系有待进一步完善，低技能劳动群体技能提升尚未引起足够重视，以及大数据、人工智能技术对创新型高技能人才发展的支撑作用尚未充分发挥。

（二）注重学生高阶认知能力和非认知能力培育

数字经济社会发展引发了高校人才培养规格的转变。通过对相关文献、新闻报道等进行梳理、分析，人工智能时代学生应具备的主要能力构成的代表性观点见表 4－1。

---

① 赵成杰，郑旭东，滕希，等．智能时代欧洲技能型人才的培养与启示[J]．中国职业技术教育，2021(9)：47-52.

表 4-1 AI时代学生应具备的主要能力构成的代表性观点

来 源	主要能力构成
赵渊①	价值引领及情感交互能力、深度学习及复杂思维能力、协作学习及团队合作能力、教育与生活的融合渗透能力
Aoun，J. E②	技术素养、数据素养和人文素养3种新的素养；批判性思维、系统性思维、创业精神和文化敏捷性4种认知能力
麻省理工学院③	学习能力、制造能力、发现能力、人际交往技能、个人技能与态度、创造性思维、系统性思维、批判与元认知思维、分析性思维、计算性思维、实验性思维、人本主义思维
马晔风等④	创新能力、批判性思维和独立分析能力、"提出问题"的能力、数字素养、数字融合技能、深度分析技能等
杜占元⑤	自主学习能力、提出问题的能力、人际交往的能力、创新思维的能力及筹划未来的能力
吕文清⑥	终身学习素养、计算思维素养、设计思维素养、交互思维素养；高阶认知能力、创新能力、联结能力、意义建构能力和元认知能力
余小波⑦	在"人"的意义上重视独立思考与主动学习能力、想象力和批判性思维的价值塑造；在"才"的范畴内通过强化专业教育夯实"才"的核心根基，辅之以通识教育拓展"才"的成长空间
任增元⑧	在能力结构层面更加强调人工智能技术的掌握，在知识结构层面更加强调学科融合和建立包容的复合知识体系，在素质结构层面更加凸显了创新能力的核心地位
赖德胜⑨	不仅要培养科学技能，更要注重人文精神

① 赵渊. 人工智能时代的高等教育抉择：方向、策略与路径[J]. 社会科学战线，2019(10)：234-241.

② [美]约瑟夫·E. 奥恩(著). 李海燕，王秦辉(译). 教育的未来：人工智能时代的教育变革[M]. 北京：机械工业出版社，2021. 1：VII-XV.

③ 麻省理工学院：新工程人才应具备12种思维和能力[EB/OL]. https://baijiahao. baidu. com/s? id=1659673674038580517&wfr=spider&for=pc.

④ 马晔风，陈煜波，吴邦刚. 人工智能时代人才培养的着力点及政策建议[J]. 信息化建设，2020(1)：50-51.

⑤ 人工智能时代需培养学生怎样能力[EB/OL]. http://www. moe. gov. cn/jyb_xwfb/moe_2082/zl_2018n/2018_zl36/201805/t20180518_336435. html.

⑥ 人工智能时代需培养学生怎样能力[EB/OL]. http://www. moe. gov. cn/jyb_xwfb/moe_2082/zl_2018n/2018_zl36/201805/t20180518_336435. html.

⑦ 余小波，张欢欢. 人工智能时代的高等教育人才培养观探析[J]. 大学教育科学，2019(1)：75-81.

⑧ 任增元，刘军男. 人工智能时代高校人才培养变革的思考[J]. 大学教育科学，2019(04)：114-121.

⑨ 赖德胜，黄金玲. 第四次工业革命与教育变革——基于劳动分工的视角[J]. 国外社会科学，2020(06)：117-126.

广义上的能力应包括认知能力和非认知能力两部分，两者共同构成青少年进入劳动力市场的核心胜任力。[①] 现阶段，国内学者在微观层面对人工智能时代学生能力构成的观点存在一定差异，但是一致认为，高阶认知技能和非认知能力是当下高等教育人才培养的重要导向。高阶认知能力主要包括分析能力、评价能力和创造能力，如数据素养、技术素养、深度分析技能、自主学习技能等，核心在于学生高阶思维能力的培育，如批判性思维、系统性思维、创新型思维、计算思维等。针对以教育为核心的传统人力资本理论的不足，美国经济学家郝克曼(James Heckman)在借鉴最新经验研究成果的基础上，提出了以能力为核心的新人力资本理论，将能力分为认知能力、非认知能力两类，[②]非认知能力资本的经济价值引起了国外学者的普遍关注，是人工智能时代学生核心素养的重要指向。但是，受传统人力资本理论及劳动力市场信号理论的影响，国内学者在大学生就业质量影响因素研究中，将人力资本片面的理解为认知能力资本，严重制约了人力资本理论的解释力。近年来，人格特征心理学的发展推动了劳动经济学领域非认知能力经济价值的研究，以自尊、控制点、大五人格等为主要代表，国内学者则更多注重学生人文素养或精神的培育。

（三）以产业结构变迁为导向动态调整学科区域布局

研究生教育与国家创新驱动发展战略密切相关。硕士生教育对国家创新能力的提升作用可在较短时间周期内即表现出来，尤其是专业硕士生教育形成的人力资本可以快速高效投入到特定行业中，并通过技术创新、产业创新等子系统对国家创新能力产生影响。相对而言，博士生教育是高等教育中最为强调创新能力的层次，形成的人力资本也是最具有创新能力的，但其对国家创新能力的显著积极影响可能需要较长的时间周期才能表现出来。[③] 因此，面对我国产业结构布局的变迁，如何在适度扩大硕士研究生（尤其是专业硕士）教育规模

① 非认知能力激发成长正能量[EB/OL].(2020－07－02)[2021－04－27]. https://baijiahao.baidu.com/s? id=1671065149040733293&wfr=spider&for=pc.

② 李晓曼，于佳欣，代俊廷，等.生命周期视角下新人力资本理论的最新进展：测量、形成及作用[J].劳动经济研究，2019(6)：110-131.

③ 李锋亮，王瑜琪.研究生教育规模对国家创新能力的影响[J].中国高教研究，2021(3)：75-81.

的同时，稳步扩大研究生规模学历结构的区域协调是研究生教育改革面临的重大挑战。

目前，我国共有16914个研究生学位授权点。其中，博士学术学位授权点3802个，占总数的22.48%；博士专业学位授权点278个，占总数的1.64%；博士学术学位授权点是博士专业学位授权点的13.68倍；硕士学术学位授权点6838个，占总数的40.43%；硕士专业学位授权点5996个，占总数的35.45%；硕士学术学位授权点是硕士专业学位授权点的1.14倍；博士学术学位授权点与硕士学术学位授权点的比值为1:1.8；博士专业学位授权点与硕士专业学位授权点的比值为1:21.5。此外，从区域布局来看，东部地区各级各类学位点及授权单位的数量几乎是中西部地区之和，占据全国总量的50%左右，学位授权点布局存在严重的区域结构失衡(见表4-2)。各级各类学位授权点数量比值在不同区域间也存在较大差异，中西部地区学术型与专业型学位授权点比值偏高，专业型研究生布局有待进一步加强(见表4-3)。

表4-2 研究生学位授权点区域统计结果

区域	博士学术学位			博士专业	硕士学术学位			硕士专业	授权单位
	博士一级	博士二级	合计		硕士一级	硕士二级	合计		
东部	1929	66	1995	145	2598	320	2918	2680	1068
西部	721	18	739	55	1477	157	1634	1379	513
中部	677	11	688	46	1325	118	1443	1276	382
东北	368	12	380	32	747	96	843	661	260

数据来源：研究生教育质量数据分析平台。

表4-3 研究生学术学位授权点/专业学位授权点比值区域分析

区域	硕士:学术/专业	博士:学术/专业	研究生:学术/专业	学术:硕士/博士	专业:硕士/博士
东部	1.09	13.76	1.74	1.46	18.48
东北	1.28	11.88	1.76	2.22	20.66
西部	1.18	13.44	1.65	2.21	25.07
中部	1.13	14.96	1.61	2.10	27.74
全国	1.14	13.68	1.70	1.80	21.57

数据来源：研究生教育质量数据分析平台。

首先，全国硕士学术学位与硕士专业学位授权点规模的比值为1.14；从区域层面来看，东部最低，为1.09，中部、西部和东北地区分别为1.13、1.18和1.28。其次，全国博士学术学位与博士专业学位授权点规模的比值为13.68；从区域层面来看，东北最低，为11.88，西部、东部和中部分别为13.44、13.76、14.96。再次，全国研究生学术学位与研究生专业学位授权点规模的比值为1.70；从区域层面来看，东北最高，为1.76，东部、西部、中部分别为1.74、1.65、1.61。第四，全国硕士学术学位与博士学术学位授权点规模比值为1.80。从区域层面来看，东部最低，为1.46，中部、西部、东北地区分别为2.10、2.21、2.22。最后，全国硕士专业学位与博士专业学位授权点规模比值为21.57；从区域层面来看，东部最低，为18.48，东北、西部、中部分别为20.66、25.07、27.74。

（四）持续提高高等教育承载能力

人口平均受教育年限可以作为反映人力资源质量的代表性指标，与个人劳动生产率、工资提高以及国家经济增长之间存在联系。随着人均受教育水平的提高，人口年龄结构老化对经济增长的负面影响会有所减弱。[①] 截至目前，我国劳动年龄人口平均受教育年限达到10.7年，新增劳动力接受过高等教育的比例达到50.9%、平均受教育年限达到13.7年。[②] 随着中国人口生育率断崖式下跌、人口老龄化加速，提升劳动力受教育年限是提升人力资源质量，适应和推动数字经济变革发展的急迫任务。

据教育事业统计，2020年全国高等教育毛入学率为54.4%。《国民经济和社会发展第14个五年规划和2035年远景目标纲要》明确提出“推进高等教育分类管理和高等学校综合改革，构建更加多元的高等教育体系，高等教育毛入学率提高到60%”。在以提高质量、优化结构为核心的高等教育内涵式发展新阶段，通过学校扩建，达到扩大招生规模的“外延式”发展道路已难以适应新时

① 崔吉芳.2020—2035年我国人力资源总量增长潜力及各级教育的贡献——基于教育人口预测模型的实证分析[J].教育研究，2019(8)：127-138.

② 教育部：新增劳动力平均受教育年限达到13.7年[EB/OL]. https://baijiahao.baidu.com/s?id=1684875873510784765&wfr=spider&for=pc

代高等教育内涵式发展的新要求。在研究生教育层次,研究生专业学位授权单位数量不足,专业研究生规模扩张压力较大。目前,我国有博士学位授予单位426个,占到硕士学位授予单位的55.91%;但2016年我国专业学位研究生教育培养单位中,博士授权单位79个,仅占硕士授权单位的12.10%。而美国1955~1956学年就有131所高校授予法律专业博士、73所高校授予临床医学博士,2016~2017学年已增加到214所和131所。[①] 硕士研究生招生规模呈扩大趋势,但录取比例总体呈下降趋势,供给与需求结构失衡。2009~2019年,我国硕士研究生报名规模、招生规模逐年增大,但录取比例却呈现总体下降的趋势。这在一定程度上意味着硕士研究生录取规模的增长幅度小于硕士研究生招生规模的增长幅度,研究生培养能力与研究生教育需求之间结构失衡问题越来越严重。如何在内涵式发展新阶段,通过提高高等教育毛入学率、扩大研究生招生规模,提升劳动力受教育年限是数字经济对高等教育招生模式带来的新挑战。

表4-4 2009~2019年硕士研究生报录比统计

年份	报名人数/万人	增长率/(%)	招生人数/万人	录取比/(%)	报录比
2020年	341	17.60	—	—	—
2019年	285	19.75	72	25.26	4∶1
2018年	238	18.41	68	28.57	3.5∶1
2017年	201	13.56	64	31.84	3∶1
2016年	177	7.34	60	33.90	2.9∶1
2015年	164.9	−3.80	57	34.57	2.9∶1
2014年	172	−2.27	54.8	31.86	3∶1
2013年	176	6.30	54	30.68	3.3∶1
2012年	165.6	9.60	52	31.40	3.2∶1
2011年	151.1	7.90	49	32.43	3∶1
2010年	140.6	12.80	47	33.43	2.8∶1
2009年	124.6	3.80	44	35.31	2.9∶1

数据来源:https://baijiahao.baidu.com/s?id=1659108432552064036&wfr=spider&for=pc

① 张炜.美国专业博士生教育的演变与比较[J].研究生教育研究,2020(3):87-92.

（五）为大学生非正规就业创造良好支撑环境

经济新常态下，非正规就业比例逐渐上升是一种必然趋势，以灵活就业为主要表现方式。中国人民大学中国就业研究所的数据显示，我国灵活就业的人数高达3.4亿人，约占城镇就业人数的60%左右，[①]逐渐成为稳定就业的一种重要途径，尤其是满足了基于互联网的新经济产业对劳动力的需求。《国务院办公厅关于支持多渠道灵活就业的意见》（国办发〔2020〕27号）的发布为灵活就业的健康发展提供了根本性的政策保障。然而，现阶段，灵活就业人员除面临社会保障不足、社会认可度低等现实问题外，现有职业技能培训体系难以支撑灵活就业的发展。现阶段，企业单位考虑到灵活就业人员流动性较强，对其人力资本进行投资开发的意愿明显不强。然而，现行的高等教育人才培养体系主要聚焦与传统行业的技能培养，培养内容、培养方式与基于互联网的灵活就业岗位胜任需求不匹配，难以支撑灵活就业的发展。自主创业是灵活就业的主要形式。但是，现阶段高校创业教育的覆盖面还不够广泛，大学生接受各类创业教育的次数还不够多，创业教育普及率偏低，大学生创业意向、创业自我效能感普遍偏低。[②] 根据西安交通大学中国西部高等教育评估中心陆根书教授的团队发布的《2020年陕西高校毕业生就业创业报告》显示，2017～2019届陕西高校毕业生创业率连续3年下降，从2017届的2.0%降低至2018届的1.7%，又降至2019届的1.3%。总之，现有高等教育难以支撑大学生非正规就业的发展，高校人才培养与新经济形态下大学生就业发展存在脱节。

（六）健全面向学生发展的高校教师发展质量监测体系

教师是教育改革和发展的第一资源，高质量的教师队伍是建设高质量高等教育体系的基础和前提，是解决产业智能化转型升级对高校人才培养提出新要

① 新经济催生灵活就业，从业者超3亿，社保如何完善？[EB/OL]. https://baijiahao.baidu.com/s?id=1697093773882667426&wfr=spider&for=pc.

② 潘炳超，陆根书.高校创业教育与大学生创业意向和创业自我效能的关系研究[J].复旦教育论坛，2020(5):47-54.

求的首要任务。然而，高校教师发展却陷入“被动的发展”“强制的发展”“跟从的发展”的境地，高校教师发展主体性缺失。“十三五”期间，各省（自治区、直辖市）高度重视高校教师队伍建设和发展工作，多措并举加强高校教师发展，但高校教师发展质量评估却相对滞后。近年来，高校教师发展相关评估指标体系的构建引起了越来越多学者的关注，相关成果推动了高校教师发展质量评价。如陆国栋等人提出了包括教师团队、教改项目、教材项目、教学论文、教学成果奖、教师培训基地以及教师教学竞赛的“6＋1”普通本科院校教师教学发展指数。[①]从年度报告层面来看，全国普通高校本科教育教学质量年度报告中主要聚焦于师德师风建设、教师队伍结构、教学发展机构建设、教师培训情况、教授为本科生授课情况、学生评教情况等层面，对高校教师队伍建设和发展状况进行描述。各类智库及研究团队发布的教师发展报告主要聚焦中小学教师，对高校教师的关注较为缺失。这表明，高校教师发展质量评估越来越受到国内学者的关注，但国内相关评价指标体系更多的是基于教师本体职能的视角，缺少对学生反应的关注和对教师“贡献”的评价，不利于从引导教师“教书育人”的视角促进教师高质量发展。

与国内相比，国外在开展教师发展评估具体实践中表现出的两个典型特征是借助信息技术和关注学生反应。Weng，SS 采用数据挖掘的方法，根据教师评价数据，建立了现有教师胜任力系统与可持续发展能力之间的关系模型，并在此基础上分析了影响高校可持续发展能力的核心能力，提出了基于数据挖掘的高校教师可持续发展教育胜任力提升策略研究。[②] Moe，Zun Hlaing 认为学生反馈是教师评价的有效工具，采用基于大数据的情感分析技术从教学技能、管理技能和交流技能 3 个层面对教师的能力进行了精准评价。[③] Lynch 将教师

① 陆国栋，王小梅，张聪，等. 我国普通本科院校教师教学发展指数：设计、实践与启示[J]. 中国高教研究，2019(7)：6-11.

② Weng S S，Liu Y，Dai J，et al. A Novel Improvement Strategy of Competency for Education for Sustainable Development (ESD) of University Teachers Based on Data Mining[J]. Sustainability，2020，12.

③ Moe Z H，San T，Tin H M，et al. Evaluation for Teacher's Ability and Forecasting Student's Career Based on Big Data[C]. International Conference on Big Data Analysis and Deep Learning Applications. Springer，Singapore，2018.

发展、教师对学生评价的情绪反应、学生对教师教学评价间的作用关系进行了综合研究。① 通过比较可以发现，健全关注学生发展的高校教师发展质量监测体系是新时代高校教师发展的重要任务，也是巩固人才培养中心地位的重要途径。

四、人工智能为高等教育变革提供新举措

以人工智能为核心技术的第四次工业革命，推动了产业结构的转型升级，对高等教育人才培养提出新要求的同时，也为高等教育改革提供了新举措。本研究以系统理论为基础，以高校人才供给与经济社会发展需求精准匹配为导向，发挥人工智能优势，促进人才供给与需求数据有效循环，构建了高等教育与经济社会发展"供需匹配"双边变革模型，如图 4－3 所示。该模型的特征及功能主要表现在以下 3 个方面。

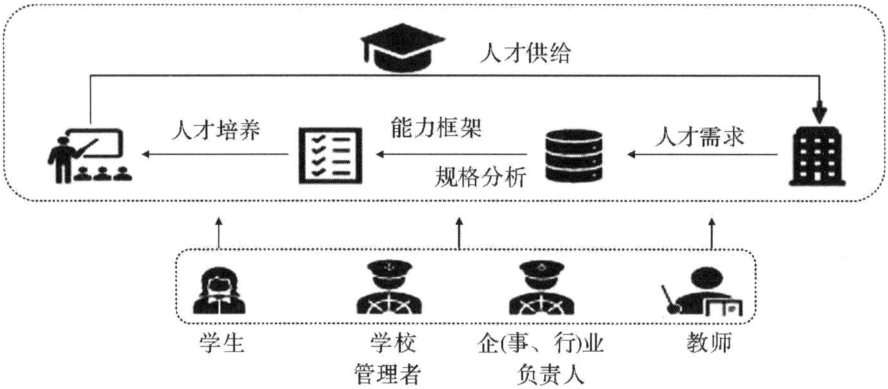

图 4－3　高等教育与经济社会发展"供需匹配"双边变革模型

（一）发挥在线课程优势，增强高校开放性，支持大学生人力资本的持续开发

根据卢卡斯模型，人力资本积累或增值是经济得以持续增长的决定性因素和产业发展的真正源泉，与人力资本存量呈正比，且人力资本增值越快，经济产

① Lynch M W. Teachers' experiences of student feedback：A view from a department of social work in Sweden[J]. Aotearoa New Zealand Social Work，2019，31(2)：57.

出越快；人力资本增值越大，经济产出越大。人力资本增值就是通过对人力资本的积累、投资和扩充，促使人力资本的价值得以提升的过程。现阶段，高等教育重在对大学生人力资本基本存量的储备，即首岗胜任力的培养，且过于侧重认知能力资本的开发，对大学生毕业后人力资本增值的关注、投入相对不足。现阶段，常规学历教育已不再适应人工智能时代劳动力资本持续开发的要求。“高等教育需要新的模式、新的定位，不再是只以培养本科生和研究生为两大教育目标。大学教育应该扩宽其教育面，成为终身学习的引擎。”[①]正如西交利物浦大学校长席酉民所言，“未来的大学应该成为一个可供终身学习的地方，支持人们有创意地生活的场所”。[②] 面对产业结构调整引发的就业结构变化给高校人才培养带来的挑战，高校应主动发挥学科优势，加强与用人单位合作，深入地与雇主、学习者商讨具体的学习目标、学习方法以及学习内容，开发系列模块化微专业在线开放课程，弥补大学毕业生人力资本基本存量与用人单位岗位需求匹配度不高的短板，促进人力资本积累和低技能劳动力技能素养提升。此外，发挥人工智能技术优势，强化在线学位课程质量监控，进一步加大在线学位课程建设规模，最大限度缓解劳动力学历提升需求与高校现有承载力之间的矛盾。与东部地区相比，中西部地区应加大硕士研究生专业学位在线课程建设，以适应第二、第三产业向中西部布局和发展对人力资本的需求。

（二）升级已有智能就业平台，强化数据循环，以需求牵引供给，增强供需匹配精准度

现阶段，各高校充分发挥大数据、人工智能优势，纷纷建立了大学生智能就业指导系统，但系统的主要功能是动态收集用人单位岗位需求信息、帮助大学生开展职业兴趣测评等，在产出环节促进人岗匹配，[③]对人才培养过程变革的支撑力度仍然不足。其主要原因有以下 3 点：一是尚未对动态收集的用人单位

① [美]约瑟夫·E.奥恩(著).李海燕，王秦辉(译).教育的未来：人工智能时代的教育变革[M].北京：机械工业出版社，2021，1：Ⅶ-XV.

② 席酉民.人工智能时代的高等教育[J].世界教育信息 2018(4)：8-13.

③ 刘洪超，滕鑫鑫，白浩.基于大数据的高校智能就业平台建设与应用[J].现代教育技术，2020(2)：111-117.

岗位胜任要求的信息进行深度分析，形成各行业大学毕业生首岗胜任力框架；二是缺乏对不同“工龄”毕业生发展性反馈信息的收集，进而导致大学生发展潜在资本的培养缺乏有力支撑，人才培养方案滞后性明显；三是主要聚焦对传统正规就业信息的采集和宣传，非正规就业岗位需求信息尚未引起足够重视。鉴于此，各高校应在已有智能就业系统的基础上，发挥区块链的技术优势，强化对用人单位多类核心利益相关者发展性反馈信息、关注非正规就业岗位人才需求信息的收集和深度分析，形成大学毕业生能力资本框架，以此为牵引推动校内学科专业布局调整、学科交叉与融合、教师发展方案研制、课程体系改革和人才培养模式改革，增强高校人才培养与经济社会发展需求匹配的精准度。

（三）落实参与式监测评估，推动高校自我评估改革，促进供需匹配度持续改进

监测与评估的有效衔接是监测评估区别于其他评估方式的显著特征，注重项目推进过程中不同阶段的进展状况，实现了过程监测与结果评估的相统一。近年来，大数据、人工智能、数据挖掘等先进信息技术在高等教育领域的普遍应用以及各级各类监测系统或数据平台的建设和完善为高等教育过程性数据的动态、精准收集与深度分析提供了前所未有的支撑，高等教育领域引入和应用监测评估的基础性支撑环境逐渐形成。将监测评估引入高等教育领域是教育评估理论革新发展、评估范式转变的体现，更是推进高校教育治理能力和治理体系现代化的客观要求。与监测评估相比，参与式监测评估是一种强调以吸纳利益相关者参与为核心，以行动为导向，反省式的、寻求能力建设的监测评估方法。根据 Arnstein 提出的“公众参与阶梯理论”，参与的类型分为非参与、象征性参与和真正参与三个档次，其中非参与的表现形式主要为“操纵”和“控制”，象征性参与的表现形式主要为“告知”“咨询”与“安抚”，真正参与的表现形式主要为“合作”“授权”与“公民控制”。[①] 因此，从参与类型的角度来看，与现有的高校自我评估相比，核心利益相关者，尤其是企事业单位、高校教师和学生由非参

---

① 王晓军，孙拖焕．参与式监测评估理论与实践[M]．北京：中国林业出版社，2007：11.

与、象征性参与转变为真正参与，推动高校自我评估由行政主导型向联合主导型转变。从参与内容来看，主要包括各利益相关者协同商定监测评估内容与指标体系、参与收集与分析监测评估过程数据、集体反思监测评估结果与研制整改方案、共同推进监测评估项目的持续改进等。这样既能增强各利益相关者的组织归属感和主人翁意识，同时也能够下沉责任主体，充分发挥教学组织在高校自我评估中的作用，强化各利益相关者的责任意识，激发各利益相关者积极主动参与学校自我评估，推动高校质量文化的塑造，实现高校师生由行政约束的被动式参与自我评估转变为文化自觉的主动参与评估，进一步促进高校人才供给与经济社会发展需求匹配度的持续改进。

第二节 关注课程本体，优化要素设计

自 MOOC 元年以来，我国先后制定了一系列政策和指导性文件推动了在线开放课程在高等教育领域的深度应用。“新冠”疫情严重期间，在线开放课程对教育教学活动的顺利开展起到了重要的支撑作用，极大地促进了在线开放课程建设规模的迅速扩大和应用群体的增加，使在线教学逐渐成为后疫情时代高等教育的新常态。随着在线开放课程与高等教育教学活动的深度融合，在线开放课程逐渐成为新时代推动高校课堂教学革命、高等教育内涵式发展和变轨超车的“新基建”。然而，经济社会发展不断引发高校人才培养规格的调整，使现有在线开放课程对高校人才培养改革的支撑面临着重大挑战。面对在线开放课程存量规模大，且新增规模呈逐年扩大的趋势，如何提升新建在线开放课程的质量及对现有课程进行升级改造是夯实“新基建”、推动高校人才培养改革正面临的重大现实问题。

一、文献梳理与分析

国内学者对在线开放课程质量保障的研究主要体现在以下 3 个方面：首先是质量保障体系研究。在线开放课程质量保障体系是教育现代化治理体系的重要组成部分。建立健全质量保障体系，明确在线开放课程教学质量和课程认

证标准，确定相应的评价方法与实施模式，是我国在线开放课程发展中亟待解决的重要问题。[①] 李青等人从媒体技术、课程内容及课程管理3个方面提出了MOOC建设及运营的质量要点和保障措施，构建了MOOC质量保证体系。[②] 林世员等人认为应从组织建设、标准制订、运行机制调整等方面加强高校现代远程教育外部质量保障体系建设。[③] 王桂林等人以全面质量管理理论为基础，提出了包括在线开放课程输入体系、实施体系和输出体系3部分的高校在线开放课程质量保障体系。[④] 石磊等人提出了国家开放大学MPOC建设质量保障机制，包括课程设计与开发、课程运营、管理机制、团队建设、技术支持5个环节。[⑤] 汤晓等人从课程建设、上线前专家评审、课程运行评估3个环节构建了慕课教学质量保障体系，并将督学服务与指导体系作为慕课教学质量保障体系的重要补充。[⑥] 第二是以学生为中心的课程质量评价指标研究。如姜强等人构建了学生视角下慕课设计质量指标规范，[⑦]闫寒冰提出了面向学习者感知的在线课程内容质量分析框架，[⑧]黄璐等人提出了基于学习者体验和知识付费视角的在线课程内容质量评价指标体系，[⑨]赵呈领等人构建了学习体验视角下教师研修类在线开放课程质量评价模型。[⑩] 此外，杨晓宏教授以质量功能展开理论为基础，明确了高校在线开放课程教学特性与价值主体需要之间的效用关

---

① 赵磊，吴卓平，朱泓．中国慕课项目实践现状探析[J]．电化教育研究，2017(9)：41-48.

② 李青，刘娜．MOOC质量保证体系研究[J]．开放教育研究，2015(5)：66-73.

③ 林世员，陈丽，彭义平．我国高校现代远程教育外部质量保障体系建设[J]．中国远程教育，2016(5)：43-49.

④ 王桂林．基于全面质量管理的在线开放课程质量保障体系构建[J]．教育理论与实践，2017(21)：50-52.

⑤ 石磊，程罡，刘志敏．大规模私有型在线课程建设模式及其质量保障机制[J]．中国远程教育，2018(8)：24-32，71，81-82.

⑥ 汤晓，赵山，何思彤．《大学生心理健康》慕课教学质量保障体系的建立与完善[J]．黑龙江高教研究，2019(5)：146-149.

⑦ 姜强，赵蔚，李松．MOOC低完课率现象背景下的设计质量有效规范实证研究[J]．电化教育研究，2016(1)：53-60.

⑧ 闫寒冰，段春雨．面向学习者感知的在线课程内容质量分析框架[J]．现代远程教育研究，2018(5)：97-105.

⑨ 黄璐，裴新宁，朱莹希．在线课程内容质量评价指标体系新探[J]．远程教育杂志，2020(1)：104-112.

⑩ 赵呈领，黄琰，疏凤芳，等．学习体验视角下在线开放课程质量评价模型研究[J]．现代远距离教育，2020(3)：32-41.

系，[1]构建了高校在线开放课程教学质量认定标准，[2]为高校在线开放课程的引入提供了科学依据。第三是课程学习效果影响因素研究。如王宁等人认为友好的课程界面设计、课程内容重难点突出、充足的拓展资料等课程层面的因素是影响在线开放课程学习满意度的主要因素；[3]蒋志辉等人认为还应包括学习者、指导者以及学习环境等因素；[4]张刚要认为大学生对在线课程的有用性感知以及课程的品牌形象、课程内容、课程功能、设计吸引力均对大学生接受在线课程的行为有着正向显著影响；[5]张长海等人认为地方高校大学生的态度对其接受慕课的意向影响最大，其次是主观规范、知觉行为控制；[6]此外，戴心来的研究发现学习者满意度的提升对其继续学习意愿影响效果显著；[7]杨根福认为期望确认对感知有用性、满意度和内在动机有直接影响，并通过它们对 MOOC 用户持续使用意愿产生间接影响；[8]黄璐等人认为“课程学习支持与服务”和“课程学习目标与教师素养”是影响学习效果最重要的两个方面；[9]方旭等人认为导学、促学和管理服务与慕课学习效果正相关，其中促学对学习效果的影响最大，其次是导学和管理服务。[10]

与国内学者相比，国外学者更加注重从质量要素分析及评估工具设计层面对 MOOC 质量保障进行探索。如 Conole 以其提出的“7Cs”学习设计框架为基础，进一步细化和总结影响 MOOC 质量的 12 个维度，为设计、开发、应用和评估 MOOC 质量提供了理论参考框架。[11] Fernandez 等人提出评价 MOOC 质量

---

① 杨晓宏，周效章，李运福，等. 高校在线开放课程教学特性与价值主体需要的效用关系分析[J]. 中国远程教育，2020(12)：77-87.

② 杨晓宏，周海军，周效章，等. 高校在线开放课程教学质量认定标准构建研究[J]. 中国电化教育，2020(2)：67-74.

③ 王宁，琚向红，葛正鹏. 开放教育网络课程学习满意度影响因素[J]. 开放教育研究，2014(6)：113-120.

④ 蒋志辉，赵呈领，李红霞. 在线开放课程学习者满意度研究：发展、影响因素与提升路向[J]. 现代远距离教育，2017(3)：34-43.

⑤ 张刚要，安涛. 基于 TAM 的高校网络课程接受度影响因素研究[J]. 中国电化教育，2015(5)：73-77.

⑥ 张长海，焦建利. 地方高校大学生慕课接受度影响因素研究[J]. 中国电化教育，2015(6)：70-74，97.

⑦ 戴心来，郭卡，刘蕾. MOOC 学习者满意度影响因素实证研究[J]. 现代远距离教育，2017(2)：17-23.

⑧ 杨根福. 用户持续使用行为影响因素研究[J]. 开放教育研究，2016(1)：100-111.

⑨ 黄璐，裴新宁，朱莹希. 在线课程内容质量评价指标体系新探[J]. 远程教育杂志，2020(1)：104-112.

⑩ 方旭，崔向平，杨改学. 慕课学习支持服务满意度研究[J]. 开放教育研究，2016(5)：76-85.

⑪ Grá，Conole I. MOOCs as disruptive technologies: strategies for enhancing the learner experience and quality of MOOCs[J]. Red Revista De Educación a Distancia，2013(50). 3-17.

的4个维度，主要包括就业培训能力的认识、学习方法、可访问的层次、虚拟学习环境等。[①] Rosewell等人从策略管理、大纲设计、课程设计、课程交付、人员支持、学生支持等6个方面列出了33条开放大学MOOC质量评价基准。[②] Read等人从主题、内容、课程时间、结构等4个方面提出MOOC质量评价标准。[③] 尤瑟夫等人构建了一套由2个维度5个大类共计75个指标构成的MOOC设计质量保障标准。[④] 此外，部分高校和权威机构陆续研制、发布了MOOC质量评价标准。如犹他州立大学发布的在线课程质量标准，包括课程组织、课程介绍和大纲、学习目标、评价和活动、资源和材料、学生参与和交互、可访问性、课程技术、学习支持9个评价维度。德克萨斯南方大学发布TSU在线课程评价标准，包括课程组织与设计、教学设计与交付、学习评价、技术支持、学习支持和资源5个维度。[⑤] 欧洲在线开放课程质量联盟MOOQ设计的MOOC质量参考框架(Quality Reference Framework，QRF)为MOOC的设计提供了质量标准和清单。[⑥] QM组织专家在研究大量文献、借鉴国内外经验、参照全国公认的实施效果较好的标准和教学原则后，制定了“QM标准”，并逐渐成为在线开放课程设计的有效质量指南。“QM标准”经过数年实践和不断改进完善，目前已经升级至第六版。在美国，该标准不只是用来进行课程评议，也用来作为在线课程设计的指导。[⑦] 近年来，MOOC设计对课程教学质量的影响不断引起了学者的关注。如Kim等人对MOOC设计因素、学习者承诺、自我导向学习与未来学习意向之间的结构关系进行了分析，发现学习者和内容之间的交易距离(Transactional Distance)与学生自我导向学习有关，且自我导向学

---

① Fernández M B R，Silvera J L S，Meneses E L. Comparativa entre instrumentos de evaluación de calidad de cursos MOOC：ADECUR vs Normas UNE 66181：2012[J]. International Journal of Educational Technology in Higher Education，2015(1)：131-144.

② Rosewell J. Benchmarks for MOOCs：the OpenupEd quality label[J]. The International Journal for Innovation and Quality in Learning. 2015：88-100.

③ Read T，Rodrigo C. Toward a Quality Model for UNED MOOCs Authors[J]. Elearning Papers，2014(37)：43-50.

④ 刘路，刘志民，罗英姿. 欧洲MOOC教育质量评价方法及启示[J]. 开放教育研究，2015(5)：57-65.

⑤ 刘娜. 基于学习者视角的MOOC课程质量评价方法研究与实践[D]. 北京：北京邮电大学，2016.

⑥ The Quality of Open Online Learning and Education：Towards a Quality Reference Framework for MOOCs. 2018.

⑦ Specific Review Standards from the QM Higher Education Rubric，Sixth Edition[EB/OL]. https：//www.niu.edu/citl/_pdf/quality-matters-standards-sixth-edition.pdf.

习在课程设计因素和学习者未来学习意向之间起中介作用，并提出了有效的学习者与课程内容交互的设计策略。① Eulho Jung 等人对 MOOC 教学设计对学习者控制、成就感和有效性感知的影响进行的分析结果发现，所有课程设计因素、学习者与课程内容的交互对学习者控制、学习进步感知都具有显著的预测效应。② Isa Bingöl 等人研究发现，影响 MOOCs 成功的因素主要有教师有效性、课程设计、个人因素 3 种，影响课程完成的因素主要有教师、课程设计、个人因素、技术问题、可承受性/清晰度等。③ Neil I. Martin 等人以自我决定理论为基础设计了 MOOC 设计框架，并以 Elite Sport Performance: Psychological Perspectives 为案例，验证了框架对提升课程教学质量的有效性。④

根据 AECT94 定义对教育技术理论与实践研究范畴的描述，与国外研究相比，国内学者对其质量提升的探讨主要集中在应用、管理与评价 3 个范畴，其中以评价范畴为主，对设计、开发范畴探讨的相对较少，且形成的评价标准（框架）、质量影响因素模型等对设计层面在线开放课程各要素优化的指导作用相对较弱。质量是客体的一组固有特性满足要求的程度。面对在线开放课程建设规模的逐步扩大以及学校教育价值主体需求的不断调整，在线开放课程的有效“生命周期”逐渐缩短。在这样的背景下，缺少设计层面对在线开放课程质量提升的关注，就意味着很难根据价值主体需求推动在线开放课程构成要素及其特性的根本性调整。因此，以满足价值主体需求为导向，从设计层面探讨在线开放课程教学特性优化，对提升新建课程质量、改善现有课程质量、增强课程应用价值有着重大的现实意义。

---

① Kim D, Jung E, Yoon M. Exploring the Structural Relationships Between Course Design Factors, Learner Commitment, Self－Directed Learning, and Intentions for Further Learning in a Self-Paced MOOC[J]. Computers & Education, 2021(6): 104-171.

② Jung E, Kim D, Yoon M. The influence of instructional design on learner control, sense of achievement, and perceived effectiveness in a supersize MOOC course[J]. Computers & education, 2019(1): 377-388.

③ Isa Bingöl, Engin Kursun, Halil Kayaduman. Factors for Success and Course Completion in Massive Open Online Courses through the Lens of Participant Types[J]. Open Praxis, 2020(2): 223-239.

④ Martin, N. I., Kelly, N., Terry, P. C. A framework for self-determination in massive open online courses: Design for autonomy, competence, and relatedness[J]. Australasian Journal of Educational Technology, 2018(2): 35-55.

二、理论基础与研究假设

质量功能展开（Quality Function Deployment，QFD）是商业领域企业为保持竞争优势，在研发新产品或改进现有产品时，为最佳产品设计提供精准决策支持的常用手段。该理论由日本赤尾洋二教授于20世纪70年代提出，是一种以顾客需求为驱动，将客户需求转化为产品各项技术要素进行系统创新的方法。[①] 在学校教育中，课程是学校教育的直接产品，学生是课程的消费者。[②] 课程作为学校向学生供给的一种服务型“教育产品”，使QFD在课程质量改进中的作用发挥成为可能。随着教育改革的深度推进及社会对课程质量的高度重视，QFD在各类课程设计及改进中得到了广泛应用，如改进大学生就业教育课程[③]、优化虚拟仿真实训课程的教学设计[④]、制定在线开放课程教学质量认定标准[⑤]以及优化信息管理与信息系统专业课程体系[⑥]等。

QFD注重从产品设计阶段保障产品质量，包括质量展开和功能展开两个核心要素，[⑦]质量屋是质量功能展开理论应用的核心部分，包括顾客需求、计划矩阵、工程特征、关系矩阵、技术矩阵、工程特征相关矩阵6个部分。在具体操作中，质量屋仅反映了顾客需求与产品工程特征之间的关系，为了进一步把顾客需求扩展到产品开发的全过程，质量功能展开理论还包括质量屋以外的其他矩阵，矩阵之间的具体转换过程为：第一个矩阵的“Hows”转换为第二个矩阵的“Whats”，第一个矩阵的技术矩阵转换为第二个矩阵的计划矩阵。通过这种转换，顾客需求及产品开发信息从一个矩阵转移到另一个矩阵。[⑧] 基于此，本研

---

① 陈亮，窦昊，魏煌，等．基于质量功能展开、发明问题解决理论和仿生学的产品创新设计[J]．中国机械工程，2020(11)：1285-1295．

② 潘永庆．课程—学校教育的直接产品[J]．人民教育，2007(12)：11-13．

③ 刘海滨，杨颖秀．基于QFD的大学生就业教育课程改进研究[J]．现代教育管理，2013(8)：61-66．

④ 闫萍，荆浩．基于QFD理论的经营管理虚拟仿真实训课程教学设计[J]．实验室研究与探索，2019(12)：225-228．

⑤ 杨晓宏，郝照，周海军，等．基于质量功能展开(QFD)的高校在线开放课程教学质量认定标准研究[J]．中国电化教育，2019(6)：108-113，130．

⑥ 钟金宏，邵晶晶．基于QFD的信息管理与信息系统专业课程体系优化设计[J]．情报科学，2018(10)：105-109．

⑦ Lockamy Ⅲ Archie. Quality Function Deployment: total quality management for new product design[J]. International Journal of Quality & Reliability Management，1995(6)：73-84．

⑧ 翟丽．质量功能展开技术及其应用综述[J]．管理工程学报，2000(14)：52-60．

究按照质量功能展开的基本流程，构建了高校在线开放课程教学质量功能展开模型，如图 4-4 所示。

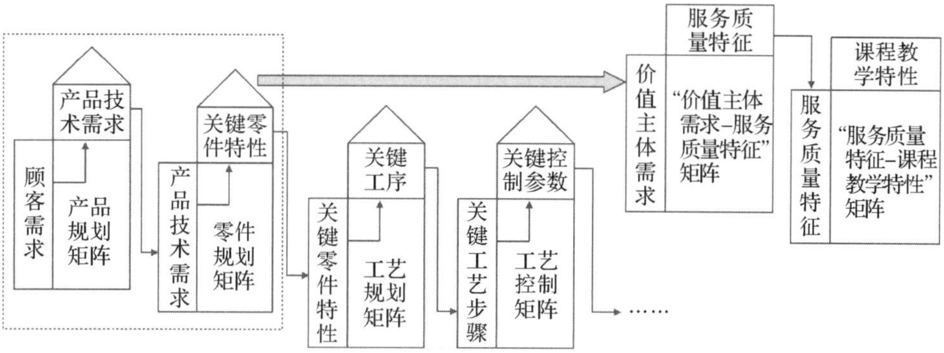

图 4-4　高校在线开放课程教学质量功能展开模型

根据 QFD 质量屋中各关键“变量”内涵的描述，图 4-4 中在线开放课程教学特性指的是在线开放课程“各零部件”所具有的教学特性，是课程各构成要素“固有”教学特性的描述；在线开放课程服务质量特征指的是从技术角度为满足顾客需求提出的课程零部件的设计要求（工程措施），即高校管理者、教师、学生等价值主体对在线开放课程各要素提出的设计要求，为课程各要素的开发提供技术引导；在线开放课程价值主体需求主要指的是高校价值主体（“顾客”）对在线开放课程价值的期望描述。借助图 4-4 中的两个质量屋，实现了从“价值主体需求”到“课程教学特性”的转化。然而，在实际操作层面，恰好与上述设计相反，即体现了“逆向设计、正向施工”的工程思维。因此，在线开放课程各要素教学特性的描述（产品零部件特征）是提升在线开放课程教学服务质量特征（产品各零部件的设计要求）的基础，进而会影响价值主体需求的满足（顾客对产品需求）。基于此，提出了研究预设模型，如图 4-5 所示。

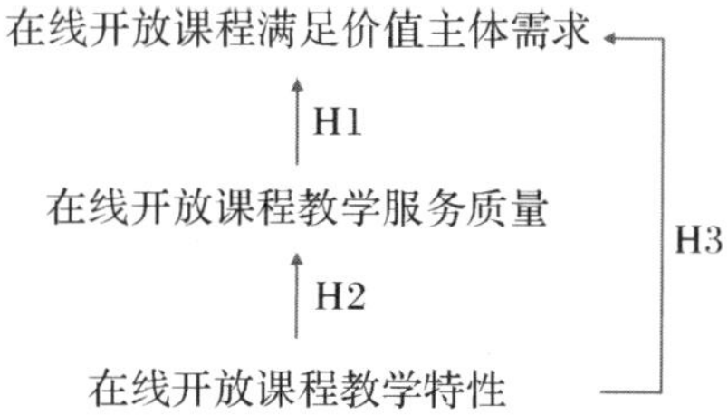

图 4-5　研究预设模型

首先，在线开放课程价值主体需求是价值主体对在线开放课程所提供服务的具体要求，并通过在线开放课程提供的教学服务来得到满足。这些服务的实现程度直接决定了高校价值主体需求的满足程度。因此，本研究提出研究假设(H1)：在线开放课程教学服务质量对满足价值主体需求具有显著的正向预测效应。其次，在线开放课程特性既包括静态的特性指标，如教学目标、教学内容、学习资源、技术环境等，是在线开放课程"课程"属性的客观反映，同时也包含动态的特性指标，如学习活动、拓展资源、支持服务、交互系统等，这是师生之间、生生之间以及学习资源与学生之间持续的动态交互，是在线开放课程"教学"属性的抽象表达。"课程"属性是在线开放课程"本体"层面的教学特性，"教学"属性在价值主体视角下，则表现为价值主体所感知的在线开放课程教学服务质量。"课程"属性是"教学"属性存在和彰显的基础。因此，本研究提出研究假设(H2)：在线开放课程教学特性对在线开放课程教学服务质量具有显著的正向预测效应。最后，在综合在线开放课程教学服务质量与价值主体需求、在线开放课程教学特性与教学服务质量间作用关系的基础上，结合质量是物质特性满足主体需求程度的界定，本研究提出了研究假设(H3)：在线开放课程教学特性对满足价值主体需求具有显著的正向预测效应。

三、研究过程与结果

（一）量表编制与数据采集

本研究采用文献研究法、德尔菲法、KJ 法等方法设计开发了在线开放课程价值主体需求量表(VSN)、在线开放课程教学特性感知量表(TC)和在线开放课程教学服务质量感知量表(CSQ)。其中，在线开放课程价值主体需求量表包括符合人才培养目标和实际需要(MTN)、有高质量的内容资源(HQR)、有完整高效的教学过程(CTP)、支持多样的考核方式(SVA)、提供完善的支持服务(PPS)、具有良好的课程平台(PCP)以及先期教学效果好(TEG)等 7 个层面，累计 25 个题项。在线开放课程教学特性感知量表主要包括课程与教学目标(CTO)、教学内容与资源(TCR)、教学活动与实施(TAI)、课程与教学评价

(CTE)、先期运行与效果(PTE)5个层面，累计20个题项。在线开放课程教学服务质量感知量表包括可靠性(TQD)、响应性(TQR)、移情性(TQE)、有形性(TQT)、声誉性(TQP)等5个维度累计19个题项。量表编制完成后，采用问卷星平台、QQ群、微信等方式，邀请高校管理者、教师、大学生进行填写，最终共采集有效问卷152份。各类量表编制过程、指标内容、信效度检验及数据采集情况在《高校在线开放课程教学特性与价值主体需要的效用关系分析》一文中有详尽描述，在此不再赘述。

(二)数据统计与分析

1.模型拟合度检验

模型拟合度检验的显示，CMIN/DF＝2.561，RMR＝0.014，RMSEA＝0.099，GFI＝0.821，AGFI＝0.864，NFI＝0.918，CFI＝0.948以及IFI＝0.949。虽然GFI、AGFI略低于建议值(0.90)，但仍在可接受范围以内(＞0.80)，其他各项指标均满足建议值要求。因此，本研究预设模型拟合度良好，能够满足研究要求。

2.研究假设检验

研究假设检验结果见表4-5。假设H1、H2成立，假设H3不成立。即在线开放课程教学特性对教学服务质量、教学服务质量对满足价值主体需求具有显著的正向预测效应，课程教学特性对满足价值主体需求具有正向预测效应，但未达到统计学显著水平。

表4-5 研究假设检验结果

研究假设	关系描述	Estimatc	S.E.	C.R.	P
H1	价值主体需求←教学服务质量	0.561	0.150	3.740	***
H2	教学服务质量←课程教学特性	0.974	0.052	18.618	***
H3	价值主体需求←课程教学特性	0.146	0.140	1.045	0.296

3.影响路径分析

通过解释结构方程模型的分析，本研究发现各变量间的关系较为复杂，既存在直接影响作用，同时又存在不同程度的间接作用。为了更明确地阐释各变量间的作用关系，本研究分别对变量间总效应、直接效应以及间接效应进行了进一步分析。研究预设模型标准化分析结果如图 4－6 所示。

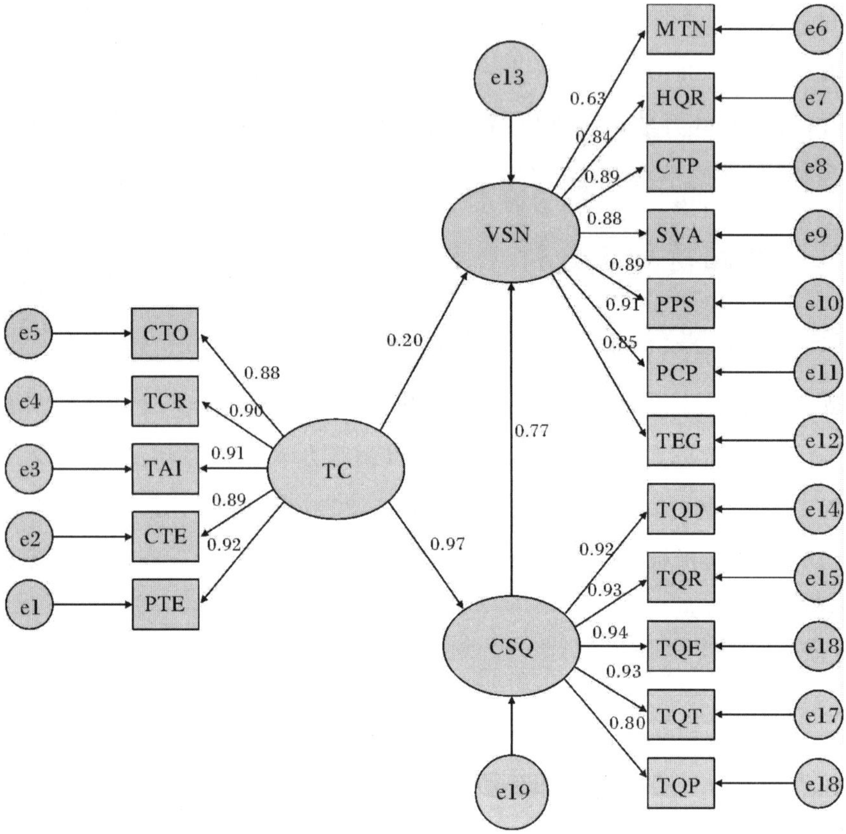

图 4－6　研究预设模型标准化路径系数

解释结构方程模型分析中，变量间直接效应和间接效应的分析原则是：如果直接效应＞间接效应，表示中介变量不发挥作用，研究者可忽略此中介变量；如果相反，则表示中介变量具有影响力，此中介变量要引起研究者的重视。[①] 以此为参考，通过比较分析变量间标准化直接效应和间接效应，本研究发现：在线开放课程教学特性对满足价值主体需求的直接效应（0.199）小于间接效应（0.742），故此在线开放课程教学服务质量在教学特性满足价值主体需求中具

① 荣泰生. AMOS 与研究方法[M]. 重庆：重庆大学出版社，2010：131-132，172.

有重要的中介效应。

为深度明了在线开放课程教学特性、教学服务质量以及价值主体需求间的作用关系，明确在线开放课程教学特性满足价值主体需求的路径，本研究对教学服务质量、教学特性中的各变量间的影响路径进行了深度分析，直接与间接影响效应见表 4－6，变量间显著性作用关系如图 4－7 所示。

表 4－6 在线开放课程教学特性对满足价值主体需要的直接效应与间接效应

	类别	先期运行效果	课程与教学评价	教学活动与实施	教学内容与资源	课程与教学目标
课程先期教学效果好	直接	0.176	0.043	0.001	0.251	0.101
	间接	0.229	0.047	0.187	0.145	0.141
具有良好的课程平台	直接	0.045	0.160	0.200	0.071	0.019
	间接	0.303	0.049	0.186	0.228	0.157
提供完善的支持服务	直接	0.142	0.244	0.305	0.254	0.189
	间接	0.217	0.056	0.189	0.142	0.128
支持多样的考核方式	直接	0.100	0.240	0.201	0.122	0.199
	间接	0.209	0.047	0.144	0.149	0.109
有完整高效的教学过程	直接	0.071	0.316	0.041	0.208	0.082
	间接	0.270	0.097	0.198	0.178	0.128
有高质量的内容资源	直接	0.017	9.134	0.178	0.326	0.203
	间接	0.230	0.119	0.281	0.119	0.138
符合人才培养目标	直接	0.226	0.033	0.253	0.201	0.254
	间接	0.037	0.017	0.052	0.037	0.038

表 4－6 中标注双下划线的数据为对满足价值主体需要具有最大直接效应的课程教学特性。也就意味着，教学内容与资源是提升在线开放课程先期运行效果的最直接抓手；教学活动与实施是满足价值主体对在线开放课程提供良好课程平台和完善支持服务需求的最直接抓手；教学内容与资源是满足价值主体对在线开放课程提供高质量内容资源需求的最直接抓手；课程与教学评价是满足价值主体对在线开放课程提供多样考核方式、完整高效教学过程需求的最直接抓手；课程与教学目标是满足价值主体对在线开放课程满足高校人才培养目标和实际需要的最直接抓手。表 4－6 中标注单下划线数据表示变量间间接效

应大于直接效应，这意味着在线开放课程教学服务质量在课程教学特性满足价值主体需求时具有重要的中介调节作用。

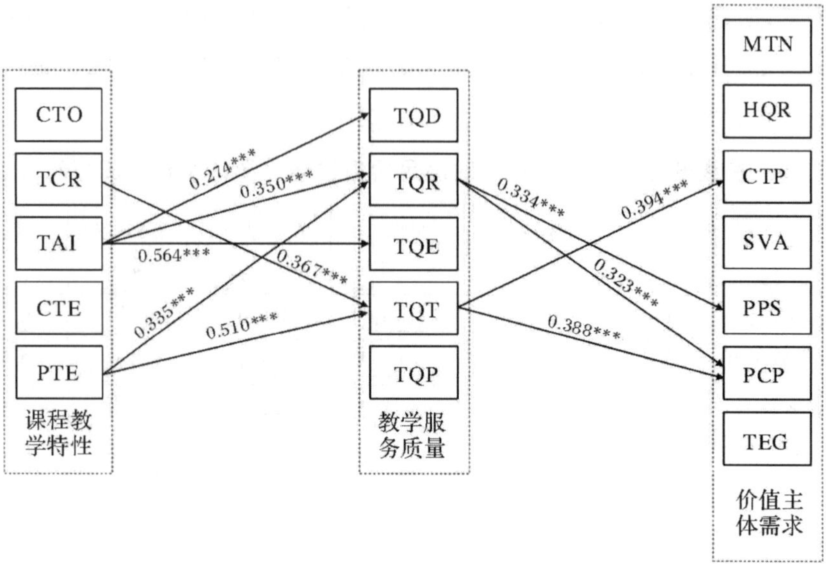

图 4－7　研究变量间显著预测效应分析结果

结合图 4－7 呈现的具有显著预测效应的变量作用关系来看，有形性、可靠性、移情性、响应性等课程教学服务质量特征在教学内容与资源、教学活动与实施、先期运行与效果等教学特性满足价值主体需求时具有显著的中介调节效应；响应性在教学活动与实施、先期运行与效果等教学特性满足价值主体对在线开放课程提供完善的支持服务和良好的课程平台的需求具有重要的中介调节作用；有形性在教学内容与资源、先期运行与效果等教学特性满足价值主体对在线开放课程提供完整高效教学过程和良好课程平台的需求时具有重要的中介调节效应。

四、研究结论与启示

（一）研究结论

（1）在线开放课程教学服务质量在在线开放课程教学特性满足价值主体需求中起着重要的中介调节作用。即在设计层面，增强在线开放课程组件的有形性、可靠性、移情性、响应性设计，有助于提升在线开放课程教学特性满足价值主体需求的程度。

(2)增强在线开放课程教学活动与实施、先期运行与效果的响应性设计，有助于满足价值主体对在线开放课程提供完善的支持服务和良好的课程平台的需求；增强在线开放课程教学内容与资源、先期运行与效果的有形性设计，有助于满足价值主体对在线开放课程提供完整高效教学过程、良好课程平台的需求。

(二)对高校在线开放课程教学要素设计的启示

本研究以优化在线开放课程教学特性为抓手，以最大限度满足价值主体需求为导向，同时注重在线开放课程教学服务质量的中介作用发挥，对在线开放课程相关要素的设计提出以下 4 点建议：

(1)充分发挥智能终端及人工智能技术优势，注重高校在线开放课程价值主体实在信息的伴随式采集和深度分析，增强课程教学评价、教学活动、教学内容与资源以及课程教学目标的移情性设计，使在线课程最大限度符合高校人才培养目标及实际需求。移情性设计是一种成本和风险都较低的识别顾客重要潜在需要的技巧，是新产品构思的重要来源，有助于企业将自己的技术能力转至新业务开发工作。增强产品构建的移情性设计关键在于精准、全面地了解顾客的实际需求，以至特殊需求。随着高等教育人才培养目标价值取向的转变，越来越注重大学生在掌握专业知识的基础上的高阶思维能力的培育。然而，现有在线开放课程的设计多数以知识传授为导向，与新时代高等教育人才培养需求之间存在明显的供需矛盾。这一矛盾的化解，必然以在线开放课程教学目标改革为抓手，推动在线开放课程各要素的系统性变革。因此，在在线开放课程各教学要素的设计中，注重各要素的移情性设计，有助于在线开放课程设计者或开发者关注价值主体尚未意识到或从未明确描述过的对学生能力发展的需求或愿望，推动在线开放课程的价值由知识汲取到“转识成智”，[①]增强在线开放课程教学要素设计的方向性、科学性与适切性。精准、真实、全面的获取高校价值主体的需求信息是推动在线开放课程各要素移情性设计的关键依据。根

---

① 马爽，胡凡刚. 从知识汲取到“转识成智”：智能化时代慕课的价值走向[J]. 远程教育杂志，2018(6)：13-20.

据认识主体与事物客体之间的相互关系,信息可分为实在信息、先验信息与实得信息。[①] 实在信息是高校价值主体需求信息的最真实反映。现阶段,随着高校教育信息化水平的不断提升及大数据分析技术的发展,伴随式采集高校不同价值主体对在线开放课程需求的实在信息逐渐成为可能,这为在线开放课程教学要素移情性设计提供了技术支持。

(2)加强联通主义学习理论指导的在线开放课程设计,系统性优化学习支持服务模型,增强在线开放课程教学活动与实施的响应性设计,满足价值主体对在线开放课程提供完善支持服务的需求。响应性的核心内涵是根据顾客反馈迅速提供服务。[②] 现阶段,国内关于在线开放课程的建设与实践主要以行为主义、认知主义和建构主义学习理论为基础,以在线视频、在线测试以及以课程平台提供的讨论区或留言板等要素推动在线开放课程教学活动的实施,是传统教学方法在在线教育中的一种体现,学习活动中互动性、响应性明显不足,越来越难以支撑创新型人才的培养。在线学习中,交互网络的复杂性、联通性对知识创新和学习效果有着正向预测效应,[③]学习者的社会交互质量有助于改进其学习质量,[④]以及支持服务是影响学习者在线深度互动的外部情境因素,具体影响路径为"深度互动工具支持服务正向影响深度互动行为,即深度互动回复时间、深度互动工具功能、深度互动工具选择、深度互动工具创新影响学习者深度互动行为",[⑤]学生在论坛中自发讨论对自身能力的提升促进作用有限,教师的积极参与有助于促进学生高阶思维能力的发展。[⑥] 因此,转变在线开放课程设计的理论基础,是增强课程教学活动与实施响应性的基础要求。此外,人工智能时代的在线学习呈现出明显的智能化、个性化、泛在化等新特点,带动了学习支持服务的内涵由"双向通信观"走向"综合服务观",学习支持服务的范畴得

---

① 钟义信.信息科学原理[M].北京:北京邮电大学出版社,2002.

② 范秀成,杜建刚.服务质量五维度对服务满意及服务忠诚的影响——基于转型期间中国服务业的一项实证研究[J].管理世界,2006(6):117-124,179.

③ 陈丽,王志军.三代远程学习中的教学交互原理[J].中国远程教育,2016(10):30-37,79-80.

④ 段金菊,汪晓凤.在线开放课程背景下高低绩效学习者的社会化交互行为及参与模式研究[J].电化教育研究,2016(11):43-50.

⑤ 刘艳春,张庆普,李占奎.基于扎根理论的 MOOC 在线深度互动影响因素[J].开放教育研究,2017(5):66-75.

⑥ 王泰,杨梅,刘炬红.慕课论坛中教师回复对学生认知发展的作用[J].开放教育研究.2020(2):102-110.

以拓展，[①]大数据技术的发展推动了学习支持服务模型的重构。从精准服务的视角出发，课程平台建设中充分融入人工智能、大数据分析技术等，遵循"数据化—标签化—关联化—可视化—智能化"的驱动逻辑，[②]重构智慧数据驱动下的新在线学习支持服务模型。

(3)强化学习科学领域研究成果的转化应用，加强在线开放课程教学内容与资源的有形性设计，满足价值主体对在线开放课程提供完整教学过程的需求。教学内容与资源是教学过程完整性、可行性的重要保障，是促进学习者深度自主学习发生的重要支撑，也是高校引入在线开放课程时首要考虑的关键要素之一。[③] 在线开放课程教学内容与资源的有形性设计主要表现为教学内容体系完整、学习资源丰富、课程界面设计友好以及用户粘性强等。然而，国内现有在线开放课程教学内容和资源的建设具有典型的教者立场，在设计时主要考虑课程主讲教师或团队能够提供什么内容，并没有切实考虑价值主体的发展需要什么，缺乏价值主体的深度参与，尤其是学习者的参与，学习者的思维有待进一步凸显。[④] 教学资源以视频资源为主，演示文稿和 PDF 文件相对较多，拓展阅读材料和参考资料比较少，多样化特征凸显不足，难以满足学习者个性化需求，同时也不利于学习者知识领域的拓宽。此外，学习科学强调课程应带来学习者的深度学习，促进丰富的意义建构和对概念的深层次理解。[⑤] 近年来，学习科学领域取得了丰富的研究成果，能够为在线开放课程教学内容与资源的有形性设计提供了重要参考，如视频播放速度调整[⑥]以及视频标注工具的应用[⑦]等。

(4)加强在线开放课程先期运行效果的有形性和响应性评估，做好在线开

---

① 周海军，杨晓宏．智能时代教师在线学习支持服务的内涵分析与模型构建[J]．现代远距离教育，2020(06)：17-23.

② 董同强，马秀峰．数据驱动下的新一代学习支持服务模型：新需求与新突破[J]．图书馆学研究，2019(22)：28-33.

③ 杨晓宏，李运福，杜华．高校在线开放课程引入及教学质量认定现状调查研究[J]．电化教育研究，2018(8)：50-58.

④ 张馨月，吴淑芳．中美在线课程资源建设差异及启示[J]．教育理论与实践，2019(6)：46-48.

⑤ 王美．学习科学、技术设计与科学教育的整合[J]．全球教育展望，2013(1)：70-71.

⑥ 冯小燕，张丽莉，张梦思．MOOC 视频播放速度对认知加工影响的实验研究[J]．现代教育技术，2020(2)：50-56.

⑦ 徐春华，傅钢善．视频标注工具支持的深度学习研究[J]．现代教育技术，2017(3)：14-20.

放课程动态优化和完善,满足价值主体对在线开放课程具有良好课程平台的需求。回顾我国在线课程发展历程,针对在线开放课程实施“先建设应用,后评价认定”的原则,充分体现了我国在线课程建设工作的一种积极的改革精神,奠定了国家精品在线开放课程有用、能用的基础。[①] 从系统理论来看,在线开放课程先期运行效果实际上是对在线开放课程各教学要素的阶段性或形成性评价,是在线开放课程持续改进和优化的关键环节。然而,现阶段过多的聚焦于基于先期运行效果的国家级精品在线开放课程评选,对课程先期运行效果评估指标及其评估数据的应用研究却较为罕见,这在很大程度上不利于在线开放课程的科学、可持续发展和深度应用。根据教育部现代远程教育资源建设委员会的描述,教学内容和网络教学支撑环境是网络课程的核心构成。在线课程平台是在线开放课程各要素相互作用的基础性支撑,在线开放课程各要素的相互作用的过程也能够在一定程度上反映在线开放课程平台的特性。如“新冠”肺炎疫情爆发期间,在线开放课程平台的稳定性、可靠性等特性存在的不足,随着在线教学活动的开展逐步显露出来。因此,明确在线开放课程先期运行效果评估指标,加强对在线开放课程先期运行数据的挖掘,强化对在线开放课程各要素相互作用中有形性、响应性特征的挖掘和分析,对促进在线开放课程的持续改进和满足价值主体对在线开放课程具有良好课程平台的需求具有重要价值。

第三节　关注学生心理,促进全面发展

一、在线学习焦虑、自我调节学习与学习绩效的关系研究

情感是个体对特定情境的体验与反馈,并在个体行为、认知、思维及决策中起着重要作用。[②] 学业情绪(Academic Emotions)属于一般情感中具有领域特殊性的变形,是学生在学习过程中产生的与学业相关的各种情绪体验,如羞愧、

① 李晓明.慕课之希望:尽可能开放,无障碍共享[J].中国大学教学,2017(2):7-8.

② Neophytou,L. Emotional intelligence and educational reform[J]. Educational Review,2013(2):140-154.

焦虑、沮丧等，是一种与教学和学习密切相关的非智力因素，对学生的成长和发展有着重要作用。学业情绪与自我调节、外部调节学习有着非常密切的关系。自我调节学习预示着认知灵活，积极的学业情绪和知觉到的自我调节之间存在着显著的正相关，消极的学业情绪和知觉到的外部调节之间存在着显著的正相关。也就是说，积极的学业情绪能够促进学生的自我调节，消极的学业情绪会导致学习活动的有效开展过度依赖外部调节。① 然而，截至目前仅有少量理论和实证研究认为学业情绪会通过自我调节对学业成就产生间接影响，且多是基于传统情境下的学习，对虚拟情境下学业情绪对学业成就的影响研究并不多见。现阶段，面对百年未有之大变局，各高校都在积极探索和思考未来高等教育的新理念、新形态和新模式，将在线开放课程作为推动高等教育改革和发展的关键力量，引入和应用在线开放课程已成为高校推动课程教学革命、促进学生个性化自主学习的重要手段，在线学习将成为后疫情时代高等教育的新常态。鉴于此，本研究在已有在线学习焦虑研究的基础上，②聚焦自主学习型在线开放课程对大学生在线学习焦虑、自我调节学习及学习绩效间的作用关系进行了实证分析。

（一）文献梳理与研究假设

20 世纪 80 年代，美国心理学家班杜拉首次提出“自我调节”的概念，并将自我调节划分为自我观察、自我判断、自我反应 3 个过程。20 世纪 80 年代，齐默尔曼末首次提出了自我调节学习的概念，并描述为“学习者在一定程度上从元认知、动机和行为等方面积极主动地参与到自己学习活动中的过程”。③ 通过对 CNKI 收录文献的检索，较早将“自我调节学习”引入中国的成果是李宗林翻译的美国学者齐默尔曼（B. J. Zimmerman）发表在美国《教育心理学通讯》的文章，详细介绍了社会认知视角下自我调节学习的概念、决定因素以及自我调

① Pekrun R. The Control-Value Theory of Achievement Emotions: Assumptions, Corollaries, and Implications for Educational Research and Practice[J]. Educational Psychology Review, 2006(18): 315-341.

② 傅钢善，李运福. 网络学习焦虑与空间定位感间作用关系研究[J]. 电化教育研究，2015(1): 103-109.

③ Zimmerman B J. A Social Ccognitive View of Self-regulated Academic Learning[J]. Journal of Educational Psychology, 1989(3): 329-339.

节学习方法，为我国自我调节学习的相关研究奠定了理论基础。[①] 根据班杜拉的社会认知理论，自我调节是个体、行为和环境 3 种因素的交互作用，且 3 种因素在强度和时间模式方面因人而异。[②] 在信息技术支持的学习环境下，优质教育资源不断丰富、学习时间、空间更为灵活，为学习者自我调节学习的发生提供了前所未有的支持，也带来了巨大的挑战，如教师监管的缺乏、无关信息的泛滥等。随着终身学习理念的不断盛行，学生的培养目标逐渐由知识导向转变为能力导向，越来越重视学生终身学习能力的培养。这就引发了越来越多的学者关注技术支持的环境下学习者自我调节学习对学习效果的影响研究。如，黄振中等人的研究发现自主学习能力对在线学习效果的总效应显著，但主要体现为以交互体验为中介的间接效应，学习者之间的交互体验对深度学习效果的中介作用较为明显；[③]徐晓青等人研究发现，学习者与学习内容的交互、自我调节学习、学习者与教师之间的交互是影响大学生在线学习满意度的重要因素等。[④] 鉴于此，本研究提出研究假设 H1：自我调节学习对在线学习绩效具有显著的正向预测效应，即在线自我调节学习能力越强，在线学习绩效越好。

焦虑是由紧张、不安、焦急、忧虑、担心等心理感受交织而成的复杂情绪状态，是一种常见的基本心理体验。随着环境的不断变化，学习焦虑作为影响学习质量的重要情绪因素引起学者的普遍关注。马丁（Martin）等人的研究表明，焦虑水平影响学生在线外语口语测试中矫正性反馈信念（Corrective Feedback Belief）；[⑤]（Lai）等人的研究表明，在线学习焦虑影响学习者在线学习体验；[⑥]洪荣昭（Hong，J）等人的研究表明，在线认知焦虑、自我效能、学习兴趣对通过练

---

① Barry J. Zimmerman. 李宗林，译. 一种关于自我调节学习的社会认知观点[J]. 河南教育学院学报（哲学社会科学版），1994(1)：35-42.

② 乐国安，纪海英. 班杜拉社会认知观的自我调节理论研究及展望[J]. 南开学报（哲学社会科学版），2007(5)：118-125.

③ 黄振中，张晓蕾. 自主学习能力对在线学习效果的影响机制探究[J]. 现代教育技术，2018(3)：66-72.

④ 徐晓青，赵蔚，刘红霞. 大学生在线学习满意度影响因素研究[J]. 中国远程教育，2017(5)：43-50.

⑤ Martin，S. I. M. A. Valdivia，Students' Feedback Beliefs and Anxiety in Online Foreign Language Oral Tasks[J]. International Journal of Educational Technology In Higher Education，2017(18)：33-35.

⑥ Lai C. Using Positive Visual Stimuli to Lighten the Online Learning Experience through in Class Questioning[J]. International Review of Research in Open and Distributed Learning，2016(1SI)：23-41.

习提高认知校准度(Cognitive Certitude of Calibration)具有重要的中介作用；[①]拉米雷斯(Ramirez)的研究表明，混合学习环境下考试焦虑、学习投入对塑造个体在线学习路径具有重要的影响，其中考试焦虑影响个体在线学习路径网络的节点和弧的数量；[②]诘问(Heckel)的研究表明在线学习焦虑和自豪感在认知与学习成果之间具有调节作用；[③]阿尔基斯(Alkis)的研究表明，任务价值和考试焦虑是混合学习环境下影响学习成绩的主要因素；[④]龚少英等人的研究表明，混合学习环境下的学业情绪在任务价值对网络学习满意度的影响中具有重要的中介作用；[⑤]王雪等人的研究发现，教学视频中图形的"彩色＋拟人"的视觉情绪设计，能够诱发学习者的积极情绪、引导视觉注意力分配、促进更高水平的学习投入，从而提升学习质量，视觉上的"彩色＋拟人"情绪设计与听觉上的"智能合成音"解说最能使学习者产生积极的情绪，分配更多的视觉注意力到关键区域，调动更多的认知投入，从而促进整体学习效果的提升；[⑥]杨红云等人的研究表明，视觉情绪设计能够促进反映学习者学习效果的保持成绩、理解成绩和迁移成绩的提高。[⑦] 鉴于此，本研究提出研究假设 H2：在线学习焦虑对在线学习绩效具有显著的负向预测效应，即在线学习焦虑水平越高，在线学习绩效越低。

情绪控制—价值理论(Control-Value Theory)是情感计算教育研究使用频率最高的基础理论。该理论提供了理解学习成就和所经历情感的综合框架，并分析其前因与结果，佩克伦(Pekrun，R)认为情感以认知资源、动机、学习策略

---

① Jon-Chao Hong，Ming-Yueh Hwang，Kai-Hsin Tai，Pei-Hsin Lin. Improving Cognitive Certitude With Calibration Mediated by Cognitive Anxiety，Online Learning Self-efficacy and Interest in Learning Chinese Pronunciation[J]. Etr&D-Educational Technology Research And Development，2019(3)：597-615.

② Ramirez-Arellano A. Students Learning Pathways in Higher Blended Education：An Analysis of Complex Networks Perspective[J]. Computers & Education，2019(141)：1-15.

③ Heckel C T. Ringeisen，Pride and Anxiety in Online Learning Environments：Achievement Emotions as Mediators Between Learners' Characteristics and Learning Outcomes[J]. Journal of Computer Assisted Learning，2019(5)：667-677.

④ Alkis N T T. Temizel，The Impact of Motivation and Personality on Academic Performance in Online and Blended Learning Environments[J]. Educational Technology & Society，2018(3SI)：35-47.

⑤ 龚少英，韩雨丝. 任务价值和学业情绪与网络学习满意度的关系研究[J]. 电化教育研究，2016(3)：72-77.

⑥ 王雪，韩美琪，高泽红，等. 教学视频中视听觉情绪设计的作用机制与优化策略研究[J]. 远程教育杂志，2020(6)：50-61.

⑦ 杨红云，陈旭辉，顾小清. 多媒体学习中视觉情绪设计对学习效果的影响——基于 31 项实验与准实验研究的元分析[J]. 电化教育研究，2020(1)：76-83.

和自我调节为中介影响学习结果。基姆(Kim)等人以控制—价值理论为基础，探讨在线讨论中情感表达与动机、情感感知及学习结果之间的关系，结果发现情感表达能显著预测学业成就。① 张旭东等人的研究表明，焦虑、孤独等负面情绪或者情感缺失，不利于自我调节学习；②高焦虑情绪的学习者比低焦虑情绪的学习者更少使用自我调节策略，任务坚持性更低。尤其在网络学习环境中，时空分离导致的孤独感、情感缺失感等都影响学习者的自我调节学习。③此外，在技术支持的学习环境下，在线学习焦虑对学习者选择和使用信息技术有着重要影响，如计算机焦虑对学生数字化学习的有用性感知有显著的负向预测效应，④移动设备焦虑(Mobile Anxiety)影响职前教师移动学习行为意向等。⑤ 鉴于此，本研究提出研究假设 H3：在线学习焦虑对自我调节学习具有显著的负向预测效应，即在线学习焦虑水平越高，在线自我调节学习越不理想。

(二)研究设计

1. 研究情境与对象

从学习者的视角出发，根据在线课程在学习活动中的地位和作用不同，在线课程可分为混合学习型和自主学习型。其中，自主学习型在线课程又可分为完全自主型和相对自主型两类。完全自主型在线课程主要指高校人才培养课程体系之外的在线课程，完全是学生基于自身学习兴趣和需求出发，自主选择和学习，如学生自主选修中国大学 MOOC、edx 等平台的在线开放课程；相对自主型在线课程主要指高校人才培养课程体系内规定的在线课程，学生按照学校要求在指定平台自主选择和学习，课程考核合格后按照要求获得相应学分。对如何提升相对自主型在线课程的学习效果是当下高校应用在线课程提升人才

---

① Kim M K, Ketenci T. The Role of Expressed Emotions in Online Discussions[J]. Journal of Research on Technology in Education, 2020(1): 95-112.

② 张旭东，周国韬. 自我调节学习的若干研究综述[J]. 内蒙古师范大学学报，2001(1)：8-15.

③ 张同柏. 计算机环境下自我调节学习的影响因素及优化策略[J]. 外国教育研究，2013(5)：27-35.

④ Chang C J. Hajiyev and C. Su, Examining the Students' Behavioral Intention to Use E-learning in Azerbaijan? The General Extended Technology Acceptance Model for E-learning approach[J]. Computers & Education, 2017(111): 128-143.

⑤ Carlos Sanchez-Prieto, J S. Olmos-Miguelanez and F J. Garcia — Penalvo, MLearning and Pre-service Teachers: An Assessment of the Behavioral Intention Using an Expanded TAM Model[J]. Computers In Human Behavior, 2017(72): 644-654.

培养质量所面临的重大现实问题。

本研究聚焦相对自主型在线课程，以西部某地方普通本科高校选修超星尔雅通识课程的本科生为研究样本，对在线学习焦虑、自我调节学习和学习绩效间的作用关系开展研究。根据学校人才培养方案的相关要求，本科生自第三学期开始需在学校购买的438门尔雅通识课程中自主选修16学分的课程，每学期最多选修2门课程，在线课程学习时长为8周，课程结束时只要通过课程在线考核即可获得对应学分。本研究采用在线问卷的方式向研究样本发放问卷，历时4周，回收问卷483份，根据填写时间、数据完整度等剔除无效问卷，最终共保留有效问卷352份，其中男生、女生占比分别为45.3%、54.7%，大二、大三、大四的学生分别占29.6%、45.4%和25.0%。

2.研究工具

(1)在线学习绩效量表。现有研究中一般从主观和客观两个层面获取学生学习绩效数据，主观层面主要指学生对课程学习效果的自我评判，客观层面主要指学生的学习成绩。鉴于研究样本选修在线课程的考核监管相对较为薄弱，且选修课程类别多样，课程考试分数并不能真实、完全反映学生的学习收获，本研究对王雁飞编制的大学生学业成就量表中学习绩效维度的题目进行了适当改编，[①]形成大学生在线自主学习绩效量表，包括5个题目。通过探索性因子分析删除因子负荷量低于0.3的题目，最终保留4个题目，主要涉及在规定时间内完成了课程的学习任务、完成的学习任务符合课程的要求、在线课程的学习结果达到了预期目标以及在线课程的学习促进了自身专业发展和进步等。因子分析结果显示，各题因子负荷量介于0.738～0.831之间，平均变异抽取量为0.5878，组合信度为0.8505，内部一致性系数为0.764。

(2)在线学习焦虑量表。本研究根据研究样本在线学习情境，对李运福、傅钢善等人[②]编制的网络学习焦虑量表进行了适当调整，主要集中在以下两个方面：在借鉴斯皮尔伯格(Spielberger)[③]、泰勒(Taylor J)[④]等人的考试焦虑量表的

① 王雁飞，李云健，黄悦新.大学生心理资本、成就目标定向与学业成就关系研究[J].高教探索，2011(6)：128-136.

② 李运福，傅钢善.大学生网络学习焦虑影响因素研究——基于网络学习者特征的逐步多元回归分析[J].电化教育研究，2013(5)：31-38.

③ Spielberger C D. Test Anxiety Inventory[M]. New Jersey：John Wiley & Sons，Inc.，2010：22-23.

④ Taylor J，Deane F P. Development of a Short Form of the Test Anxiety Inventory (TAI)[J]. The Journal of General Psychology，2002(2)：127-136.

基础上,将参考量表中的搜索焦虑替换成考试焦虑;将参考量表中术语焦虑的题项表述进行适当调整,将维度重新命名为内容焦虑。调整后的在线学习焦虑量表包括延迟焦虑、内容焦虑、失败焦虑和考试焦虑4个维度,累计15个题项。通过探索性因子分析,剔除因子负荷量小于0.3的题项,最终共保留12个题项。量表整体一致性系数为0.909,各维度内部一致性检验及因子分析结果见表4-7。该量表各维度AVE值介于0.5456～0.7006,CR值介于0.7768～0.875,内部一致性系数介于0.775～0.849。验证性因子分析的结果显示:CMIN/DF=1.605,GFI=0.959,RMR=0.018,RMSEA=0.042,TLI=0.983,AGFI=0.938,NFI=0.965,CFI=0.987,IFI=0.987。研究量表信效度能够满足研究要求。

表4-7 在线学习焦虑量表信效度检验结果

题项表述	*E*	*AVE*	*CR*	*α*
DA1 学习尔雅课程时网速变慢会让我感到焦虑	0.817	0.7006	0.875	0.849
DA2 因网络连接不畅而不能完成学习任务时,我会感到焦躁不安	0.893			
DA3 学习尔雅课程时,网页跳转或视频播放不畅时,我会觉得急躁	0.798			
TA1 尔雅课程考试时,我会觉得非常紧张	0.846	0.6198	0.8294	0.775
TA2 尔雅课程考试时,我会因为紧张而忘记了一些已经学会的知识	0.704			
TA3 课程内容还没学完就参加在线考试,我会觉得非常不安	0.805			
CA1 学习尔雅课程时,学习内容较难时我会感到焦虑	0.534	0.5456	0.7768	0.843
CA2 学习尔雅课程时,遇到抽象、难以理解的术语,会让我感到焦虑	0.814			
CA3 学习尔雅课程时,学习不感兴趣的内容,会让我感到焦虑	0.830			
FA1 尔雅课程学习效果不佳时,我会感到焦虑	0.715	0.5662	0.7964	0.847
FA2 尔雅课程考试分数较低时,我会感到焦虑	0.777			
FA3 尔雅课程结束后,如果没达到预定学习目标,我会觉得很焦虑	0.764			

(3)在线自我调节学习量表。通过对国内外在线自主学习相关量表进行比较分析后,本研究对露丝·马丁内斯·洛佩兹(Ruth Martinez-Lopez)等人[①]联

① Martinez-Lopez R, Yot C, Tuovila I, et al. Online Self-Regulated Learning Questionnaire in a Russian MOOC[J]. Computers in Human Behavior, 2017(75):966-974.

合开发的基于 MOOC 的自我调节学习量表进行翻译，翻译完成后选取 10 名参与尔雅课程学习的大学生进行访谈，对量表题目内涵的表述进行本土化调整，最终形成在线自我调节学习量表，累计 24 个题项。该量表包括目标设定（Goal Setting）、环境构建（Environment Structuring）、任务策略（Task Strategies）、时间管理帮助（Time Management Help）、寻求帮助（Help Seeking）、自我评价（Self-Evaluation）。量表整体一致性系数为 0.967，各维度内部一致性检验及因子分析结果见表 4－8。该量表各维度 AVE 值介于 0.4961～0.5794，CR 值介于 0.7567～0.8462，内部一致性系数介于 0.854～0.905。验证性因子分析的结果显示：CMIN/DF＝1.255，GFI＝0.873，RMR＝0.047，RMSEA＝0.056，TLI＝0.948，AGFI＝0.812，NFI＝0.819，CFI＝0.956，IFI＝0.957。研究量表信效度能够满足研究要求。

表 4－8 在线自我调节学习量表信效度检验结果

题项表述	*E*	*AVE*	*CR*	*α*
GS1 学习尔雅课程时，我为自己设定了学习目标	0.774	0.4961	0.8307	0.891
GS2 学习尔雅课程时，我设定了短期（每天或每周）和长期目标（每月）	0.662			
GS3 学习尔雅课程时，我以高标准要求自己的学习	0.670			
GS4 我以设定的学习目标为依据合理安排学习尔雅课程的节奏	0.691			
GS5 我不会因为是在线学习而降低对自己的学习要求	0.719			
ES1 我会选择一个不让自己分心的地方学习尔雅课程	0.713	0.5794	0.8462	0.868
ES2 在学校里我发现了一个或多个适合学习尔雅课程的场所	0.758			
ES3 我知道自己在哪里学习尔雅课程效率最高	0.767			
ES4 我会选择一个不让自己分心的时间段来学习尔雅课程	0.804			
TS1 在线学习中记笔记比传统学习更重要，所以我学习时会全程做好笔记	0.652	0.5469	0.8265	0.888
TS2 学习尔雅课程时，我朗（默）读课程材料，防止分心	0.853			
TS3 参与尔雅课程中话题讨论前，我认真准备发布的内容	0.653			
TS4 学习尔雅课程时，我会通过完成一些非指定的任务来强化学习效果	0.780			

续表

题项表述	E	AVE	CR	α
TMH1 我会额外分配时间学习尔雅课程	0.705	0.5125	0.7567	0.854
TMH2 我制定了尔雅课程的学习计划，并严格执行	0.612			
TMH3 尽管每天必须参加课堂学习，但我还是会分配时间学习尔雅课程	0.816			
HS1 我能找到一个指导和帮助我学习尔雅课程的同学	0.723	0.5456	0.8275	0.905
HS2 我会把学习尔雅课程中遇到的问题在讨论区和同学进行交流，共同解决	0.780			
HS3 如果有需要，我会和同学面对面交流尔雅课程中遇到的问题	0.734			
HS4 我会和学校里的老师交流学习尔雅课程中遇到的问题	0.716			
SE1 我会对尔雅课程的学习进行总结，来反思对知识的理解情况	0.724	0.5254	0.8144	0.885
SE2 学习尔雅课程时，我会问自己许多关于课程内容的问题	0.702			
SE3 我会通过和同学交流，强化对尔雅课程学习的反思	0.633			
SE4 我会和学习尔雅课程的同学交流，发现学习中的一些不足	0.827			

（三）数据统计与分析

1. 整体情况分析

描述性统计分析的结果显示：研究被试学习绩效均值为 3.707；在线学习焦虑整体均值为 3.290，延迟焦虑、内容焦虑、考试焦虑、失败焦虑的均值分别为 3.4386，3.2083，3.1996，3.3136；自我调节学习的整体均值为 3.2541，目标设定、环境构建、任务策略、时间管理帮助、寻求帮助、自我评价的均值分别为 3.3434，3.3964，3.1908，3.2675，3.1217，3.1859。

2. 研究假设分析

本研究采用 AMOS17.0 构建解释结构方程模型如图 4－8 所示，研究假设检验结果见表 4－9。

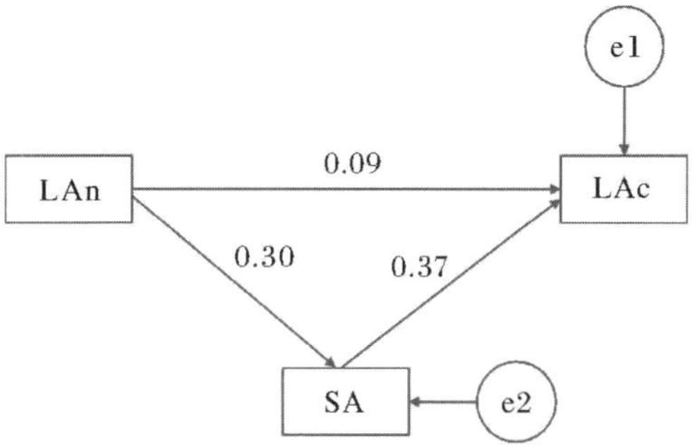

图 4-8 预设模型分析结果

表 4-9 研究假设检验结果

研究假设	变量关系	Estimate	S. E.	C. R.	P	是否成立
H1	在线学习绩效←自我调节学习	0.372	0.067	5.563	* * *	是
H2	在线学习绩效←在线学习焦虑	0.095	0.069	1.373	0.170	否
H3	自我调节学习←在线学习焦虑	0.301	0.080	3.741	* * *	是

注：* * * 表示显著性＜0.001。

研究假设检验的结果显示：假设 H1、H3 成立，H2 不成立，即在线自我调节学习对学习绩效具有显著的正向预测效应、在线学习焦虑对自我调节学习具有显著的正向预测效应，在线学习焦虑对学习绩效具有正向预测效应，但未达到统计学显著水平。

3. 预测效应分析

从研究预设模型可知，在线学习焦虑、在线学习绩效、自我调节学习三者之间作用关系较为复杂，既存在直接影响作用，又存在不同程度的间接作用。为了更加明确的阐释各变量间的作用关系，本研究分别对变量间总效应、直接效应以及间接效应进行了进一步分析。预测效应分析的结果显示：在线学习焦虑对自我调节学习的总效应、直接效应均为 0.301；在线学习焦虑对学习绩效的总预测效应为 0.207，其中间接效应为 0.112、直接效应为 0.095；自我调节学习对学习绩效的总效应、直接效应均为 0.372，在线学习焦虑对学习绩效的间接效应大于直接效应。这就意味着自我调节学习在学习焦虑影响学习绩效的过程中具有重要的中介效应。

4. 相关分析

在上述研究的基础上，本研究对在线学习焦虑与自我调节学习、自我调节学习与学习绩效进行了相关分析,分析结果见表 4－10。

表 4－10 相关分析结果摘要

在线学习焦虑				自我调节学习	在线自主学习绩效
延迟焦虑	内容焦虑	考试焦虑	失败焦虑		
0.240***	0.139	0.116	0.111	目标设定	0.429***
0.278***	0.171*	0.157	0.206*	环境构建	0.345***
0.279***	0.197*	0.179*	0.150	任务策略	0.362***
0.291***	0.230***	0.179*	0.198*	时间管理帮助	0.429***
0.302***	0.209**	0.151	0.154	寻求帮助	0.406***
0.433***	0.207**	0.211***	0.268***	自我评价	0.400***

注:* 表示显著性<0.05;** 表示显著性<0.01;*** 表示显著性<0.001。

从表 4－10 可知,在线学习焦虑与自我调节学习各维度呈显著相关,最为集中的是延迟焦虑,其次依次是内容焦虑、考试焦虑和失败焦虑;在线学习焦虑各维度对自我调节学习中的时间管理帮助、自我评价均呈现不同程度的显著性相关;自我调节学习各维度与在线自主学习绩效均呈现中等程度的显著性相关,相关系数介于 0.345～0.429 之间。

(四)研究结论与启示

1. 研究结论

通过上述数据统计分析,本研究得出以下研究结论:

(1)地方普通本科高校大学生在线自主学习绩效并不是非常理想;在线自我调节水平普遍偏弱,尤其是任务管理策略、寻求帮助和自我评价;大学生在线自主学习中表现出中等程度的学习焦虑,以延迟焦虑相对较为严重。

(2)中等程度的在线学习焦虑对自我调节学习和学习绩效均具有正向预测效应,且对自我调节学习的正向预测效应达到统计学显著水平。

(3)自我调节学习在学习焦虑影响学习绩效的过程中具有重要的中介作用,且时间管理帮助、自我评价的中介作用更为明显。

(4)改编后的在线学习焦虑量表、在线自我调节学习量表具有较高的信效度,能够满足在线自我调节学习的测评需求。

2.研究启示

上述研究结论对改善在线自主学习绩效的启示主要有以下几点:

(1)变革在线自主选修课程考核方式与标准,增强学业挑战度。现阶段,高校在线自主选修课学分认定的条件主要有3种,即通过在线课程自带的在线考核、通过学校组织的线下考核、二者相结合,以第一种为主。此外,课程考核过于注重结果性评价,信息技术支持的过程性评价的优势尚未充分发挥和利用,导致大学生过度自由,在线学习规划性普遍偏弱,最终多数学生以"短期突击"的方式完成学习任务,并顺利通过考核,致使学习效果大打折扣。为扭转这种局面,高校应变革在线自主选修课的考核方式,强化在线学习过程考核,明确课程考核标准,探索实施基于成果的课程考核,增加大学生在线自主选修课程学业挑战度,倒逼学生合理规划学习节奏,设定合理的课程学习目标,提升在线自主选修课程的学习效果。

(2)提升大学生在线学习自我效能感和学习内容有用性感知。学业情绪控制一价值理论为解释学业情绪的起因及其影响提供了重要的分析框架。该理论认为,控制评估和价值评估直接决定情绪唤醒水平,其中控制评估是指学习者对学习活动和结果可控性程度的感知,价值评估主要指的是学习者对任务或结果所赋予价值的感知,包括内在价值和外在价值。不同的感知评估产生不同的学业情绪,积极感知评估与积极情绪相关,反之亦然。[①] 因此,高校应通过邀请在线课程提供商开展专题性讲座或印制发放在线学习指南的方式,强化大学生对在线课程学习平台及技术要求的认知和了解,实施提供针对性指导和培训,增强大学生在线学习效能感。此外,大学生在线自主选修课程是高校人才培养课程体系的一部分,与其他课程共同支撑毕业要求的达成。因此,高校应打破现阶段在线自主选修课程放任、相对孤立的态势,依据专业人才目标合理推送和指导大学生选修在线课程,以课程目标和考核标准为抓手,强化在线自主选修课程与其他课程的耦合度,提升在线课程与大学生专业发展的契合度,提升大学生对在线课程的有用性感知,尤其是内在价值评估感知。

---

① 药文静,姜强,李月,等.众包知识建构下学业情绪影响因素及唤醒机制的科学研究——面向深度学习的课堂教学结构化变革研究之五[J].现代远距离教育,2020(5):33-42.

(3)优化学习空间,为大学生学习共同体的形成提供基础支撑。学习空间是学习者与他人进行交往与表达的实践场,是学习者完成任务与项目的重要支撑平台,也是帮助学习者聚焦认知对象并能够形成系统认知的学习中介物,[①]对学生学习过程中的认知加工策略、元认知策略、教育和学习观、学习动机和情绪行为有着重要影响。[②] 现阶段,与民办院校相比,公办高校尤其是地方普通本科高校普遍存在以教师为主导、侧重支持传授的传统、规制型学习空间,不利于大学生学习共同体的形成,难以支撑信息时代移动学习、泛在学习等新型学习方式的需要。此外,理性行为理论认为人的行为意向受态度和主观规范的影响。态度是人们对从事某一目标行为所持有的正面或负面的情感,对个体的反应具有指导性或动力性的影响;主观规范指人们认为对其有重要影响的人希望自己使用新系统的感知程度,是由个体对准则的认识以及与他人意见保持一致的动机水平决定的。态度的改变以及主体规范的形成更多的是一个信息交流的过程。学习共同体的塑造有助于促进大学生深度交流与协作,进而通过态度的转变和主体规范的形成激发大学生目标设定、环境构建、任务策略、时间管理帮助、寻求帮助、自我评价等自我调节学习行为的发生和优化。

(4)开展大学生数据素养教育,适应智能时代在线学习环境变化,实现更高层次的自我调节学习。人工智能技术的发展使自我调节学习的内涵向自我决定、自我监控、自我认同、自我调整转变,更加注重基于过程性数据实现学习者自知,以数据素养实现学习者自省。[③] 因此,现阶段在线课程应向学习者完全、可视化开放学习过程数据,高校层面应进一步强化大学生数据素养培育,使大学生在自我观察和分析的基础上,个性化、精准化调节在线学习活动。数据素养是个体阅读、解释、分析、批判性思考数据以及将数据作为证据的能力,[④]开展大学生数据素养教育是大数据时代社会对高校人才培养提出的新要求。高校可根据学校实际采用基于课程培育或基于项目培育的方式促进大学生数据

① 沈书生.学习空间:学习发生的中介物[J].电化教育研究,2020(8):19-25.

② 余继,闵维方.学习空间对大学生认知和非认知能力的影响[J].现代远程教育研究,2018(6):79-88.

③ 刘红霞,李士平,姜强,等.智能技术赋能自我调节学习的内涵转型、制约瓶颈与发展路径[J].远程教育杂志,2020(4):105-112.

④ Hogenboom K,Hayslett M.Pioneers In 24 The Wild West:Managing Data Collection[J].Library And The Academy,2017(2):295-311.

素养的提升。基于课程培育指以已有的信息素养相关课程为基础，补充完善相应数据素养课程，并依据数据生命周期理论构建数据素养课程群；基于项目培育指以项目为依托，实现大学生数据素养培育与学科专业发展的深度融合。前者是大学生数据素养教育的基础形式，后者是大学生数据素养教育的发展趋势。

(5)发挥人工智能和大数据的技术优势，开展在线学业情绪动态监测评估。在线学习焦虑属于一种情境性焦虑，在学习过程中会随着学习任务和情境的变化而发生动态改变。根据耶基斯—多德森定律，动机强度和工作效率之间呈倒U形的曲线关系，即动机强度处于中等时，也就是说保持中等强度的焦虑会让学习者保持适度的兴奋感，会有一定的积极性去调动相应的身体机能去完成某项学习任务。此外，弗雷德里克森(Fredrickson)的研究表明，与焦虑有关的情绪事件只占15%～20%，即学生有超过80%的情绪生活是由其他情绪所组成的，既包括负向情绪又包括正向情绪，所有情绪都在学业和成就上有重要的作用。① 因此，高校或在线课程提供商应以人工智能和大数据技术为依托，建立大学生在线学习学业情绪的动态监测评估和干预预警机制，利用人工智能技术实时记录和处理学习环境与学习者学习过程中状态的有效特征信息，并基于大数据的积累和深度分析逐渐明晰大学生在线学业情绪的发展特点，将大学生在线课程学习情绪评估作为课程学习经历的重要组成部分纳入课程专项评估范畴。

后疫情时代，在线教育逐渐成为高等教育的新形态。关注和开展在线学习情境下大学生学业情绪研究就显得更为必要和紧迫，对深化高校在线教育改革有着重要的理论意义和现实价值。在线学业情绪类别多样，自主学习情境下在线学习焦虑以外的学业情绪对学习绩效的影响仍有待进一步探究。此外，学业情绪具有明显的情境性，混合学习情境下各类学业情绪对学习绩效的影响相对更为复杂，同样是一个亟待关注的研究主题。

二、群体动力学视域下在线学习投入对学习绩效的影响研究

当下，引入在线开放课程成为高校推动人才培养模式改革、提升人才培养

① Fredrickson BL. The Role of Positive Emotion sin Positive Psychology[J]. American Psychologist, 2001(56):218-226.

质量的重要抓手。在对陕、甘、豫三省 26 所引入在线课程的高校调研显示,“在线自主学习”是现阶段高校应用在线课程的主流方式,个案百分比为 73.1%。[①]如何提升在线课程自主学习绩效是高校在线课程应用正面临的重大现实问题。学习投入是测评学习绩效的重要指标,引起了各国的高度重视,对学习投入的研究由最早关注学习时长逐渐拓展至专注程度、参与质量、认知发展以及学习支持等方面,[②]不断丰富了学习投入的内涵。随着新建本科院校在线开放课程的大规模引入和应用,大学生在线学习投入逐渐成为保障、提升和评测在线学习绩效的重要指标,引起了教育技术领域学者的高度关注。鉴于此,聚焦在线自主学习情境、探寻新的研究视角、创新性地开展在线学习投入对学习绩效影响的研究就显得尤为必要与紧迫。

(一)研究现状分析

1. 在线学习投入研究现状

在线学习投入是指学习者在线活动过程中表现出来的积极状态,包括行为投入、认知投入和情感投入 3 个维度。其中,行为投入主要指学习者在学习活动中的注意力、努力和坚持的投入程度;认知投入主要指学习者在应对复杂情境学习时所采用的认知策略;情感投入主要指在任务完成过程中学习者表现出来的情绪感受。现阶段,国内对在线学习投入的研究集中体现在以下几个方面:首先,基于大数据的学习投入测量研究。如王洪江等人基于教学视频播放行为数据、视频观看时长和并发学习行为数据提出了自主学习投入度算法;[③]陈侃等人以 MOOCs 视频特征和学生跳转行为的大数据为基础,对在线视频学习投入进行了深度分析;[④]李爽基于学习管理系统记录的数据构建了远程学习者学习投入评测模型[⑤]等。其次,对在线学习投入影响因素及提升策略的研

① 杨晓宏,李运福,等. 高校在线开放课程引入及教学质量认定现状调查研究[J]. 电化教育研究,2018(8):52-60.

② 张国庆,耿俊华,黄玲. 开放大学学生学习投入度调查研究[J]. 开放教育研究,2019(4):91-99.

③ 王洪江,穆肃,黄洁,等. 自主学习投入度实时分析方法及应用研究[J]. 电化教育研究,2017(10):46-52.

④ 陈侃,周雅倩,丁妍. 在线视频学习投入的研究——MOOCs 视频特征和学生跳转行为的大数据分析[J]. 远程教育杂志,2016(4):35-42.

⑤ 李爽,李荣芹,喻忱. 基于 LMS 数据的远程学习者学习投入评测模型[J]. 开放教育研究,2018(1):91-102.

究，其中以自我决定理论为主要视角。如高洁的研究表明主动性人格、在线学业情绪、外部学习动机对在线学习投入有正向的预测作用；①周琰的研究表明认识信念通过元认知调节策略正向预测个体的网络学习投入②等。最后，基于在线学习投入的学习优化研究。如马志强基于学习投入理论构建了网络学习行为模型；③王志军基于学习投入视角提出了移动学习资源画面设计层次模型和设计策略④等。国际对在线学习投入的研究主要集中体现在以下几个方面：首先，在线学习投入影响因素或调解研究。如反思性思维促进法(Reflective Thinking-promoting Approach)不仅有利于增强基于在线课程的翻转教学课前阶段学生学习设计的成果和反思性思维，同时也增强了学生课前阶段的参与；⑤游戏化是吸引学生使用数字化学习系统并增强互动性和参与度的有效途径；⑥当学生在游戏过程中意识到清晰的目标以及较强的易用性感知和有用性感知时，就能提高学生的投入度；⑦沉浸式体验和学习者心理需求满足在社会性互动影响学习参与度中具有完全中介作用；⑧虚拟学习社区中，教师任务价值感知对学习投入有正向预测效应，且动机调节具有部分中介作用⑨等。其次，基于大数据的在线学习投入的实时监测研究。如通过对在线学习互动中，视频播放选项、视频讲座观看时间、并发学习行为等数据的实时收集和分析，了

① 高洁.外部动机与在线学习投入的关系：自我决定理论的视角[J].电化教育研究，2016(10)：64-69.

② 周琰.网络学习投入影响因素与应对策略——基于自我决定理论的视角[J].中国电化教育，2018(6)：120-127.

③ 马志强，苏珊，张彤彤.基于学习投入理论的网络学习行为模型研究——以“网络教学平台设计与开发”课程为例[J].现代教育技术，2017(1)：74-80.

④ 王志军，冯小燕.基于学习投入视角的移动学习资源画面设计研究[J].电化教育研究，2019(6).91-97.

⑤ Chen M，Hwang G，Chang Y. A Reflective Thinking Promoting Approach to Enhancing Graduate Students' Flipped Learning Engagement，Participation Behaviors，Reflective Thinking and Project Learning Outcomes[J]. British Journal of Educational Technology，2019(5)：2288-2307.

⑥ Imed B，Nouzha H，Vanissa W，Gary W. Exploring The Impact of Gamification on Student Engagement and Involvement with E-Learning Systems[J]. Interactive Learning Environments，2019(6)：1-14.

⑦ Wang Y，Rajan P，Chetan S. Let Them Play：The Impact of Mechanics and Dynamics of A Serious Game on Student Perceptions of Learning Engagement[J]. IEEE Transactions on Learning Technologies，2017(4)：514-525.

⑧ Fang JM，Tang LF，Yang JJ，Peng M. Social Interaction In Moocs：The Mediating Effects of Immersive Experience And Psychological Needs Satisfaction[J]. Telematics and Informatics，2019(39)：75-91.

⑨ Zhang S，Liu QT. Investigating The Relationships Among Teachers' Motivational Beliefs，Motivational Regulation，And Their Learning Engagement In Online Professional Learning Communities[J]. Computers & Education，2019(134)：145-155.

解学习者的在线学习投入情况。① 最后,在线学习投入对学习效果的影响研究。如学习投入、学习小组的结构等在线论坛的设计因素对学习者深度学习具有重要影响。②

2. 在线学习绩效影响因素研究现状

在线学习绩效指的是学习者在某一时期内的在线学习结果、学习行为和学习态度的总和。现阶段,国内对在线学习绩效影响因素的研究主要分为在线自主学习绩效和混合式学习绩效两类。在线自主学习绩效的影响因素主要有在线学习社交行为、资源访问模式、视频组织方式、在线课程临场感、自我调节学习能力等。混合学习绩效的影响因素主要涉及教师、学生和在线课程 3 个层面,其中教师层面主要包括教师对混合式教学的态度、教学准备情况和在线课程应用模式;学生层面主要包括学生在线课程的使用意愿、任务技术匹配程度、学生学习风格、学习背景、主动人格、在线学习行为等;在线课程层面主要包括主讲教师、课程助教、平台功能设计等。国际上对在线学习绩效影响因素的研究以在线自主学习情境为主,混合学习情境下学习绩效的研究相对较少,主要涉及以下几个方面:首先,学习者心理特征因素。如在线学习情感、学生在线存在感、在线学习注意力等。其次,在线视频资源及使用因素。如在线视频中教师出镜以及学习者访问与课堂讲授内容相关的在线资源的时长和频次、演讲捕获和画中画视频设计等。最后,人际互动因素。如在线反馈、在线形成性同伴指导、在线学习小组结构、同伴反馈系统的应用以及在线小组学习等。本研究通过对国内、国际在线学习绩效影响因素代表性研究的梳理分析发现:混合学习绩效是国内学习者关注的重点,而在线自主学习是国际学习绩效研究的热点话题;在学习行为对学习绩效影响研究的基础上,对在线学习行为背后深层次影响因素的探究受到越来越多国内外学者的关注,认知神经科学是当下探究在线学习行为影响在线学习绩效的最新动态;中国台湾和香港地区的学者关于认知神经科学视角下在线学习绩效的影响因素的研究在国际上的影响力较为显

---

① Mu S,Chai SM,Wang HJ,Chen YL. Real－Time Analysis Method And Application of Engagement In Online Independent Learning[J]. IEEE Access,2019(7):92100-92109.

② Johnson C,Hill L,Lock J,et al. Using Design-Based Research to Develop Meaningful Online Discussions in Undergraduate Field Experience Courses[J]. International Review of Research In Open And Distributed Learning,2017(6):36-53.

著，对国内相关研究具有重要的引领作用；与国内研究相比，国外学者更加注重基于眼动技术的深层次在线学习认知研究，对我国在线学习绩效的研究具有重要的参考和借鉴价值。

（二）预设模型构建

20 世纪 40 年代，社会心理学家库尔特·勒温在心理动力理论的基础上提出了群体动力理论，论述了群体中各种力量对个体的作用及影响，其基本观点为：一个人的行为是个体内在需要和环境外力相互作用的结果。[①] 该理论的提出对我国教育教学各领域的研究提供了新的视角。随着在线开放课程建设和应用规模的不断扩大，群体参与逐渐成为在线开放课程的显著特性，创设社会技术环境使学生可以在远离教师的情境下依托同伴开展合作探究，进而促进自身发展将是 MOOC 未来的发展趋势。[②] 在线开放课程的学习在很大程度上更契合一种群体性学习，这与学习的本质是"个人在群体环境中激发创新思维，获得认知发展的过程"的论述基本吻合，与群体动力理论的基本观点存在一定的内在关联。因此，本研究在明确群体动力学基本观点及其与在线课程内在关联的基础上，参考已有研究成果构建了研究预设模型，如图 4－9 所示。

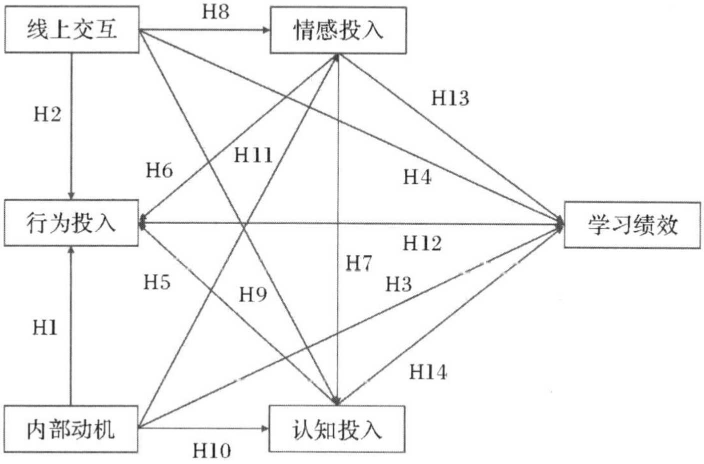

图 4－9 研究预设模型

① 张立新，李茂林．群体动力学视域下虚拟班级管理策略的研究[J]．远程教育杂志，2011(6)：39-43.

② FISCHER G. Understanding, Fostering, and Supporting Cultures of Participation[J]. Intraction, 2011(3): 42-53.

首先,根据群体动力学理论的基本观点,本研究分别将大学生参与在线课程学习的内部动机和线上交互作为内在需求和外在环境的观测变量。内部动机测量学生参与在线课程学习的内在动力水平,如促进专业发展、拓宽专业视野等;线上交互主要测量学生借助在线课程线上话题讨论对在线自主学习的促进程度,如深化知识理解、提升学习积极性等。因此,本研究提出以下研究假设。

H1:内部动机对行为投入具有显著的正向预测效应;H2:线上交互对行为投入具有显著的正向预测效应;H3:内部动机对学习绩效具有显著的正向预测效应;H4:线上交互对学习绩效具有显著的正向预测效应。

其次,学习投入主要包括行为投入、认知投入和情感投入,且三者之间存在内部联系和相互作用。[①] 学习行为在很大程度上受认知活动的支配;情感是学习者投入学习强有力的先导动力,对个体学习行为的表现具有重要影响,且情感投入也有助于学习者对学习任务进行深层次的认知加工。[②] 此外,线上交互和内部动机有利于增强学习者情感投入和深层次意义建构。因此,本研究提出以下研究假设。

H5:认知投入对行为投入具有显著的正向预测效应;H6:情感投入对行为投入具有显著的正向预测效应;H7:情感投入对认知投入具有显著的正向预测效应;H8:线上交互对情感投入具有显著的正向预测效应;H9:线上交互对认知投入具有显著的正向预测效应;H10:内部动机对认知投入具有显著的正向预测效应;H11:内部动机对情感投入具有显著的正向预测效应。

最后,学习投入与学习绩效存在一种积极的关系,当个体感到自己越投入,学习绩效就越好,[③]且积极的情感状态比消极的情感状态对学习成绩更具有解释力。[④] 因此,本研究提出以下研究假设。

---

① Christenson SL, Reschly AL, Cylie C. The Handbook of Research on Student Engagement[M]. New York: Springer Science, 2012: 36-42.

② Dixson MD. Creating Effective Student Engagement In Online Courses: What Do Students Find Engaging? [J]. Journal of The Scholarship of Teaching And Learning, 2010(2): 1-13.

③ Salanova M, Llorens S, Cifre E, et al. Perceived Collective Efficacy Subjective Well-Being And Task Performance Among Electronic Work Groups: An Experimental Study[J]. Small Group Research, 2003(34): 43-73.

④ Esteve EB. Well-Being And Performance In Academic Settings: The Predicting Role of Self-Efficacy[D]. Spain: Jaume I University, 2003.

H12：行为投入对学习绩效具有显著的正向预测效应；H13：情感投入对学习绩效具有显著的正向预测效应；H14：认知投入对学习绩效具有显著的正向预测效应。

（三）研究设计与实施

1. 研究情境与对象

现阶段，普通高等学校尤其是师范类院校引入通识教育型在线开放课程的比例普遍偏高，课程平台以超星尔雅为主，应用方式以在线自主学习为主。基于此，为拓展研究的参考价值，本研究聚焦自主学习型在线课程，选取西部某新建师范院校为基地，采用问卷调查与半结构访谈相结合的混合研究法，以 2019～2020 学年第一学期按照学校要求自主选修超星尔雅通识课程的本科生为研究对象开展抽样调查。具体实施时，在课程考核结束后，采用在线问卷的方式向研究对象发放问卷，历时 3 周，回收问卷 543 份。根据填写时间、数据完整度等剔除无效问卷，最终共保留有效问卷 384 份。量化数据统计分析后，根据调查问卷各维度的核心内涵编制访谈提纲，对 15 名学生开展半结构访谈，以深度解释量化数据的分析结果，进一步挖掘研究数据的深层次含义。

2. 研究工具检验

(1)在线学习投入量表

本研究根据研究情境对远程学习投入量表的题目描述进行适当修订，包括行为投入、认知投入和情感投入 3 个维度，累计 15 个题项。① 研究数据回收后，通过探索性因子分析筛除因子负荷量小于 0.50 的题项，最终保留 11 个题项，整体一致性系数为 0.953。其中，行为投入包括 3 个题目，各题目因子负荷量分别为 0.680、0.644、0.765，内部一致性系数 0.894；情感投入包括 4 个题目，各题目因子负荷量分别为 0.881、0.874、0.911、0.896，内部一致性系数为 0.958；

① Sun JC. Rueda R. Situational Interest, Computer Self-Efficacy and Self-Regulation: Their Impact on Student Engagement in Distance Education[J]. British Journal of Educational Technology, 2012 (2): 191-204.

认知投入包括4个题目，各题目因子负荷量分别为0.850、0.816、0.864、0.862，内部一致性系数为0.937。

(2)内部动机量表与线上交互量表。本研究在对尔雅课程的学习进行亲身体验以及采用随机抽样访谈的方式对学生在线学习情况进行基本了解之后，自编内部动机量表和在线交互量表。其中，内部动机量表包括4个题目，如“学习尔雅课程是为了促进个性化发展”“学习尔雅课程是为了拓宽知识视野”“学习尔雅课程是为了学到传统课堂难以学到的知识”“学习尔雅课程是为了满足我的内在学习需求”；在线交互量表包括3个题目，如“尔雅课程的在线讨论促进了我对知识的理解”“尔雅课程在线讨论的一些帖子对我学习有启发”“尔雅课程的在线讨论增强了我学习的积极性”。探索性因子分析和内部一致性检验的结果显示：内部动机量表4个题目的因子负荷量分别为0.929、0.920、0.919、0.919，内部一致性系数为0.941；线上交互量表3个题目的因子负荷量分别为0.948、0.964、0.951，内部一致性系数为0.951。

(3)在线自主学习绩效量表。本研究根据研究实际情境，对王雁飞编制的大学生学业成就量表中学习绩效维度的题目进行了适当改编，[①]形成大学生在线自主学习绩效量表，包括6个题目。通过探索性因子分析筛除因子负荷量低于0.5的题目，最终保留3个题目：“我在尔雅课程的学习结果达到了我的预期目标”“尔雅课程的学习对我的发展和进步有帮助”“尔雅课程的学习提高了我的在线学习能力”，因子负荷量分别为0.904、0.957、0.946，内部一致性系数为0.929。

(四)研究模型分析

1.拟合度检验

本研究参考解释结构方程模型分析的方法，利用AMOS24.0对研究预设模型拟合度进行检验，检验结果见表4-11。

① 王雁飞，李云健.大学生心理资本、成就目标定向与学业成就关系研究[J].高教探索，2011(6)：128-136+148.

表 4-11 预设模型拟合指数

统计检验量	CMIN/DF	GFI	RMR	RMSEA	AGFI	NFI	CFI	IFI
检验值	2.348	0.904	0.025	0.059	0.873	0.959	0.976	0.976
检验标准	<5.0	>0.90	<0.05	<0.08	>0.90	>0.90	>0.90	>0.90
检验结果	通过	通过	通过	通过	基本通过	通过	通过	通过

在模型拟合度评估方面,若模型拟合度越高,则代表模型可用性越高,参数的估计越具有其涵义。然而,X^2统计量容易受到样本大小的影响。因此,除 X^2 统计量外,还需同时参考其他拟合指标,如 GFI,RMR,RMSEA 等绝对拟合指标,AGFI, NFI, CFI, IFI 等增值拟合指标等。其判断准则分别为:RMR, RMSEA越接近 0 表示模型拟合度越好,通常采用 RMR 小于 0.05、RMSEA 小于 0.08,其他各项指标越接近 1 表示模型拟合度越好,通常采用建议值大于 0.90。以此为参考,本研究预设模型拟合度良好。

2. 研究假设检验

研究假设检验结果见表 4-12。

表 4-12 研究假设检验及路径系数值

研究假设	关系描述	Estimate	S. E.	C. R.	P
H1	行为投入←内部动机	0.246	0.125	1.966	0.049
H2	行为投入← 线上交互	0.025	0.112	0.225	0.822
H3	学习绩效← 内部动机	0.401	0.079	5.092	* * *
H4	学习绩效← 线上交互	0.115	0.068	1.681	0.093
H5	行为投入← 认知投入	0.046	0.101	0.455	0.649
H6	行为投入← 情感投入	0.354	0.080	4.420	* * *
H7	认知投入← 情感投入	0.426	0.051	8.417	* * *
H8	情感投入← 线上交互	0.265	0.097	2.740	0.006
H9	认知投入← 线上交互	0.400	0.077	5.177	* * *
H10	认知投入← 内部动机	0.116	0.094	1.240	0.215
H11	情感投入← 内部动机	0.643	0.111	5.795	* * *
H12	学习绩效← 行为投入	0.081	0.038	2.119	0.034
H13	学习绩效← 情感投入	0.046	0.050	0.913	0.361
H14	学习绩效 ← 认知投入	0.235	0.062	3.774	* * *

注:* * * 表示显著性<0.001。

研究假设分析的结果显示：假设 H3、H6、H7、H9、H11、H14 成立，其他假设不成立。也就是说，内部动机对学习绩效具有显著的正向预测效应，情感投入对行为投入具有显著的正向预测效应，情感投入对认知投入具有显著的正向预测效应，线上交互对情感投入具有显著的正向预测效应，内部动机对情感投入具有显著的正向预测效应，认知投入对学习绩效具有显著的正向预测效应。此外，内部动机与线上交互呈显著性强度正相关，相关系数为 0.825(C.R.=11.957)。

3.影响路径分析

通过解释结构方程模型的分析，本研究发现各变量间的关系较为复杂，既存在直接影响作用，同时又存在不同程度的间接作用。为了更为明确地阐释各变量间的作用关系，本研究分别对变量间总效应、直接效应以及间接效应进行了进一步分析，结果见表 4-13。

表 4-13　影响路径分析报表

	类别	内部动机	线上交互	情感投入	认知投入	行为投入	学习绩效
情感投入	总效应	0.579	0.269	—	—	—	—
	直接效应	0.579	0.269	—	—	—	—
	间接效应	—	—	—	—	—	—
认知投入	总效应	0.362	0.537	0.439	—	—	—
	直接效应	0.108	0.419	0.439	—	—	—
	间接效应	0.254	0.118	0.254	—	—	—
行为投入	总效应	0.544	0.115	0.459	0.055	—	—
	直接效应	0.273	−0.031	0.434	0.055	—	—
	间接效应	0.272	0.146	0.024	—	—	—
学习绩效	总效应	0.611	0.312	0.212	0.279	0.079	—
	直接效应	0.437	0.140	0.055	0.275	0.079	—
	间接效应	0.175	0.172	0.157	0.004	—	—

解释结构方程模型分析中，变量间直接效果和间接效果的分析原则是：如果直接效果大于间接效果，表示中介变量不发挥作用，研究者可忽略此中介变量；如果相反，则表示中介变量具有影响力，此中介变量要引起研究者的重视。

通过比较分析变量间标准化直接效应和间接效应，本研究发现：内部动机对认知投入的间接效应大于直接效应，表明情感投入在内部动机影响认知投入的过程中起着重要的中介作用；线上交互对行为投入的间接效应大于直接效应，表明情感投入在线上交互影响行为投入的过程中起着重要的中介作用；线上交互对学习绩效的间接效应大于直接效应，表明行为投入、认知投入、情感投入在线上交互影响学习绩效的过程中起着重要的中介作用，其中介效应由高到低依次为认知投入、行为投入、情感投入；情感投入对学习绩效的间接效应大于直接效应，表明认知投入、行为投入在情感投入影响学习绩效的过程中起着重要的中介作用，其中介效应由高到低依次为行为投入、认知投入。

（五）研究结论与建议

1. 研究结论

(1)群体动力学理论的基本假设对开展在线学习行为投入研究具有一定的适用性和可拓展性。在群体动力学理论的基础上，将学习者内在需求和环境外力的作用对象由学习行为投入拓展至情感投入、认知投入，为在线学习投入研究提供了新的视角。这与群体动力学理论与在线开放课程的学习存在内在关联性的观点相一致。

(2)学习者在线学习的内部动机越强，其情感投入和学习绩效也越好；情感投入越多，大学生在线学习的行为投入、认知投入就会越多；强化学习者在线学习交互有助于提升其情感投入；在线学习认知投入度越高，在线学习绩效越好。

(3)学习者参与在线课程学习的情感投入越强，越有助于增强内部动机对认知投入的影响和在线交互对行为投入的影响；学习投入度越高，越有助于增强在线交互对学习绩效的影响，且中介作用由高到低依次为认知投入、行为投入、情感投入；认知投入、行为投入越高，越有助于增强情感投入对学习绩效的影响。

2. 对策建议

在归纳形成上述研究结论的基础上，为进一步提升学习者在线自主学习绩效,本研究提出以下几点建议。

(1)在课程引入环节,制定对接本校人才培养需求的在线课程引入标准,保障所引入的在线课程目标与本校人才培养目标的精准匹配,增强在线课程在人才培养中的针对性与实用性,提高学生在线自主学习动机与获得感。现阶段,我国高校在线开放课程引入与人才培养方案融合尚处于一种边缘性、浅层次状态,主要缘于缺少创新性的规范标准和政策制度保障。因此,高校结合自身人才培养实际需求,制定切实可行的在线课程教学质量认定标准,为在线课程的科学引入提供依据。这是提升在线课程学习绩效的重要前提和基础。

(2)在课程选择环节,完善学生选课指导机制,推动在线课程内容供给与学生发展需求的无缝对接,激活内在学习动力,使在线课程成为助力学生个性化发展的有力支撑。研究样本所在高校每学期第八周由教务处发布选课通知,整个选课过程学生缺乏对在线课程及自身发展需求的深度认知,最终盲目地、机械地、感性地完成课程选择,所选课程内容不能最大限度地满足学生的发展需求,导致一些不良现象的普遍存在,如"选择的课程大多是根据课程的标题进行的选择,在学习两到三周后才发现课程内容与最初的认识存在较大差距,并不是自己所需要的""如果学校没有硬性文件要求,我不会主动选择在线课程""选择学习在线课程是为了服从学校选课要求,最后能够及格(60 分),获得学分就可以"等。这极大地削弱了学生学习在线课程的内部动机以及学习投入。因此,在课程选择环节,建议高校在强化学生选课责任意识的同时,以导师制为抓手建立和完善学生选课指导机制,使学生能够立足自身发展需求,理性选择在线课程,提升学生参与在线自主学习的内部动机和学习投入。

(3)在课程实施环节,优化学习空间,促进线下交流与线上讨论互为支撑,增强在线学习归属感和情感投入,推动在线学习质量文化的形成。学习空间是当下推动高等教育改革与发展的重要技术之一,是在线课程在高校深度应用的基础土壤。高校应变革当下学习空间设计理念,以适应、支持学生在线自主学习为导向,为学生自主学习、小组协作研讨创设优良的学习环境,促进线下学习共同体的形成和发展。在线下学习共同体形成的基础上,推动学生线上学习共同体的建立,强化学生线上交互的频度与深度,丰富学生在线学习的积极情感,增强学生在线自主学习行为投入与认知投入,提高在线自主学习绩效。

三、大学生在线学习力影响因素研究

“互联网+”时代，网络的学习空间是当下人们学习和生活的新生态。在线学习力是提升在线学习质量、促进人们常态化学习和终身发展的重要内驱力，逐步成为教育信息化研究的前沿话题。自从教高〔2015〕3号文件发布以来，在线开放课程的引入已成为各高校推动课堂教学革命、促进高等教育内涵式发展的重要举措。然而，受学生学习能力等因素的制约，在线开放课程与高校人才培养方案的融合尚处于一种边缘性、浅层次状态。① 因此，立足高等学校教育，开展大学生在线学习力的相关研究，既是推动在线开放课程与高等教育深度融合的客观需要，又是培养大学生数字时代终身学习能力的必然要求。

（一）研究假设

根据李宝敏等人的研究，在线学习力是指“在线学习环境下，能够有效促进学习者的学习动力、认知能力、学习策略与方法、学习结果相互作用的动态能力系统，它能激发学习者的在线学习动力和潜能，推动学习者顺利完成在线学习目标，最终帮助他们实现自我完善与终身发展。”②本研究以此为基础，在综合分析和借鉴国内在线学习力其他相关研究成果的基础上，对西部某省地方公办本科高校10名选修尔雅在线课程的大学生开展了以“尔雅课程学习体验与困惑”为主题的集体半结构访谈。通过对访谈资料进行归类整理，初步得出影响大学生在线学习力的影响因素，主要包括学习条件、学习主动性、学习有用性感知、学习趣味性感知、学习频次、学习时长、学习负荷等，并提出以下研究假设：(H1)学习条件对在线学习力具有显著的正向预测效应，即学生开展在线课程学习的基础条件越便利，在线学习力的表现水平越高；(H2)学习主动性对在线学习力具有显著的正向预测效应，即学生参与在线课程学习的主动性越强，在线学习力的表现水平越高；(H3)学习有用性感知对在线学习力具有显著的正向预测效应，即在线学习内容越能促进学生专业发展，学生在线学习力的表现

① 杨晓宏，李运福．高校在线开放课程引入及教学质量认定现状调查研究[J]．电化教育研究，2018(8)：52-60．

② 李宝敏，宫玲玲，祝智庭．在线学习力测评工具的开发与验证[J]．开放教育研究，2018，(3)：79-86，122．

水平越高；(H4)学习趣味性对在线学习力具有显著的正向预测效应，即在线课程学习活动设计越丰富、多样，学生在线学习力表现水平越高；(H5)学习频次对在线学习力具有显著的正向预测效应，即学生每周学习频次越高，在线学习力水平越高；(H6)学习时长对在线学习力具有显著的正向预测效应，即学生在线学习时间越长，在线学习力水平越高；(H7)学习负荷对在线学习力具有显著的负向预测效应，即学生选修在线课程数量越多，在线学习力表现越差。

（二）研究方法

1. 研究工具描述

本研究采用的大学生在线学习力量表包括基本信息和正式量表两部分。基本信息部分主要包括基本人口学变量和拟订的在线学习力影响因素，共计14个题项。正式量表主要是根据研究需要，在维度划分和规模不变的情况下，对李宝敏、宫玲玲、祝智庭等人联合开发的在线学习力测评量表的题项表述进行了适当调整。[①] 该量表共包括驱动力、顺应力、策应力、反省/管理调节力、互惠力等5个维度，累计56个题项。其中学习驱动力是激发网络学习者在线学习的动力系统，是引发与激发网络学习者持续学习的关键，包括个人发展、目标兴趣和价值证明3个观测点，累计9个题项；学习顺应力指网络学习者能够保持耐性与专注精神，排除内外干扰，集中精力投入学习的能力，包括专注力、管理分心、注意、毅力4个观测点，累计13个题项；策应力主要指网络学习者熟知信息内容表征的方式，能够根据需要综合运用多种方法或策略，包括提问、建立联系、想象、推理4个观测点，累计12个题项；学习反省/管理调节力是指网络学习者的规划管理、反思与调节能力，包括计划、调整、提取、元学习4个观测点，累计19个题项；互惠力主要指的是网络学习者能以有效、负责任的方式建立学习关系，既能学习他人的成果，也愿意与他人共享自己的学习成果的能力，包括自主与合作、观察学习两个观测点，累计6个题项。

研究量表修订完成后，通过问卷向西部某地方公办本科大学生发放，历时4周。数据回收后，本研究对修订后的研究量表的内部一致性、结构效度进行

① 李宝敏，宫玲玲，祝智庭. 在线学习力测评工具的开发与验证[J]. 开放教育研究，2018(3)：79-86，122.

了再次检验。内部一致性分析的结果显示：量表整体 Cronbach's Alpha 值为 0.959，驱动力、顺应力、策应力、管理调节力、互惠力等维度 Cronbach's Alpha 值分别为 0.760、0.864、0.886、0.926、0.838。整体及各维度内部一致性系数均在 0.7 以上，[①]内部一致性较好。结构效度检验的结果如表 4-14 所示，各项指标测量值均通过模型适配判断标准。这就表明修订后的研究量表具有较好的信效度，能够满足研究被试在线学习力测量的研究要求。

表 4-14 大学生在线学习力量表结构效度分析

统计检验量	CMIN/DF	RMR	RMSEA	GFI	AGFI	TLI	CFI	PGFI
判断标准	<5	<0.05	<0.08	>0.8	>0.8	>0.9	>0.9	>0.5
测量值	2.118	0.019	0.078	0.877	0.819	0.916	0.936	0.596
模型适配判断	通过	通过	通过	通过	通过	通过	通过	通过

2. 研究样本分析

研究数据回收后，根据量表填写时间、学科背景、性别、专业等信息对研究数据进行了精细化筛选，最终共保留有效样本 185 个。描述性统计分析的结果显示：性别层面以女生为主，占 55.8%，年级以大三(45.7%)和大四(30.2%)学生为主，累计选修尔雅在线课程的数量介于 2～6 门之间，以已选修 4 门尔雅课程的群体为主(占 60.5%)。其他基本信息中，拟定影响因素描述性统计分析结果如表 4-15 所示。为便于统计分析，本研究根据影响因素的不同选项，将影响因素的影响程度划分为"高""中""低"3 种，分别用"3""2""1"进行标识。此外，各影响因素 Spearman 等级相关的分析结果见表 4-16。

表 4-15 研究样本的描述性统计分析结果

基本特征	指标描述	等级划分		
		高	中	低
学习条件	划分依据	有个人电脑，且上网方便	有个人电脑，但上网不方便	无个人电脑
	百分比(%)	35.7	17.8	46.5

① 荣泰生. AMOS 与研究方法[M]. 重庆：重庆大学出版社，2010：82.

续表

基本特征	指标描述	等级划分		
		高	中	低
学习主动性	划分依据	即使学校没有要求，也会主动学习	只有学校有要求，才会学习	如果学校没要求，就不会去学习
	百分比/(%)	11.9	40.0	48.1
学习有用性感知	划分依据	利于或非常利于促进专业发展	一般	不利于或非常不利于促进专业发展
	百分比/(%)	40.5	53.5	5.9
学习趣味性感知	划分依据	在线学习活动丰富或非常丰富	一般	在线学习活动不丰富或非常不丰富
	百分比/(%)	56.2	27.0	16.8
学习频次	划分依据	6 次及以上/周	3 至 5 次/周	2 次及以下/周
	百分比/(%)	34.6	38.9	26.5
学习时长	划分依据	2 小时以上/次	1～2 小时/次	1 小时及以下/次
	百分比/(%)	27.6	39.5	33.0
学习负荷	划分依据	5 门以上	3 门至 5 门	3 门及以下
	百分比/(%)	68.1	13.0	18.9

表 4-16　各影响因素 Spearman 等级相关分析的结果

	学习条件	学习主动性	有用性感知	趣味性感知	学习频次	学习时长	学习负荷
学习条件	1.000						
学习主动性	−0.227***	1.000					
有用性感知	−0.189**	0.316***	1.000				
趣味性感知	−0.253***	0.253***	0.339***	1.000			
学习频次	−0.267***	0.190**	0.099	0.033	1.000		
学习时长	−0.003	0.022	0.054	−0.178*	0.226**	1.000	
学习负荷	0.002	−0.174*	−0.243***	−0.008	0.017	−0.020	1.000

注：** 表示显著性<0.01；*** 表示显著性<0.001。

从表 4-16 可知：学习条件与学习主动性、学习有用性感知、趣味性感知、学习频次呈显著的负相关；学习主动性与有用性感知、趣味性感知、学习频次呈显著的正相关；有用性感知与趣味性感知呈显著性正相关，与学习负荷呈显著性负相关；趣味性感知与学习时长呈显著性负相关；学习负荷与其他各要素呈现不同程度的显著性负相关与极为微弱的正相关。

（三）研究数据分析

1. 整体情况分析

研究样本在线学习力及各维度整体情况的描述性统计分析结果见表 4－17。

表 4－17 在线学习力整体情况描述性统计

维度	在线学习力	驱动力	顺应力	策应力	反省或管理调节力	互惠力
均值(M)	3.3847	3.5099	3.2991	3.1867	3.3988	3.6892
标准差(SD)	0.41747	0.46860	0.47629	0.50204	0.50853	0.52584

从表 4－17 可知，研究样本在线学习力水平整体较低，尤其是在线学习策应力和顺应力，且标准差相对较大。此外，配对样本 *T* 检验的结果显示：在线学习驱动力维度，“价值证明”均值显著高于“个人发展”(*t*＝－3.011，*Sig.*＝0.003)；在线学习顺应力维度，“专注力”均值显著高于“管理分心”均值(*t*＝6.105，*Sig.*＝0.000)和“注意”均值(*t*＝11.434，*Sig.*＝0.000)、“管理分心”均值显著高于“注意”均值(*t*＝6.257，*Sig.*＝0.000)、“毅力”均值显著高于“管理分心”均值(*t*＝－4.263，*Sig.*＝0.000)和“注意”均值(*t*＝－9.456，*Sig.*＝0.000)；在线学习策应力维度“建立联系”均值显著高于“提问”均值(*t*—－5.715，*Sig.*＝0.000)、“想象”均值显著高于“提问”均值(*t*＝ －8.780，*Sig.*＝0.000)、“推理”均值显著高十“想象”均值(*t*＝－4.903，*Sig.*－0.000)、“想象”均值显著高于“建立联系”均值(*t*＝－4.073，*Sig.*＝0.000)和“推理”均值(*t*＝4.817，*Sig.*＝0.000)；在线反省或管理调节力维度“调整”均值显著高于“计划”均值(*t*＝－4.377，*Sig.*＝0.000)、“提取”均值显著高于“计划”均值(*t*＝－4.955，*Sig.*＝0.000)、“元学习”均值显著高于“计划”均值(*t*＝－3.801，*Sig.*＝0.000)；在线学习互惠力维度“观察学习”均值显著高于“自主与合作”均值(*t*＝－5.407，*Sig.*＝0.000)。

2.群体差异分析

为进一步深度剖析研究样本在线学习力现状和拟定影响因素对研究样本在线学习力的影响,本研究以“拟定影响因素”为“因子(*F*)”,以在线学习力及各维度为“因变量”,从宏观、中观、微观3个层面进行单因素方差分析。具体从分析过程中,首先对因变量进行方差齐性检验,根据方差齐性检验的结果和邱皓政的建议,本研究对方差齐性的变量采用 *Scheffe* 法进行事后多重比较分析,对方差不齐性的变量使用 *DunnettT3* 法进行事后多重比较分析。

宏观层面:以“在线学习力”为因变量的单因素方差分析的结果显示:学习主动性高的群体在线学习力水平显著高于学习主动性低(*Sig.* =0.001)的群体,学习主动性中等的群体显著高于学习主动性低的群体(*Sig.* =0.000);学习有用性感知中等群体的在线学习力水平显著高于有用性感知低的群体(*Sig.* =0.001),学习有用性感知高群体在线学习力水平显著高于有用性感知中和低的群体(*Sig.* =0.000);学习趣味性感知高的群体在线学习力水平显著高于学习趣味性低的群体(*Sig.* =0.002)和中等群体(*Sig.* =0.013);学习频次高的群体在线学习力水平显著高于学习频次低的群体(*Sig.* =0.022);学习负荷低的群体在线学习力水平显著高于学习负荷高的群体(*Sig.* =0.038);其他维度不存在显著性差异。

中观层面:本研究分别以“驱动力”“顺应力”“策应力”“反省或管理调节力”“互惠力”为因变量进行单因素方差分析的结果如表4-18所示。

表4-18 中观层面研究样本在线学习力单因素方差分析结果

	学习条件	学习主动性	有用性感知	趣味性感知	学习频次	学习时长	学习负荷
驱动力	*n.s*	高>低* 中>低***	高>低*** 高>中**	高>低**	高>中*	*n.s*	低>高**
顺应力	低>中*	高>低*** 中>低***	中>低*** 高>低*** 高>中***	高>低** 高>中*	中>低* 高>低**	*n.s*	低>高*

续表

	学习条件	学习主动性	有用性感知	趣味性感知	学习频次	学习时长	学习负荷
策应力	低＞高*	高＞低** 中＞低***	中＞低** 高＞低*** 高＞中**	高＞低**	*n.s*	*n.s*	*n.s*
反省或管理调节力	*n.s*	高＞低* 中＞低**	中＞低** 高＞低*** 高＞中**	高＞低** 高＞中**	中＞低* 高＞低*	*n.s*	*n.s*
互惠力	*n.s*	中＞低*	*n.s*	*n.s*	*n.s*	*n.s*	*n.s*

注：*表示显著性＜0.05；**表示显著性＜0.01；***表示显著性＜0.001；*n.s*表示不存在显著性差异。

从表4－18可知：在线学习力各一级维度在学习主动性、有用性感知两个变量间的群体差异最为集中，其次是趣味性感知和学习频次，再次是学习条件和学习负荷；不同学习时长的群体在线学习力不存在显著性差异。

微观层面：本研究分别以个人发展、目标兴趣、价值证明、专注力、管理分心、注意、毅力、提问、建立联系、想象、推理、计划、调整、提取、元学习、自主与合作、观察学习等为因变量进行单因素方差分析，结果如表4－19所示。

表4－19 微观层面研究样本在线学习力单因素方差分析结果

一级维度	二级维度	学习条件	学习主动性	有用性感知	趣味性感知	学习频次	学习时长	学习负荷
驱动力	个人发展	*n.s*	高＞低* 中＞低**	中＞低* 高＞低*** 高＞中**	高＞低*	*n.s*	*n.s*	低＞高**
	目标兴趣	*n.s*	高＞低*** 中＞低**	高＞低* 高＞中**	高＞低**	高＞中*	*n.s*	*n.s*
	价值证明	*n.s*	*n.s*	*n.s*	*n.s*	*n.s*	*n.s*	*n.s*

续表

一级维度	二级维度	学习条件	学习主动性	有用性感知	趣味性感知	学习频次	学习时长	学习负荷
顺应力	专注力	*n.s*	高＞低* 中＞低***	高＞低*** 中＞低**	高＞低* 高＞中*	高＞中**	*n.s*	*n.s*
	管理分心	*n.s*	中＞低*	中＞低** 高＞低*** 高＞中**	高＞中**	*n.s*	*n.s*	*n.s*
	注意	低＞中** 高＞中*	高＞低** 中＞低***	中＞低*** 高＞低*** 高＞中***	高＞低* 高＞中*	高＞低*	*n.s*	低＞高*
	毅力	低＞高*	高＞低*	中＞低** 高＞低*** 高＞中*	*n.s*	*n.s*	*n.s*	中＞高*
策应力	提问	*n.s*	高＞低* 中＞低***	高＞低* 高＞中*	*n.s*	高＞低**	*n.s*	*n.s*
	建立联系	低＞高*	高＞低** 中＞低***	中＞低* 高＞低*** 高＞中**	中＞低* 高＞低**	*n.s*	*n.s*	*n.s*
	想象	*n.s*	高＞低** 中＞低*	中＞低*** 高＞低*** 高＞中**	高＞低**	*n.s*	*n.s*	*n.s*
	推理	低＞高*	高＞低** 中＞低*	高＞低** 高＞中*	*n.s*	*n.s*	*n.s*	中＞高*
反省或管理调节力	计划	*n.s*	中＞低*	中＞低** 高＞低*** 高＞中**	高＞低** 高＞中*	*n.s*	*n.s*	*n.s*
	调整	*n.s*	*n.s*	中＞低** 高＞低**	高＞低*** 高＞低**	*n.s*	*n.s*	*n.s*
	提取	*n.s*	高＞低** 中＞低***	高＞中**	高＞低* 高＞低*	*n.s*	*n.s*	*n.s*
	元学习	*n.s*	*n.s*	高＞低** 高＞中*	*n.s*	中＞低** 高＞低*	*n.s*	*n.s*

续表

一级维度	二级维度	学习条件	学习主动性	有用性感知	趣味性感知	学习频次	学习时长	学习负荷
互惠力	自主与合作	*n. s*	中＞低*	*n. s*	*n. s*	*n. s*	*n. s*	*n. s*
	观察学习	*n. s*	*n. s*	*n. s*	*n. s*	*n. s*	*n. s*	*n. s*

注：* 表示显著性＜0.05；** 表示显著性＜0.01；*** 表示显著性＜0.001；*n. s* 表示不存在显著性差异。

从表 4－19 可知，研究被试在线学习力各二级维度在学习主动性、有用性感知等两个因量间的群体差异最为集中，其次依次是趣味性感知、学习条件、学习频次和学习负荷，不同学习时长的群体在线学习力各二级指标均不存在显著性差异。

3. 逐步多元回归分析

为进一步深度明晰各影响因素对在线学习力的影响权重，本研究分别以在线学习力、5 个一级维度、18 个二级维度为效标变量，以学习条件、学习主动性、有用性感知、趣味性感知、学习频次、学习时长、学习负荷等 7 个影响因素为因变量进行逐步多元回归分析，分析结果如表 4－20 所示。

表 4－20　研究样本在线学习力逐步多元回归分析结果

效标变量	自变量投入顺序	*R* 值	ΔR^2	非标准化系数		标准系数	*t*	*Sig.*	共线性统计量	
				B	*SE*	β			容差	*VIF*
在线学习力	常量(*K*)			2.457	0.130		18.924	0.000		
	有用性感知	0.417	0.174	0.240	0.048	0.339	4.974	0.000	0.902	1.108
	学习主动性	0.474	0.051	0.131	0.042	0.216	3.125	0.002	0.880	1.137
	学习频次	0.492	0.018	0.072	0.035	0.135	2.047	0.042	0.968	1.033

续表

效标变量		自变量投入顺序	R 值	ΔR^2	非标准化系数		标准系数	t	$Sig.$	共线性统计量	
					B	SE	β			容差	VIF
在线学习力	驱动力	常量(K)			2.750	0.136		20.233	0.000		
		有用性感知	0.342	0.117	0.215	0.057	0.271	3.797	0.000	0.903	1.107
		学习主动性	0.405	0.047	0.156	0.049	0.228	3.198	0.002	0.903	1.107
	顺应力	常量(K)			2.126	0.144		14.803	0.000		
		有用性感知	0.454	0.206	0.303	0.053	0.375	5.676	0.000	0.902	1.108
		学习主动性	0.507	0.051	0.145	0.046	0.209	3.118	0.002	0.880	1.137
		学习频次	0.536	0.030	0.108	0.039	0.177	2.777	0.006	0.968	1.033
	策应力	常量(K)			2.282	0.142		16.016	0.000		
		有用性感知	0.383	0.147	0.263	0.059	0.309	4.421	0.000	0.903	1.107
		学习主动性	0.446	0.052	0.176	0.051	0.240	3.441	0.001	0.903	1.107
	管理调节力	常量(K)			2.387	0.174		13.704	0.000		
		有用性感知	0.341	0.116	0.226	0.064	0.262	3.552	0.000	0.847	1.181
		趣味性感知	0.378	0.026	0.116	0.049	0.174	2.362	0.019	0.851	1.175
		学习频次	0.406	0.022	0.097	0.044	0.149	2.179	0.031	0.993	1.007
	互惠力	常量(K)			3.469	0.099		35.058	0.000		
		学习主动性	0.176	0.031	0.135	0.056	0.176	2.415	0.017	1.000	1.000
驱动力	个人发展	常量(K)			2.991	0.226		13.222	0.000		
		有用性感知	0.326	0.106	0.221	0.068	0.240	3.270	0.001	0.867	1.154
		学习主动性	0.366	0.028	0.127	0.057	0.161	2.228	0.027	0.895	1.117
		学习负荷	0.393	0.021	−0.102	0.048	−0.149	−2.104	0.037	0.935	1.069
	目标兴趣	常量(K)			2.565	0.191		13.457	0.000		
		学习主动性	0.331	0.110	0.253	0.068	0.267	3.712	0.000	0.903	1.107
		有用性感知	0.384	0.038	0.226	0.080	0.205	2.840	0.005	0.903	1.107
	价值证明	常量(K)			3.307	0.162		20.449	0.000		
		趣味性感知	0.148	0.022	0.130	0.064	0.148	2.021	0.045	1.000	1.000

续表

效标变量		自变量投入顺序	R 值	ΔR^2	非标准化系数		标准系数	t	Sig.	共线性统计量	
					B	SE	β			容差	VIF
顺应力	专注力	常量(K)			2.395	0.188		12.749	0.000		
		学习主动性	0.315	0.099	0.180	0.061	0.213	2.967	0.003	0.880	1.137
		有用性感知	0.387	0.051	0.228	0.070	0.232	3.271	0.001	0.902	1.108
		学习频次	0.421	0.027	0.125	0.051	0.168	2.459	0.015	0.968	1.033
	管理分心	常量(K)			2.129	0.180		11.843	0.000		
		有用性感知	0.399	0.159	0.372	0.065	0.386	5.753	0.000	0.994	1.007
		学习频次	0.429	0.025	0.115	0.049	0.158	2.350	0.020	0.994	1.007
	注意	常量(K)			1.686	0.178		9.455	0.000		
		有用性感知	0.441	0.195	0.368	0.066	0.377	5.555	0.000	0.902	1.108
		学习主动性	0.479	0.034	0.143	0.058	0.171	2.489	0.014	0.880	1.137
		学习频次	0.498	0.019	0.104	0.048	0.141	2.150	0.033	0.968	1.033
	毅力	常量(K)			2.602	0.206		12.640	0.000		
		有用性感知	0.302	0.091	0.364	0.085	0.302	4.280	0.000	1.000	1.000
策应力	提问	常量(K)			1.873	0.202		9.285	0.000		
		学习主动性	0.289	0.083	0.173	0.065	0.193	2.658	0.009	0.880	1.137
		学习频次	0.365	0.050	0.176	0.055	0.222	3.208	0.002	0.968	1.033
		有用性感知	0.404	0.030	0.191	0.075	0.182	2.546	0.012	0.902	1.108
	建立联系	常量(K)			2.142	0.178		12.050	0.000		
		有用性感知	0.358	0.128	0.299	0.074	0.284	4.023	0.000	0.903	1.107
		学习主动性	0.424	0.051	0.215	0.064	0.238	3.370	0.001	0.903	1.107
	想象	常量(K)			2.337	0.169		13.790	0.000		
		有用性感知	0.381	0.145	0.325	0.071	0.326	4.595	0.000	0.903	1.107
		学习主动性	0.417	0.029	0.152	0.061	0.178	2.510	0.013	0.903	1.107
	推理	常量(K)			2.367	0.174		13.637	0.000		
		有用性感知	0.292	0.085	0.231	0.072	0.234	3.193	0.002	0.903	1.107
		学习主动性	0.342	0.031	0.158	0.062	0.186	2.541	0.012	0.903	1.107

续表

效标变量		自变量投入顺序	R 值	ΔR^2	非标准化系数		标准系数	t	$Sig.$	共线性统计量	
					B	SE	β			容差	VIF
管理调节力	计划	常量(K)			2.078	0.201		10.363	0.000		
		有用性感知	0.376	0.142	0.351	0.083	0.311	4.242	0.000	0.851	1.175
		趣味性感知	0.407	0.024	0.147	0.064	0.169	2.300	0.023	0.851	1.175
	调整	常量(K)			2.512	0.170		14.740	0.000		
		趣味性感知	0.364	0.133	0.283	0.054	0.359	5.260	0.000	0.999	1.001
		学习频次	0.392	0.021	0.112	0.052	0.146	2.139	0.034	0.999	1.001
	提取	常量(K)			2.585	0.171		15.124	0.000		
		学习主动性	0.314	0.099	0.207	0.061	0.243	3.373	0.001	0.903	1.107
		有用性感知	0.382	0.047	0.226	0.071	0.228	3.165	0.002	0.903	1.107
	元学习	常量(K)			2.588	0.182		14.187	0.000		
		有用性感知	0.275	0.076	0.244	0.066	0.261	3.711	0.000	0.994	1.007
		学习频次	0.324	0.029	0.121	0.050	0.171	2.437	0.016	0.994	1.007
互惠力	自主合作	常量(K)			3.344	0.105		31.979	0.000		
		学习主动性	0.194	0.038	0.157	0.059	0.194	2.673	0.008	1.000	1.000

注:“观察学习”为效标变量显示未输入任何变量到方程中,所有自变量对它均没有显著性预测效应。

从表 4-20 可知:

在宏观层面,有用性感知、学习主动性和学习频次对在线学习力具有显著正向预测效应,其作用关系用标准化回归方程可表示为:在线学习力=0.339*有用性感知+0.216*学习主动性+0.135*学习频次。

在中观层面,有用性感知、学习主动性对驱动力具有显著的正向预测效应,其作用关系用标准化回归方程可表述为:驱动力=0.271*有用性感知+0.228*学习主动性;有用性感知、学习主动性、学习频次对顺应力具有显著的正向预测效应,其作用关系用标准化回归方程可表述为:顺应力=0.375*有用性感知+0209*学习主动性+0.177*学习频次;有用性感知、学习主动性对策应力具有显著的正向预测效应,其作用关系用标准化回归方程可表述为:策应力=

0.309* 有用性感知＋0.240* 学习主动性；有用性感知、趣味性感知、学习频次对反省或管理调节力具有显著的正向预测效应，其作用关系用标准化回归方程可表述为：反省或管理调节力＝0.262* 有用性感知＋0.174* 趣味性感知＋0.149* 学习频次；学习主动性对互惠力具有显著的正向预测效应，其作用关系用标准化回归方程可表述为：互惠力＝0.176* 学习主动性。

在微观层面，有用性感知、学习主动性对个人发展具有显著的正向预测效应，学习负荷对个人发展具有显著的负向预测效应，其作用关系用标准化回归方程可表述为：个人发展＝0.240* 有用性感知＋0.161* 学习主动性－0.149* 学习负荷；学习主动性与有用性感知对目标兴趣具有显著的正向预测效应，其作用关系用标准回归方程可表述为：目标兴趣＝0.267* 学习主动性＋0.205* 有用性感知；趣味性感知对价值证明具有显著的正向预测效应，其作用关系用标准回归方程可表述为：价值证明＝0.148* 趣味性感知；学习主动性、有用性感知、学习频次对专注力具有显著的正向预测效应，其作用关系用标准回归方程可表述为：专注力＝0.213* 学习主动性＋0232* 有用性感知＋0.168* 学习频次；有用性感知、学习频次对管理分心具有显著的正向预测效应，其作用关系用标准回归方程可表述为：管理分心＝0.386* 有用性感知＋0.158学习频次；有用性感知、学习主动性、学习频次对注意具有显著的正向预测效应，其作用关系用标准回归方程可表述为：注意＝0.377* 有用性感知＋0.171* 学习主动性＋0.141* 学习频次；有用性感知对毅力具有显著的正向预测效应，其作用关系用标准回归方程可表述为：毅力＝0.302* 有用性感知；学习主动性、学习频次、有用性感知对提问具有显著的正向预测效应，其作用关系用标准回归方程可表述为：提问＝0.193* 学习主动性＋0.222* 每周学习频次＋0.82* 有用性感知；有用性感知、学习主动性对建立联系具有显著的正向预测效应，其作用关系用标准回归方程可表述为：建立联系＝0.284* 有用性感知＋0.238* 学习主动性；有用性感知、学习主动性对想象具有显著的正向预测效应，其作用关系用标准回归方程可表述为：想象＝0.326* 有用性感知＋0.178* 学习主动性；有用性感知、学习主动性对推理具有显著的正向预测效应，其作用关系用标准回归方程可描述为：推理＝0.234* 有用性感知＋0.186* 学习主动性；有用性感知、趣味性感知对计划具有显著的正向预测效应，其作用关系用标准回归方程可表述为：计划＝0.311* 有用性感知＋0.169* 趣味性感知；趣味性感知、学习频次对调整具有显著的正向预测效应，其作用关系用标准回归方程可表述为：调整＝0.359* 趣味性感知＋0.146* 学习频次；学习主动性、有用性感知对提取具有显著的正向预测效应，其作用关系用标准回归方程可表述为：提取＝0.243* 学习主动性＋0.228* 有用性感知；有用性感知、学习频次对元学习具有显著的正向预测效应，其作用关系用标准回归方程可表述为：元学习＝0261* 有用性感知＋0.171* 学习频次。学习主动性对自主合作具有显著的正向预测效应，其作用关系用标准回归方程可表述为：自主合作＝0.194* 学习主动性。

（四）研究结论与讨论

通过上述数据分析，本研究发现以下结论：

（1）研究被试在线学习力整体及各维度的水平均相对较低，且较为分散，尤其是在线学习活动中的策应力、反省或管理调节力、互惠力。这就意味着研究被试在线学习力的调节或改善适宜通过个性化的方式进行针对性调节，不宜采用集中或规模化的培养、培训进行提升。

（2）基于个人电脑的学习条件与学习负荷对在线学习力的不同层面具有一定的负向影响。通过对大学生进行再次抽样访谈，本研究发现学生在利用个人电脑开展在线学习时，学习场所基本以宿舍为主，在线学习活动容易受更多无关因素的干扰。此外，单次选修在线课程的数量越多，学生自我感觉的学业负担越重，进而影响在线学习活动的有效开展。

（3）学习主动性、有用性感知、趣味性感知对在线学习力具有显著的正向预测效应，是影响学习者在线学习力水平的主要因素。学习主动性越高的学习者，在参与在线课程学习时，个人发展与目标兴趣的驱动力越强，越具有较强的专注力和毅力，在线学习的计划性、提取能力更强，与其他同学合作学习的意愿更为强烈；在线学习内容与学生学习需要的切合度越高，在线学习活动的类型越丰富、多样，越有利于激发和维持学生在线学习力的水平。

（4）每周学习频次对在线学习力的不同层面具有较为微弱的正向影响，单次学习时长对在线学习力并未产生显著性影响。

在对研究结论进行梳理分析的基础上，本研究认为应着重从以下几个方面对大学生在线学习力的改善给予适当干预和调节。

首先，分阶段分层次优化学习空间，激发学习者的学习主动性。改造与重构传统教室等教学场所促进学生主动学习和有效学习是当下各高校学习空间探索的重要趋势。人本主义心理学创始人罗杰斯认为“学习者各有其求知向上的潜在能力，只需设置一个良好的学习环境，他们就会学到他们所需要的一切”。[①] 目前，已有研究表明学习空间对学生学习过程中的认知加工策略、元认知策略、教育和学习观、学习动机和情绪行为存在影响以及不同专业、年级的大学生在对学习空间的敏感度和需求上存在差异。此外，据《地平线报告》(2019高等教育版)显示，学习空间重新规划与设计是未来1～2年内驱动高等教育领域变革与发展的教育技术。因此，高校在优化物理学习空间的同时也应积极关注和分阶段、有层次地推动基于移动网络的智慧学习空间的设计和优化。这是满足微学习、泛在学习等新型学习方式的必然需求，也是激发学习者自主学习行为的基本条件。

其次，完善在线课程引入机制，强化学生选课指导。促进学生个性化发展和推动传统课程教学改革是高校引入在线开放课程的两个基本目的。在在线课程蓬勃发展的背景下，高校应进一步强化以学生为中心、以人才培养需要为导向的在线课程引入机制，在引入环节淘汰“水课”，同时在选课数量和质量层面，强化学生在线课程选择的引导，增强在线课程与学生兴趣爱好或专业发展的契合度，最大限度地挖掘在线课程的实际价值。

最后，推动线上线下混合学习设计，丰富在线课程活动类型。学习空间的优化在一定程度上为提高基于在线课程的混合学习活动中的“虚实互动”效果提供了保障。[②] 然而，在线课程一旦开发完成，其学习活动类型就基本稳定，且同一平台不同在线课程的学习活动基本一致。针对在线课程的固有局限，高校可根据实际情况推动在线课程与线下课程或其他活动的混合设计与实施，增强

---

① 傅钢善.现代教育技术[M].北京:高等教育出版社,2015:43.

② 吴南中,夏海鹰.混合学习中“虚实互动”效果的影响因素研究[J].现代远距离教育,2019(2):33-42.

学生在线课程学习活动类型的多样性,强化学习者的在线学习趣味性感知和有用性感知。此外,混合学习模式可以提升学习者主体意识的总体水平,且学习者在混合学习模式下学习成绩的提升与主体意识的提升有着共有的分布规律。因此,开展基于学习者主体意识的混合式教学活动设计既有利于学习者主体意识的培养和学校教学效果的优化,同时对学生学习方式和对主体的认识更有深远的积极影响。

第四节　关注教师行为,促进教师应用

2016 年,教育部发布《教育部关于中央部门所属高校深化教育教学改革的指导意见》,明确提出不断加强高校线上线下混合式教学改革。2019 年发布的《教育部关于一流本科课程建设的实施意见》(教高〔2019〕8 号)明确提出要建设混合式一流课程。2020 年"新冠"疫情的强烈冲击,更加速了高等教育数字化转型的进程以及对新型教学模式的探索。后疫情时代,混合式教学模式已然成为一种新的学习范式。随着我国"双一流"工程建设的不断推进,依托线上线下混合式一流课程建设开展在线教学、改进课程教学内容和教学环节、探索新型人才培养模式逐渐成为高等教育在线教育教与学模式发展的新思路。[①] 如何应用在线课程实现教学模式的创新,成为新时期高等学校信息化教学聚焦的问题。虽然以往已经有大量关于混合式教学的研究,但从教师行为视角分析基于在线课程的混合式教学的研究较为少见。鉴于此,探究影响教师应用在线课程开展混合式教学行为的因素,对推进在线课程的深度应用和混合教学模式的创新发展有着重大现实意义。

一、文献梳理与分析

互联网、大数据、人工智能等技术融入的在线课程,正在与传统教育教学从

① 李逢庆,史洁,尹苗.学校在线教育的理性之维[J].电化教育研究,2020,41(8):115.

相互依附、支撑、促进向一体化方向发展，开展混合式教学的重要性日益凸显。慕课的建设与应用、线上线下混合式教学的实践探索逐渐成为高等教育教学的发展趋势，成为高校教学改革的常态化手段。①

从2012年首次出现混合学习的概念至今，混合式学习已成为高等教育领域的既定组成部分。早期阶段，从研究内容及实践研究方面看，混合式学习基本研究总体比较薄弱，偏重定义、特征与意义价值的界定；资源平台和环境建设呈现出向非正式化演进的趋势，但是相关研究中并未出现标准化研究，可能影响学习资源的通用性；混合式学习系统设计的发展呈多元化、专业化发展趋势；学校教育在混合式学习应用研究中依然占有较大比重，近年来教师专业发展、企业培训、成人学习等领域也有较大发展，各应用领域所占比重正趋于平衡；学习模式构建和课程设计研究较多。②

随着高校对混合式学习的认识程度和使用频率的上升，混合式学习也随着学习分析、自适应技术的发展，关注的焦点也有所不同。美国高等教育信息化协会于2019年4月颁布的《地平线报告》(2019高等教育版)将混合式学习设计描述为未来短期极有可能影响高等教育变革的关键趋势之一，其关注点主要包括开展混合式学习的教学实践、加强混合学习的设计研究、制定具体的在线学习战略、研究多样化的混合学习设计策略、开展相关的教师培训和支持等。③

无论是国内还是国外，都已经将基于慕课资源开展混合式教学看作是慕课发展到现阶段与高等教育深度融合的突破口，在以定型化产品的方式推动混合式教学的落地方面国内的慕课平台无疑走到了Coursera、edX等平台前面，这也可以被看作是国内在推进慕课建设与应用方面的重要创新和突破。对于教育研究者来说，使用慕课资源开展混合式教学仍然有许多值得继续挖掘的问题：混合式教学的模式、方法与策略问题；混合式教学中教师的能力要求问题；混合式教学所带来的教育公平与效率问题等。在未来，慕课平台所提供的混合

① 韩筠."互联网+"时代教与学的新发展[J].中国大学教学,2019(12):4-7.

② 王国华,俞树煜,黄慧芳,等.国内混合式学习研究现状分析[J].中国远程教育,2015(2):25-31.

③ 金慧,沈宁丽,王梦钰.《地平线报告》之关键趋势与重大挑战:演进与分析[J].远程教育杂志,2019(4):24-32.

式教学服务也可能成为平台实现可持续发展新的盈利点。①

近年来，随着在线课程的建设和发展以及对混合式教学理念的深化，各高等学校纷纷开展慕课、小规模在线课程以及在线课程平台支持的信息化教学实践，探索新型教学模式。随着对在线教学的不断实践和反思，在线教学正在与传统课堂教学走向有机融合，趋向一体化发展，从而引发教育教学的新变革。在“互联网＋教育”的理念推动和一流本科课程“双万计划”的政策导向下，基于在线课程的混合式教学呈现出新的内涵。混合式教学模式把传统教学方式的优势和在线学习的优势结合起来，充分实现学习环境的混合、学习资源的混合、学习方式的混合，进而实现有效的教学。混合式教学是在线课程的主流应用模式，基于在线课程应用的线上线下混合式教学，将成为高等学校教学的新形态，成为教学改革、教师专业发展即促进教育均衡发展的常态化手段。

在高等教育信息化日新月异的时代大背景下，混合式教学法在高校得到广泛应用。但是，目前混合式教学法在实施过程中仍面临重重挑战，如教学资源生态环境欠佳、课堂教学与在线学习割裂、有效评价机制缺失等，远不能满足学生的深度学习期待，不能适应快速发展的社会对人才培养的需求。② 此外，Graham 将混合式学习分成发生性混合、促进型混合、改变型混合 3 类。发生性混合是针对同样的教学内容提供多模态教学媒介，方便学生选择合适的学习方式；促进型混合是用在线学习补充传统教学，但本质上不会改变教学方法；改变型混合中的在线学习和面对面学习会充分融合和相互影响，这会带来教学理念和课程设计的彻底变化。③ 以此为依据，国内高校教师已开展的混合式教学，大多属于促进型混合，它的在线学习只是辅助、补充和促进课堂面对面教学，而传统的教学模式和方法并未发生本质改变。④

面对混合式教学中存在的各种问题与不足，以及促进混合式教学的内涵式

① 王宇. 2019 年全球慕课发展回顾[J]. 中国远程教育，2021(5)：68-75.

② 甘容辉. 高校混合式教学法存在的问题及改进措施[J]. 黑龙江高教研究，2016(7)：174-176.

③ Graham CR. Blended learning systems: Definition, current trends, and future directions[C]. In C. J. Bonk and C. R. Graham(Eds), Handbook of blended learning: Global perspectives, local designs. San Francisco, CA: Pfeiffer, 2006: 3-21.

④ 郑静. 国内高校混合式教学现状调查与分析[J]. 黑龙江高教研究，2018(12)：44-48.

发展，国内外学者对混合式教学理念与模式进行了持续探索，并形成了丰富的具有理论指导价值的研究成果。在混合式教学中要重点关注6对关系，即：投入和产出，强调教师应基于OBE思想进行混合式教学设计；单向和双向，提供了移动互联时代教师的生存之道；加法和减法，讨论了教学内容和学习成效之间的对立统一关系；正向和负向，使得课堂教学中侧重优秀学习者的"牵羊"策略和侧重一般学习者的"轰羊"策略可以同时进行；混乱和秩序，通过人为制造的、有灵魂的混乱提升了学生在课堂里的思维活跃水平；简单和真实，强调从简单数据可以获取对学生课堂学习成效的真实洞察。[①] 在教学模式探索方面，除对MOOC＋SPOC的混合教学模式的探索外，[②]线上线下"融合交互"的混合式教学模式成为高等教育的新常态，包括"录播课程，线上学习""录播课程，线下学习""直播课程，线下学习""直播课程，线上线下双师教学""线下课堂，线上线下学习"5类混合式教学模式，其教学效果受授课教师的教学场域学生的学习场域和其他教学参与者的辅助教学场域的影响，学生视角下该模式最大的优点是增加了知识获取的便捷性，在任何时间和地点都可以听课，而最大的缺点是技术连接或网络问题。[③] 此外，世界知名高等教育研究专家乌尔里希·泰希勒教授认为，后疫情时代，全球高等教育机构可尝试以此为契机构建更具创造性的、线上线下有机融合的混合式教学，且应用型高校和研究型高校在教学模式创新上面临着不同的挑战，并在多年来的研究与教学经验的基础上开展了多样化的混合教学模式，包括传统讲座、传统风格的研讨会、传统风格的实验或实习、名师慕课＋各校教师指导、在线研讨会、新式实验等6部分。[④]

混合式环境下，高校教师教学行为主要包括设计组织教学、促进参与、直接指导、反馈评价、提供资源与情感支持6个层面，其中教学行为在设计组织教学维度水平最高，而反馈评价维度水平最低，教师的教学年限正向影响其混合教学行为，而教学行为水平并没有随着使用计算机熟练程度的增高而提升。因

① 于歆杰.论混合式教学的六大关系[J].中国大学教学，2019(05)：14-18，28.

② 苏小红，赵玲玲，叶麟.基于MOOC＋SPOC的混合式教学的探索与实践[J].中国大学教学，2015(7)：60-65.

③ 李敏辉，李琼.场域视角下"融合交互"混合式教学模式的探索[J].现代教育技术，2021(9)：120-126.

④ 潘秋静，胡永红，阙明坤."后疫情时代"高等教育教学模式的挑战与创新[J].复旦教育论坛，2020(6)：10-16.

此，教师应提高混合教学设计的精准性，加强师生交互及教学反馈，恰当融合技术与教学。[①] 混合教学环境下学习性投入可建构为主动学习、师生交互、小组协作、策略运用、自我管理和情感投入 6 个维度；情感投入和学习策略投入维度水平均较高，师生交互的表现水平最低，其次是自我管理和小组协作；男大学生在师生交流维度上显著高于女大学生，而女大学生在小组协作上则显著高于男大学生；有在线学习经验的学生在小组协作维度和自我管理维度显著高于没有在线学习经验的学生；计算机自我效能不同变量对学习性投入有不同程度的影响。[②]

近些年来，基于在线课程的混合式教学的应用价值不断被拓展，在促进教师专业发展和高等教育区域均衡发展中发挥了重要作用。基于 MOOCs 的混合式培训模式是当下高校新教师专业发展的新途径。该模式包括前期培训与指导、寻找和推荐 MOOCs、自主学习、集中面授、培训考核与认证等 5 个主要环节，并提出在培训实施过程中应把帮助教师找到最合适的 MOOCs 作为培训的重点，坚持以线上自主学习为主、集中培训为辅，将培训组织机构转变为学习支持服务的提供者，培训考核更加注重形成性考核和第三方认证，将培训重心转变为通过网络化学习促进教师的专业发展。[③] 此外，为充分发挥信息技术优势，实现我国高等教育区域均衡发展，贵州理工学院电路原理课程针对教学中存在的系列问题，引入清华大学“电路原理”慕课资源，进行“以学生为中心的教与学”混合式教学改革，通过针对性教学设计和教学实施解决了系列教学问题，在师生两个层面取得良好改革成效，探索出了一条东西部高等教育协同发展的共赢之道。[④]

受成果导向的教育理念（Outcomes based Education，OBE）的影响，成果导向的教学模式正成为混合式教学的热点。目前混合式教学正从线上线下时序重构的浅层变革阶段步入促进学生深度学习的深化阶段。OBE 的教学模式契

---

① 马婧，周倩. 高校混合式环境下教学行为状况及影响因素研究[J]. 国家教育行政学院学报，2019(4)：79-87，95.

② 马婧，周倩. 混合式环境下大学生学习性投入维度构成及其实证研究[J]. 教育发展研究，2019(Z1)：54-65.

③ 任小媛，王志军，王诗佳. 基于 MOOCs 的混合式培训模式研究[J]. 现代教育技术，2016(08)：76-82.

④ 陈燕秀. 基于慕课资源的混合式教学[J]. 中国大学教学，2018(2)：23-26.

合深度学习的理念内核，在众多教学模式中正成为目前混合式教学设计的热点。成果导向教育的 MOOC 课程设计，促使教师在最初设计课程时就深入思考教学目标，并按照所推荐的分析框架，展开教学内容的组织和教学工具的使用。① 国内外的研究者从 OBE 在混合式教学中的设计、效果及评价等多方面进行了研究。Ross 等探讨了基于成果导向的教育在混合式音乐课程教学评估中的转化效应②。Barman. L 等采用定性研究的方法，研究了 14 个不同 SPOC 研究项目的教师在 OBE 实施前后的课程设计，结果表明实施 OBE 是更具能力导向的教学。③ 高珊等提出采用将翻转课堂和 BOPPPS 模型相结合，采取小班授课的方式，促进学习成果的产出。④

从教师应用在线课程开展混合式教学的过程逻辑来看，教师应用在线课程开展混合式教学的行为倾向是推动混合式教学高质量发展的基础。然而，通过上述文献的梳理与分析，可以发现现阶段高等教育领域基于在线课程的混合式教学研究主要集中在混合式教学现状、教学模式探索以及教师教学行为、学生学习投入的关注，对影响教师应用在线课程开展混合式教学的行为倾向的关键因素的探索不够，在一定程度上不利于基于在线课程的混合式教学的广泛开展，难以形成高等教育改革的规模效应。鉴于此，探明影响教师应用在线课程开展混合式教学的关键因素有哪些以及如何引导、促进教师广泛应用在线课程开展混合式教学是本研究的主要研究问题。

二、理论基础与研究假设

计划行为理论的源头可以追溯到 Fishbein 的多属性态度理论。该理论认为行为态度决定行为意向，预期的行为结果及结果评估又决定行为态度。后来，Fishbein 和 Ajzen 发展了多属性态度理论，提出理性行为理论（Theory of

① 汪潇潇，刘威童. 基于 OBE 理念的 MOOC 课程设计与案例分析[J]. 远程教育杂志，2017(6)：104-110.

② Ross V. From transformative outcome based education to blended learning[J]. Futures，2012，44(2)：148-157.

③ Barmanl，Silen C，Laksov K B. Outcome based education enacted：teachers' tensions in balancing between student learning and bureaucracy[J]. Advances in Health Sciences Education，2014(5)：629-643.

④ 高珊，马宁蔚，吴金卓. OBE 理念下基于 Flipped Classroom 和 BOPPPS 的物流工程专业英语教学模式设计[J]. 物流技术，2019(2)：142-147.

Reasoned Action)。理性行为理论认为行为意向是决定行为的直接因素，它受行为态度和主观规范的影响。由于理性行为理论假定个体行为受意志控制，严重制约了理论的广泛应用，因此为扩大理论的适用范围，Ajzen 1985 年在理性行为理论的基础上，增加了知觉行为控制变量，初步提出计划行为理论。1991 年 Ajzen 发表的《计划行为理论》一文，标志着计划行为理论的成熟。①

Ajzen 认为所有可能影响行为的因素都是经由行为意向来间接影响行为的表现。而行为意向受到 3 项相关因素的影响，其一是源自个人本身的态度，即对于采取某项特定行为所抱持的"态度"；其二是源自外在的"主观规范"，即会影响个人采取某项特定行为的"主观规范"；最后是源自"知觉行为控制"，如图 4-10 所示。

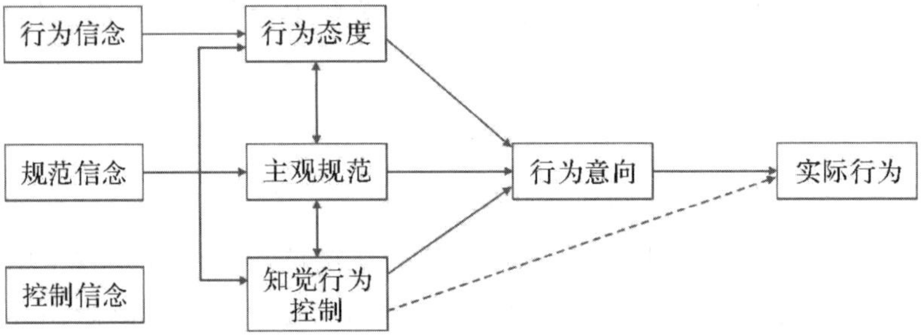

图 4-10 计划行为理论结构模型

行为态度(Attitude toward The Behavior, AB)是个体对执行某特定行为喜爱或不喜爱程度的评估。依据 Fishbein 和 Ajzen 的态度期望价值理论，个体拥有大量有关行为可能结果的信念，称为行为信念。行为信念包括两部分，一是行为结果发生的可能性，即行为信念的强度，另一个是行为结果的评估。主观规范(Subject Norm, SN)是指个体在决策是否执行某特定行为时感知到的社会压力，它反映的是重要他人或团体对个体行为决策的影响。与态度的期望价值理论类似，主观规范受规范信念和顺从动机的影响。所谓"规范信念"是指个体预期到重要他人或团体对其是否应该执行某特定行为的期望；顺从动机是指个体顺从重要他人或团体对其所抱期望的意向。知觉行为控制(Perceived Be-

① 段文婷，江光荣. 计划行为理论述评[J]. 心理科学进展，2008(2)：315-320.

havior Control,PBC)是指个体感知到执行某特定行为容易或困难的程度,它反映的是个体对促进或阻碍执行行为因素的知觉。知觉行为控制的组成成分也可用态度的期望价值理论类推,它包括控制信念和知觉强度。控制信念是指个体知觉到的可能促进和阻碍执行行为的因素,知觉强度则是指个体知觉到这些因素对行为的影响程度。行为意向(Behavior Intention,BI)是指个人对于采取某项特定行为的主观几率的判定,它反映了个人对于某一项特定行为的采取意愿。实际行为(Behavior)是指个人实际采取行动的行为。

一般而言,个人对于某项行为的态度愈正向时,则个人的行为意向愈强;对于某项行为的主观规范愈正向时,同样个人的行为意向也会愈强;而当态度与主观规范愈正向且知觉行为控制愈强的话,则个人的行为意向也会愈强。反观理性行动理论的基本假设,Ajzen 主张将个人对行为的意志控制力视为一个连续体,一端是完全在意志控制之下的行为,另一端则是完全不在意志控制之下的行为。而人类大部分的行为落于此两个极端之间的某一点。因此,要预测不完全在意志控制之下的行为,有必要增加行为知觉控制这个变项。不过当个人对行为的控制愈接近最强的程度,或是控制问题并非个人所考量的因素时,则计划行为理论的预测效果与理性行为理论是相近的。因此,通过对计划行为理论内涵的分析,本研究提出以下研究假设,研究预设模型如图 4-11 所示。

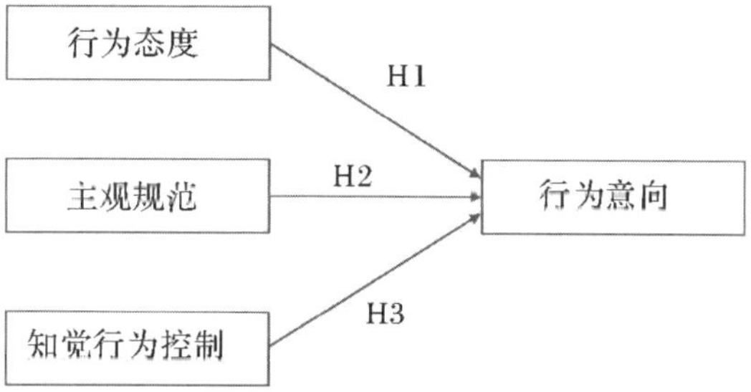

图 4-11 研究预设模型

H1:高校教师应用在线课程开展混合教学的行为态度对混合教学的行为意向具有显著的正向预测效应;

H2:高校教师应用在线课程开展混合教学的主观规范对混合教学的行为意向具有显著的正向预测效应;

H3：高校教师应用在线课程开展混合教学的知觉行为控制对混合教学的行为意向具有显著的正向预测效应。

三、研究工具编制与检验

（一）研究量表编制

以计划行为理论为基础，自编了高校教师应用在线课程开展混合教学的行为意向量表，包括行为态度、主观规范、知觉行为控制、行为意向 4 个维度，共计 24 个题项。量表选项设计采用 6 点量表，即非常不赞同、赞同、有点不赞同、有点赞同、赞同、非常赞同。

行为态度维度旨在了解高校教师对应用在线课程开展混合式教学的正向或负向评价，包括“AB1 应用在线课程开展混合教学的效果比单独课堂讲授要好”“AB2 我支持在高校应用在线课程开展混合教学”“AB3 应用在线课程开展混合教学促进了我的教学改革”“AB4 应用在线课程开展混合教学是高等教育发展的一种趋势”“AB5 我认为使用在线课程开展混合教学是一个不错的选择”“AB6 我喜欢使用在线课程开展混合教学”等 6 个题项。

主观规范旨在了解高校教师应用在线课程开展混合式教学时所感受到的同事关系、学校制度、媒介宣传等社会压力的指令性规范和示范性规范，包括“SN1 关系好的同事觉得我应该使用在线课程开展混合教学”“SN2 关系好的同事支持我使用在线课程开展混合教学”“SN3 周围很多教师在使用在线课程开展混合教学”“SN4 很多教师认为使用在线课程开展混合教学是一个很好的选择”“SN5 应用在线课程开展混合教学的典型示范对我开展混合教学有影响”“SN6 学校出台的应用在线课程的制度或文件，对我开展混合教学有影响”“SN7 应用在线课程开展混合教学的宣传报道，对我开展混合教学有影响”等 7 个题项。

知觉行为控制旨在了解高校教师应用在线课程开展混合式教学时自己感受到的可以控制的程度，包括“PBC1 我相信我能在混合教学中很好的应用在线课程”“PBC2 我有充分的时间去思考、规划如何使用在线课程开展混合教学”

“PBC3 我相信我能调动学生积极参与在线课程的学习”“PBC4 我能在混合教学中做到课堂教学和在线课程教学有效衔接”“PBC5 我具备应用在线课程开展混合教学的专业知识和能力”“PBC6 学校引入或建设了支持教师开展混合教学的在线课程”等 6 个题项。

行为意图旨在了解高校教师应用在线课程开展混合式教学的行动倾向，包括“BI1 我会继续使用在线课程开展混合教学”“BI2 我愿意花费时间去思考如何更好地应用在线课程开展混合教学”“BI3 我会鼓励他人应用在线课程开展混合教学”“BI4 我会努力提升应用在线课程开展混合教学所需的专业素养”“BI5 如果有机会，我会参加应用在线课程开展混合教学的培训会”等 5 个题项。

（二）研究量表检验

1.研究样本特征分析

量表编制完成后，本研究借助全国高校混合式设计创新大赛 QQ 交流群向群内的教师发送在线问卷链接，历时近 3 个月后共有 295 位教师参与填写，根据问卷填写时间、答题规律性、完整性等对量表进行严格筛选，最终共保留有效问卷 216 份，且每位教师均有使用在线课程开展混合教学的经历。研究样本特征见表 4 - 21。

表 4 - 21 研究对象基本特征

项目	类别	频率(N)	占比/(%)
性别	男	76	35.19
	女	140	64.81
职称	初级	5	2.31
	中级	72	33.33
	副高	83	38.43
	正高	56	25.93

续表

项　目	类别	频率(N)	占比/(%)
学历	博士	76	35.19
	硕士	97	44.91
	本科	43	19.91
所在高校类型	"双一流"建设	45	20.83
	省高水平大学	41	18.98
	公办普通本科高校	90	41.67
	民办本科高校	40	18.52
教龄	5 年以下	5	2.31
	6～10 年	43	19.91
	11～15 年	32	14.81
	16～20 年	53	24.54
	21～25 年	56	25.93
	26～30 年	22	10.19
	31 年以上	5	2.31
讲授混合式课程类型	专业必修	98	45.37
	专业选修	34	15.74
	公共必修	48	22.22
	通识选修	37	16.67
是否接受过混合式课程设计的相关培训	是	128	59.26
	否	88	40.74

从性别来看,以女性教师为主,占比 64.81%;从职称结构来看,以中级、副高支撑为主,占比分别为 33.33%、38.43%;从学历结构来看,以硕士研究生学历为主,占比 44.91%;从高校类型来看,以地方普通本科高校为主,占比 41.67%;从教龄来看,16～20 年、21～25 年为主,占比分别为 24.54%、25.93%;从讲授混合式课程类型来看,以专业必修课程为主,占比 45.37%。此外,59.26%的研究被试参与过混合式课程设计与应用的培训。

2. 项目分析

数据回收后,采用鉴别度和同质性检验两种方式对题项的有效性进行项目分析。鉴别度分析时，将各题项总分前27%界定为高分组，低27%界定为低分组，然后对每个题项进行 T 检验，分析结果见表4-22。T 检验结果显示，各题项均在高分组和低分组间均达到统计学显著水平。

表4-22 题项鉴别度检验结果

题项	T 值	自由度	*Sig.*（双尾）	平均值差值	标准误差差值	差值95%置信区间	
						下限	上限
AB1	9.178	128	0.000	1.526	0.166	1.197	1.855
AB2	15.366	115.020	0.000	1.376	0.090	1.199	1.554
AB3	11.386	77.491	0.000	1.336	0.117	1.102	1.569
AB4	13.788	80.145	0.000	1.421	0.103	1.216	1.627
AB5	16.244	80.713	0.000	1.636	0.101	1.435	1.836
AB6	17.242	78.312	0.000	1.936	0.112	1.712	2.159
SN1	19.484	128	0.000	2.510	0.129	2.255	2.764
SN2	18.490	115.557	0.000	2.081	0.113	1.858	2.304
SN3	6.705	128	0.000	1.305	0.195	0.920	1.690
SN4	7.413	128	0.000	1.448	0.195	1.061	1.834
SN5	10.430	97.619	0.000	1.431	0.137	1.159	1.703
SN6	4.779	127.063	0.000	1.067	0.223	0.625	1.508
SN7	3.890	120.744	0.000	0.595	0.153	0.292	0.898
PBC1	16.012	92.533	0.000	1.990	0.124	1.744	2.237
PBC2	8.964	128	0.000	1.871	0.209	1.458	2.285
PBC3	14.881	113.564	0.000	1.640	0.110	1.422	1.859
PBC4	21.747	128	0.000	2.062	0.095	1.874	2.250
PBC5	14.901	128	0.000	1.619	0.109	1.404	1.834
PBC6	3.197	128	0.002	0.740	0.232	0.282	1.199
BI1	24.920	69.000	0.000	1.500	0.060	1.380	1.620
BI2	21.790	97.444	0.000	1.450	0.067	1.318	1.582
BI3	13.444	74.146	0.000	2.007	0.149	1.710	2.305
BI4	12.434	69.000	0.000	1.571	0.126	1.319	1.824
BI5	23.527	69.000	0.000	1.357	0.058	1.242	1.472

同质性检验结果见表4-23。从表4-23可知，一致性分析结果显示，AB1、SN3、SN4、SN6、SN7、PBC2、PBC6等7个题项删除项后，整体克隆巴赫Alpha值明显提升，且公因子方差小于0.5。综合考量后，将上述6个题项进行删除。

表 4-23　题项同质性检验结果

题号	题项总计统计				公因子方差	
	删除项后的标度平均值	删除项后的标度方差	修正后的项与总计相关性	删除项后的克隆巴赫 Alpha	初始	提取
AB1	109.12	269.753	0.620	0.961	1.000	0.445
AB2	108.81	271.367	0.806	0.960	1.000	0.714
AB3	108.72	268.025	0.782	0.960	1.000	0.677
AB4	108.81	269.050	0.867	0.959	1.000	0.780
AB5	108.88	265.161	0.959	0.958	1.000	0.926
AB6	109.01	263.237	0.909	0.958	1.000	0.822
SN1	109.72	259.729	0.791	0.959	1.000	0.677
SN2	109.65	264.731	0.711	0.960	1.000	0.557
SN3	110.17	274.533	0.407	0.964	1.000	0.140
SN4	110.23	270.979	0.431	0.964	1.000	0.168
SN5	109.05	266.179	0.807	0.959	1.000	0.712
SN6	109.35	268.406	0.532	0.962	1.000	0.369
SN7	109.07	278.958	0.443	0.962	1.000	0.248
PBC1	109.05	262.253	0.841	0.959	1.000	0.729
PBC2	110.09	261.709	0.691	0.961	1.000	0.467
PBC3	109.46	266.501	0.838	0.959	1.000	0.745
PBC4	109.37	263.507	0.819	0.959	1.000	0.709
PBC5	109.11	269.857	0.760	0.960	1.000	0.630
PBC6	109.38	271.780	0.460	0.963	1.000	0.203
BI1	108.78	271.522	0.807	0.960	1.000	0.737
BI2	108.72	271.690	0.811	0.960	1.000	0.748
BI3	108.96	263.487	0.751	0.960	1.000	0.607
BI4	108.78	264.174	0.903	0.958	1.000	0.865
BI5	108.66	271.946	0.858	0.960	1.000	0.809

3. 信效度分析

项目分析后，为进一步确定各题项维度归属以及量表信效度，本研究继续对上述量表进行了因子分析和内部一致性分析。

因子分析，它是假设原有变量的背后存在着一个隐藏的因子，这个因子可以包括原有变量中的一个或者几个，因子分析并不是原有变量的线性组合。因子分析模型中，假定每个原始变量由两部分组成：共同因子和唯一因子。共同因子是各个原始变量所共有的因子，解释变量之间的相关关系。唯一因子顾名思义是每个原始变量所特有的因子，表示该变量不能被共同因子解释的部分。主成分分析是试图寻找原有变量的一个线性组合，线性组合方差越大，那么该组合所携带的信息就越多。也就是说，主成分分析就是将原始数据的主要成分放大。

具体操作中，抽取方法选择主成分，旋转方法采用最大方差法，结果 KMO 值为 0.842。根据 Kaiser 给出的常用的 KMO 度量标准，即 0.9 以上表示非常适合、0.8 表示适合、0.7 表示一般、0.6 表示不太适合、0.5 以下表示极不适合，该量表适合进行因子分析。最终抽取主成分大于 1 的因子 4 个，各因子负荷量见表 4－24。

表 4－24 研究量表信效度分析结果

题项	因子负荷量				平均变异抽取量 AVE	组合信度 CR	内部一致性 Alpha
	1	2	3	4			
AB2	0.844				0.7809	0.9468	0.943
AB3	0.832						
AB4	0.885						
AB5	0.957						
AB6	0.895						
SN1		0.840			0.6713	0.8594	0.898
SN2		0.762					
SN5		0.853					
PBC1			0.848		0.7068	0.906	0.929
PBC3			0.859				
PBC4			0.847				
PBC5			0.808				
BI1				0.872	0.7647	0.9418	0.932
BI2				0.879			
BI3				0.781			
BI4				0.931			
BI5				0.902			

经进一步计算，行为态度维度 AVE 值为 0.7809、CR 值为 0.9468，主观规范维度 AVE 值为 0.6713、CR 值为 0.8594，知觉行为控制维度 AVE 值为 0.7068、CR 值为 0.906，行为意向维度 AVE 值为 0.7647、CR 值为 0.9418。此外，内部一致性分析结果显示，删减后量表整体一致性系数为 0.975，行为态度、主观规范、知觉行为控制、行为意向维度的内部一致性系数分别为 0.943、0.898、0.929、0.932。总之，经检验研究量表信效度良好，能够满足研究要求。

四、数据统计与分析

（一）整体现状分析

研究被试采用在线课程开展混合式教学的行为态度、主观规范、知觉行为控制及行为意向的描述性统计分析结果见表 4 - 25。从表 4 - 25 可知，行为意向、行为态度得分相对较高，主观规范和知觉行为控制得分相对较低。

表 4 - 25　研究样本各变量描述性统计分析结果

变 量	均值	标准偏差
行为态度	5.1102	0.74001
主观规范	4.4815	0.97338
知觉行为控制	4.7060	0.84862
行为意向	5.1731	0.73518

（二）群体差异分析

为进一步了解不同群体间高校教师采用在线课程开展混合教学行为意向及行为态度、主观规范、知觉行为控制的基本情况，本研究对不同群体间的差异情况进行了分析。

高校教师采用在线课程开展混合教学行为意向在不同性别群体间的差异分析结果见表 4 - 26。从表可知，男性教师采用在线课程开展混合教学的行为态度、主观规范、知觉行为控制以及行为意向得分均高于女性教师，且存在显著性差异。

表 4－26 研究样本各变量性别差异分析

变 量	男生	女生	*T* 值	*Sig.*（双尾）
行为态度	6.0000	4.9322	20.971	0.000
主观规范	5.5278	4.2722	11.609	0.000
知觉行为控制	5.6042	4.5264	12.158	0.000
行为意向	6.0000	5.0078	19.131	0.000

高校教师采用在线课程开展混合教学行为意向在是否参与混合式教学相关培训的不同群体间的差异分析结果见表 4－27。从表可知，参与过混合式教学相关培训的教师群体在采用在线课程开展混合教学的行为态度、主观规范、知觉行为控制以及行为意向得分均高于尚未参与过相关培训的教师，且存在显著性差异。

表 4－27 是否参与过混合式课程相关培训的不同群体间差异分析结果

变 量	参与过	未参与过	*T* 值	*Sig.*（双尾）
行为态度	5.1684	4.8889	2.968	0.004
主观规范	4.6082	4.0000	6.976	0.000
知觉行为控制	4.7529	4.5278	2.178	0.031
行为意向	5.2713	4.8000	3.955	0.000

高校教师采用在线课程开展混合教学行为意向在不同类型高校间的差异分析结果见表 4－28。从表可知：行为态度层面，双一流建设高校显著高于公办普通本科和民办本科；省属高水平大学显著高于公办普通本科高校和民办本科高校。主观规范层面，双一流建设高校显著高于省属高水平大学和民办本科高校。公办普通本科高校显著高于民办本科高校。知觉行为控制层面，双一流建设高校显著高于公办普通本科高校；省属高水平大学显著高于公办普通本科高校。行为意向层面，双一流建设高校显著高于民办本科高校；省属高水平大学显著高于普通公办本科高校和民办本科高校；公办普通本科高校显著高于民办本科院校。

表 4-28　不同学校类型群体间各变量差异分析

变量	双一流建设高校(A)	省属高水平大学(B)	公办普通本科高校(C)	民办高校(D)	F 值	显著性	事后多重比较分析
行为态度	5.3418	5.3804	4.9067	4.7000	9.357	0.000	A>C*** A>D*** B>C*** B>D***
主观规范	4.7939	4.3072	4.5333	3.8333	5.845	0.001	A>B** A>D*** C>D**
知觉行为控制	4.8364	4.9314	4.5444	4.5000	3.208	0.024	A>C* B>C**
行为意向	5.2036	5.3922	5.1356	4.7000	4.600	0.004	A>D** B>C* B>D*** C>D*

注：* 表示显著性<0.05；** 表示显著性<0.01；*** 表示显著性<0.001。

高校教师采用在线课程开展混合教学行为意向在不同学历间的差异分析结果如表 4-29 所示。从表可知：行为态度层面，博士研究生学历教师显著高于本科学历教师；硕士研究生学历教师显著高于博士学历教师和本科学历教师。主观规范层面，博士研究生学历教师显著高于本科学历教师；硕士研究生学历教师显著高于博士研究生学历教师和本科学历教师。知觉行为控制层面，博士研究生学历教师显著高于本科学历教师；硕士研究生学历教师显著高于博士研究生学历教师和本科学历教师。行为意向方面，硕士研究生学历教师显著高于博士学历研究生教师。

表 4-29 不同学历群体间变量差异分析结果

变量	博士(A)	硕士(B)	本科(C)	F 值	显著性	事后多重比较分析
行为态度	5.0140	5.2598	4.4000	9.856	0.000	A>C** B>A* B>C***
主观规范	4.3488	4.6695	3.6667	8.029	0.000	A>C* B>A* B>C***
知觉行为控制	4.6134	4.9359	3.2500	30.512	0.000	A>C*** B>A** B>C***
行为意向	4.9326	5.3692	5.0000	9.881	0.000	B>A***

注：* 表示显著性<0.05；** 表示显著性<0.01；*** 表示显著性<0.001。

高校教师采用在线课程开展混合教学行为意向在不同课程类型间的差异分析结果见表 4-30。从表可知：行为态度层面，通识选修课显著高于专业必修课、专业选修课和公共必修课。主观规范层面，专业必修课显著高于专业选修课和公共必修课。知觉行为控制层面，专业必修课显著高于专业选修课和公共必修课。行为意向层面，专业必修课显著高于公共必修课，通识选修课显著高于专业必修课、专业选修课、公共必修课。

表 4-30 不同课程类型间变量差异分析

变量	专业必修(A)	专业选修(B)	公共必修(C)	通识选修(D)	F 值	显著性	事后多重比较分析
行为态度	5.1277	5.0000	4.9125	5.7692	4.969	0.002	D>A** D>B** D>C***
主观规范	4.6288	3.6667	3.9792	5.6154	17.907	0.000	A>B*** A>C***
知觉行为控制	4.8404	4.2500	4.4115	4.8269	4.782	0.003	A>B* A>C**

续表

变量	专业必修(A)	专业选修(B)	公共必修(C)	通识选修(D)	F 值	显著性	事后多重比较分析
行为意向	5.2199	5.0000	4.9250	5.7692	5.437	0.001	A>C* D>A** D>B** D>C***

注：* 表示显著性<0.05；** 表示显著性<0.01；*** 表示显著性<0.001。

(三)预设模型分析

研究假设分析结果见表 4－31。总体层面来看，高校教师采用在线课程开展混合教学的行为态度对行为意向具有显著的正向预测效应，研究假设 H1 成立；主观规范和知觉行为控制虽然对教师采用在线课程开展混合教学的行为意向具有正向预测效应，但未达到统计学显著水平，因此研究假设 H2、H3 不成立。从主观规范、知觉行为控制、行为态度三者的相关性来看，三者之间存在高度相关，相关系数见表 4－32。

表 4－31　变量间影响权重分析结果

变量间作用关系	Estimate(标准权重)	S.E.	C.R.	P
H1 行为意向←行为态度	0.908(0.914)	0.051	17.807	***
H2 行为意向←主观规范	0.052(0.069)	0.032	1.620	0.105
H3 行为意向←知觉行为控制	0.029(0.033)	0.042	0.676	0.499

注：*** 表示显著性<0.001。

表 4－32　变量间相关性分析结果

变量间作用关系	Estimate
主观规范⇆知觉行为控制	0.804
知觉行为控制⇆行为态度	0.871
主观规范⇆行为态度	0.825

此外，通过对不同群体间主观规范、知觉行为控制、行为态度对行为意向的影响进一步分析后发现：

(1)双一流建设高校，教师对应用在线课程开展混合式教学的知觉行为控制、主观规范、行为态度对行为意向的影响标准系数分别为 0.223***、0.012、0.806***，主观规范、知觉行为控制、行为态度间的相关系数介于 0.702～0.795之间，即研究假设 H1、H3 成立，研究假设 H2 不成立；省属高水平大学，教师对应用在线课程开展混合式教学的知觉行为控制、主观规范、行为态度对行为意向的影响标准系数分别为 0.036、0.197***、0.852***，主观规范、知觉行为控制、行为态度间的相关系数介于 0.842～0.963 之间，即研究假设 H1、H2 成立，研究假设 H3 不成立；普通公办本科院校，教师对应用在线课程开展混合式教学的知觉行为控制、主观规范、行为态度对行为意向的影响标准系数分别为 0.142***、0.282***、0.845***，主观规范、知觉行为控制、行为态度间的相关系数介于 0.873～0.923 之间，即研究假设 H1、H2、H3 均成立。民办本科高校，教师对应用在线课程开展混合式教学的知觉行为控制、主观规范、行为态度对行为意向的影响标准系数分别为 0.158***、0.362***、0.804***，主观规范、知觉行为控制、行为态度间的相关系数介于 0.826～0.896 之间，即研究假设 H1、H2、H3 均成立。

(2)女性教师对应用在线课程开展混合式教学的知觉行为控制、主观规范、行为态度对行为意向的影响标准系数分别为 0.053、0.089、0.896***，主观规范、知觉行为控制、行为态度间的相关系数介于 0.789～0.850 之间，即研究假设 H1 成立，H2、H3 不成立，与总体层面研究假设分析结果一致。男性教师对应用在线课程开展混合式教学的知觉行为控制、主观规范、行为态度对行为意向的影响标准系数分别为 0.164***、0.057、0.768***，主观规范、知觉行为控制、行为态度间的相关系数介于 0.764～0.895 之间，即研究假设 H1、H3 成立，H2 不成立。

(3)参加过混合式课程相关培训的教师应用在线课程开展混合式教学的知觉行为控制、主观规范、行为态度对行为意向的影响标准系数分别为 0.175***、0.002、0.811***，主观规范、知觉行为控制、行为态度间的相关系数介于 0.820～0.888 之间，即研究假设 H1、H3 成立，H2 不成立。未参加过混合式课程相关培训的教师对应用在线课程开展混合式教学的知觉行为控制、主观规范、行为态度对行为意向的影响标准系数分别为 0.108***、0.085、

0.879^{***}，主观规范、知觉行为控制、行为态度间的相关系数介于0.768～0.921之间，即研究假设H1、H3成立，H2不成立。

(4)教师对在专业必修课中采用在线课程开展混合式教学的知觉行为控制、主观规范、行为态度对行为意向的影响标准系数分别为0.329^{***}、0.033、0.868^{***}，主观规范、知觉行为控制、行为态度间的相关系数介于0.797～0.891之间，即H1、H3成立，H2不成立；教师对在专业选修课中采用在线课程开展混合式教学的知觉行为控制、主观规范、行为态度对行为意向的影响标准系数分别为0.225^{***}、0.138^{***}、0.826^{***}，主观规范、知觉行为控制、行为态度间的相关系数介于0.735～0.867之间，即H1、H2、H3均成立；教师对公共必修课中使用在线课程开展混合教学的知觉行为控制、主观规范、行为态度对行为意向的影响标准系数分别为0.556^{***}、0.665^{***}、0.185，主观规范、知觉行为控制、行为态度间的相关系数介于0.855～0.918之间，即研究假设H2、H3成立，H1不成立。教师对通识选修课中使用在线课程开展混合教学的知觉行为控制、主观规范、行为态度对行为意向的影响标准系数分别为0.437^{***}、0.508^{***}、0.835^{***}，主观规范、知觉行为控制、行为态度间的相关系数介于0.808～0.924之间，即研究假设H1、H2、H3均成立。

(5)博士学历教师对采用在线课程开展混合教学的知觉行为控制、主观规范、行为态度对行为意向的影响标准系数分别为0.451^{***}、0.186、0.691^{***}，主观规范、知觉行为控制、行为态度间的相关系数介于0.549～0.884之间，即研究假设H1、H3成立，H2不成立。硕士学历教师对使用在线课程开展混合教学的知觉行为控制、主观规范、行为态度对行为意向的影响标准系数分别为0.106、0.038、0.844^{***}，主观规范、知觉行为控制、行为态度间的相关系数介于0.775～0.903之间，即研究假设H1成立，H2、H3不成立。本科学历教师对使用在线课程开展混合教学的知觉行为控制、主观规范、行为态度对行为意向的影响标准系数分别为0.096、0.269^{***}、0.916^{***}，主观规范、知觉行为控制、行为态度间的相关系数介于0.758～0.896之间，即研究假设H1、H2成立，H3不成立。

五、研究结论与启示

通过上述分析，本研究主要得出以下研究结论：第一，以计划行为理论为基础，高校教师采用在线课程开展混合式教学的行为倾向主要受行为态度的影响，但教师对应用在线课程开展混合教学的主观规范和知觉行为控制与行为态度间存在高度相关。第二，高校教师采用在线课程开展混合教学的行为态度、主观规范、知觉行为控制对行为意向的影响受高校类型、教师学历和性别、课程类型以及混合式课程相关培训的影响。

上述结论对强化教师应用在线课程开展混合教学的启示主要有以下几点：

首先，强化优秀混合式教学案例宣传、共享和混合式教学培训，增强教师对基于在线课程的混合教学的有用性感知和易用性感知，转变教师对应用在线课程开展混合式教学的行为态度，这是强化教师应用在线课程开展混合式教学的基本路径。其次，根据学校定位，选择合适的路径，激励教师应用在线课程开展混合式教学。针对双一流建设高校，强化混合式教学相关培训，增强教师应用在线课程开展混合式教学的知识和技能，增强应用在线课程的控制感；省属高水平大学则应注重混合式教学优秀案例的共享和宣传，为教师应用在线课程开展混合式教学营造良好氛围；对于普通公办本科院校和民办本科院校则应既注重教师混合式教学理念、知识和技能的培训，又要注重良好氛围的营造。再次，对于不同学历的教师而言，应强化博士研究生学历教师应用在线课程开展混合式教学理念、知识和技能的提升，对于硕士研究生学历的教师则应该注重其对混合式教学价值的正确引导，逐渐形成积极的行为态度。最后，从课程类型的角度来说，对于在专业必须课程中开展混合教学的教师，则应注重教师混合教学理念、知识和技能的培养，增强教师应用在线课程开展混合教学的控制感；对于在公共选修课中开展混合教学的教师而言，既要强化理念、知识和技能的提升，又要注重相关优秀案例的宣传和报道，创造良好的文化氛围。

第五章
延伸继续教育，拓展体系建设

继续教育是我国全民教育体系的重要组成部分。在全面教育体系建设的背景下,将全日制本科教育中在线课程教学质量保障的探讨拓展至继续教育领域,既是以在线课程为“纽带”连接全日制本科教育和继续教育,打造现代化终身教育体系的重要引导,同时也是工业革命 4.0 时代促进人力资本全面、可持续开发的重要探索。

第一节 网络教育政策:演化与变迁

2020 年初突如其来的“新冠”肺炎疫情向全世界提出了严峻挑战,全球 190 多个国家和地区、近 16 亿学生受到疫情的影响,造成不同程度的教育中断。在这种背景下在线学习脱颖而出,全球教育发生了格局性变化。我国的网络教育从 1999 年兴办至今已经发展了 20 多年,网络教育作为利用现代教育技术手段变革教育模式的先行者,解决了两代人的学历补偿问题,探索了远程教育的基本经验,先后经历了由以量谋大向以质图强的转变、由学历补偿向知识补偿的转变、由文凭提升向技能提高的转变、由注重线上向线上线下融合的转变过程,为高等教育大众化、学习型社会建设、改革开放和经济社会发展做出了历史性贡献。但我国网络教育的发展整体态势是政策导向下的实践发展,因此本章通过梳理我国网络教育 20 多年来的政策变化,试图从政策的变迁历程中寻求其变迁逻辑,以期对网络教育未来的发展态势做出科学的判断,为其健康持续发展提供理论指导。

一、网络教育政策的变迁历程

根据网络教育发展的标志性政策文件将其发展划分为 5 个阶段,分别是试点阶段、扭转型规范管理阶段、全面规范发展阶段、深化融合阶段和全民普及阶段。网络教育和所有新生事物一样经历了从兴奋到质疑再到理性发展的一个变化过程。

（一）第一阶段：试点阶段（1998～2002 年）

1998 年 12 月，在国务院批转教育部制定的《面向 21 世纪教育振兴行动计划》中明确提出要实施“现代远程教育工程”。1999 年 3 月，教育部发文批准清华大学、浙江大学、北京邮电大学、湖南大学这 4 所大学先行开展现代远程教育试点。2000 年，教育部发布《关于支持若干所高等学校建设网络教育学院开展现代远程教育试点工作的几点意见》（教高厅〔2000〕10 号，简称“10 号文”）。[①] 这一文件的发布，“网络教育”一词正式出现在中国教育领域。因此，10 号文既是网络教育的开启标志，也是网络教育发展的纲领性文件。

在试点阶段，教育部的核心工作在高等院校申办网络教育的资格审批上，从 1999 年到 2003 年分 7 个批次共批准了 68 所网络教育试点院校，我国网络教育试点院校的审批也就到此结束了，68 所试点院校的格局一直保持到现在（除高校主动退出的）。对于招生规模、开设专业、学历层次设置、教学质量监控甚至颁发什么样的学历都由试点院校自行决定。这是我国实施《高等教育法》等法规以来，教育部授予高校办学自主权最充分的一次。也正因为教育部对办学资格的批量化审批和赋予主办院校极度充分的自主权导致网络教育步子迈得太大，违背了教育规律，脱离了办学核心，从而办学过程严重失控。3 年的时间累计注册入学几百万人，这个人数显然超出了 68 所试点院校的培养能力。加之，在部分试点院校盲目追求经济效益的情况下，在网络教育招生、考试中出现违规事件，以至于网络教育质量存在严重问题，对外办学中心监管不严，导致招生规模失控，引发了一系列的问题。[②] 网络教育没有形成可在其他教育领域推广借鉴的经验体系，反而文凭含金量遭到社会各界的普遍质疑，网络教育被贴上了比成人教育再低一个档次的二类文凭的标签。但这并不意味着网络教育尝试的彻底失败，相反因为政策的宽松，网络教育的知名度迅速提升。大众了解到可以通过网络以一种在物理上准分离的学习形式获得名牌大学的文凭，一改围墙内精英式办大学的刻板印象。

---

① 关于支持若干所高等学校建设网络教育学院 开展现代远程教育试点工作的几点意见.[EB/OL]. http://www.moe.gov.cn/s78/A08/A08_gggs/A08_sjhj/201007/t20100729_124838.html

② 郭文革. 中国网络教育政策变迁[M]. 北京：北京大学出版社，2014.

(二)第二阶段:扭转型规范管理阶段(2002~2007年)

网络教育在开局两三年就从好奇走向了质疑。然而所有问题的暴露只有两种解决方案,一是停止,二是纠正错误继续前行。我国网络教育的发展显然是选择了后者。在2002年至2007年这5年时间里,先后发布了11个关于规范网络教育办学的文件或通知,其中最具影响力的是2002年8月7日教高〔2002〕8号《关于加强高校网络教育学院管理 提高教学质量的若干意见》(简称8号文)。8号文件的核心是"规范"二字,网络教育从一味地追求规模、办学过程简化的道路上回归到和其他高等教育一样,以课程为基本依托,完善办学过程,追求办学质量。具体包括以下4个方面的内容:①培养目标对象发生了变化。要减少并停止招收全日制高中起点普通本专科网络教育学生,要为在职人员提供良好服务,要积极推进网络教育和成人高等教育、各级各类继续教育的结合,促进我国网络化、开放式终身教育体系的形成。②从试点院校和生源规模上双重限制网络教育生源规模。文件明确指出未经教育部批准,各级各类高等学校不能自行举办网络学历教育。经批准的试点普通高校,网络学历教育工作必须归属到一个专门从事远程教育的学院进行,其他院系不能以网络学历教育的名义和方式自行招生办学。生源数量也从一年注册几十万的惊人数字下降并稳定下来。③从宏观和微观层面提出了保证网络教育学院的教学质量刚性要求和具体举措,包括招生、教学过程管理、考试管理、教学制度建设等各个方面。④从资源建设贡献、区域均衡发展等方面提出了指导性意见。

此外,《教育部办公厅关于对现代远程教育试点高校网络教育学院开展年检年报工作的通知》(教高厅函〔2003〕1号)中首次提出并严格落实网络教育学院年报年检制度,这个制度一直延续到今天。各试点高校必须经历自检、抽查和综合评估,这个"检"是有反馈、有惩罚的,这标志着开启了动态监管模式,这是网络教育规范化发展的核心保障机制,是落实8号文件"规范"的有效措施。这一阶段的一系列规范管理的政策文件主要是逆转之前宽松的政策制度造成的办学失控问题。

（三）第三阶段：全面规范发展阶段（2007～2014 年）

这一阶段的政策紧紧围绕高等教育办学目标，从不同层面全面持续规范管理，具体变化体现在以下几方面。

（1）明确了网络教育与高等教育的隶属关系。教职成〔2016〕7 号教育部关于印发《高等学历继续教育专业设置管理办法》的通知、教发〔2007〕13 号《教育部关于进一步做好高等学校各类招生管理工作的通知》中明确了网络教育是高等学历继续教育的一种类型，与函授、夜大、业余和成人脱产班等并行。

（2）明确了网络教育与普通高等教育在招生范围与培养方式上的区别。教发[07]13 号文件和教发[07]23 号《教育部关于加强成人高等教育招生和办学秩序管理的通知》都明确提出在招生宣传和办学过程中要明确体现网络教育和其他形式成人高等教育与普通高等教育的区别，不得模糊信息、误导学生。教高[07]13 号《教育部关于做好 2007 年现代远程教育试点高校网络高等学历教育招生工作的通知》中要求网络高等学历教育是主要面向成人在职人员的非全日制教育，修业年限应比同层次全日制高等学历教育的修业年限适当延长。不得以网络教育名义招收或变相招收各层次、各类型的全日制形式学习的高等学历教育学生。

（3）网络教育与全日制高等教育在教育资源上的整合。《教育部 财政部关于批准"网络教育数字化学习资源中心建设"项目的通知》（教高函〔2008〕7 号）等一系列文件都表明网络教育中出现的"有效实践"开始融入普通高等教育的教学过程中，作为一种以技术为支撑的新型教育手段为提高中国高等教育质量贡献了知识和经验，网络这种新技术支持的新型教育方式开始融入普通高等教育和其他教育领域。2007 年，"发展远程教育和继续教育，建设全民学习、终身学习的学习型社会"首次写进党的十七大报告。这就标志着网络教育不仅仅承担着专科、本科层次的学历提升任务，未来要以新的技术手段和教育理念肩负起全民终身教育的民生工程。

（4）以网络教育为支撑的多元化办学结构落地。2007 年 2 月，教育部批复知金教育咨询有限公司和弘成科技发展有限公司开展现代远程教育公共服务的申请。同年 12 月，弘成科技发展有限公司在美国纳斯达克上市，这是中国第一个成功登陆国外资本市场的网络教育机构 。这意味着学历教育的办学主体已经由高校走向多元,教育经济模式也发生了质的改变。

(四)第四阶段:深化融合发展阶段(2014~2019年)

2014年,国务院关于取消和下放一批行政审批项目的决定(国发〔2014〕5号)取消了教育部对"利用互联网实施远程高等学历教育的教育网校审批"的行政权。这一官方政策的发布促使传统学历继续教育办学方式的快速网络化转型。没有网院资格的高校成人教育都积极走上了信息化改革之路,力求在办学模式上向网络学院看齐,以期在相同政策环境下开办学历继续教育。但后来,传统成人教育(函授、业余等)和网络教育在入学方式、毕业审核等关键环节上还是有显著区别,这一期许并没有实现。但是通过政策的刺激,使传统成人学历教育完成了网络化教学的全面升级,网络教育与传统成人教育自主走向融合发展。MOOC的兴起和发展促使高等学历继续教育与全日制普通高等教育在资源、管理、学分互认等方面融合发展。基于智能移动终端的社会化微学习的快速发展对全民自下而上构建全民终身教育体系有重要影响。随着智能手机的普及,基于自媒体的网络泛在学习迅速崛起,在线学习被大众接受和认可。以微内容泛在学习为代表的网络学习促使学历教育与非学历教育和其他非正式教育融合发展。

(五)第五阶段:高水平内涵式发展阶段(2019年至今)

2019年12月教育部办公厅发布《关于服务全民终身学习 促进现代远程教育试点高校网络教育高质量发展有关工作的通知》(教职成厅〔2019〕8号),这一通知全面系统地从招生、办学过程、毕业条件、高校责任主体等方面做了严格详尽的要求,另一个核心变化是限制了网络教育专科层次的招生权限。在高校"双一流"建设背景下,文件明确指出一流大学要发挥示范引领作用,努力办好继续教育。高校要统筹网络教育与全日制教育及其他教育的协调发展,结合学校办学定位、办学条件、办学特色和学科优势,科学合理地确定网络教育的办学层次、结构、规模和专业,集中力量办好符合学校办学定位、体现学校优势特色的本科专业。这从政策层面丰富了网络教育的办学内涵,提升了网络教育的办学层次,规范了网络教育的过程监管,落实了网络教育的办学责任主体。

2020 年 1 月突如其来的“新冠”疫情阻止了正常的开学,教育部在一个多月的时间里(2 月 6 日至 3 月 17 日)先后发布了 6 条关于做好线上教学的文件公告,要求各学段在“新冠”疫情防控背景下“停课不停学”。瞬间全民都成了网络教育的实践者和受益者,在“不得不”的条件下,网络教育成了惠及民生、优先保障教育的政府应急政策。在后疫情时代,网络教育这种学习形式成了各类型教育的重要组成部分,网络教育自身也走向了高水平内涵式发展的新阶段。

二、网络教育政策的变迁逻辑

通过对我国网络教育政策变迁过程和实践发展的梳理,可见我国网络教育在制度引导和政策推动下经历了起步大规模发展到调整后规范化发展再到影响到其他类型教育全面发展的过程。从管理模式上逐步呈现出办学类型定位清晰、监管体系日臻完善、办学效果整体提升的趋势。从政策工具的视角来看,根据 Hewlett 和 Ramesh 的政策工具分类研究成果,网络教育政策经历了结构式强制工具向契约式经济工具再向互动式影响工具转变的过程。[①] 政府从制度规划、目标建设、核心性条件限定等完全针对体制内高校单位的结构式强制工具,走向允许企业参与、共同合作的契约式经济工具,再到网络教育影响到其他各类教育的网络化发展,参与主体越来越多,具有自愿性、灵活性、多样性,成了互动式影响工具。总体来看,网络教育政策变迁的基础是媒介技术的发展,变迁的根本动力是高等教育的民生需求,变迁的直接动力是办学质量与经济利益相互制约下政府从政策层面对办学权限的控制变化。因此,为进一步分析网络教育政策变迁的深层次因素,从媒介传播技术视角、教育规模的供需态势、办学权限的变化态势 3 个方面分析我国网络教育政策的变迁逻辑。

(一)媒介传播技术的视角

网络教育政策变迁的基础是媒介技术的发展。媒介技术就是支持人类表达、交流、沟通和协作的传播技术。它包含着表达符号、载体种类、复制方式及

---

① 迈克尔·豪利特,M·拉米什.公共政策研究:政策循环与政策子系统[M].上海:上海三联书店,2006:281.

传播特征 4 个属性。广义地看,一切“技术”都在影响着人类教育的发展。媒介传播技术大致经历了口传时代、手抄文字时代、印刷时代、电子传播和数字传播 5 个阶段。网络教育的媒介传播技术兴起于电子传播,正在经历数字传播。课程是专业的载体,网络教育的核心是网络课程,数字化学习资源、网络传输系统和数字化学习终端是网络课程的三大体系。这三大体系的发展变化都与媒介技术的发展息息相关。从 1999 年开始第一批试点网络远程教育到 2003 年前后,网络教育的主体是基于 web 技术的普通网络课程。随着 web2.0 的普及和发展,交互式已逐渐融入进了网络课程里,基于 FLASH 的人机交互在网络教育中流行起来。更具标志性的是一直沿用至 2011 年前后的三分屏精品网络课程。2012 年 MOOC 时代的到来使网络课程有了质的飞跃。数字化学习资源已由传统课时变为适宜移动终端碎片化学习的微课形式。网络传输已经进入了互联网+时代,随着 4G、5G 的发展,网络传输速度和网络资费已经不再成为学习资源传播的限制因素。学习终端已从电脑端过渡到以智能手机为代表的移动终端。各种教育 APP 不断兴起,基于微信、微博、视频号等大众传媒平台的微学习也正在改变着人们的学习方式。

因媒介的发展,广播式授课方式理论上可以无穷大地增加学生,也就是说网络教育的生源规模不受媒介技术的限制。但是随着网络教育新鲜感的流逝,网络是修饰词,教育才是中心语,网络教育的实质要回归到教育的本源。教育的本源是受教育群体通过某种教育方式对教育内容进行理解和内化,从而使自身的行为和认知有所改变。在信息爆炸的时代,知识更新指数式发展,对未来职业发展的不确定性是大多在职人员焦虑的核心,为了缓解乌卡时代的焦虑,学习者的目的已从文凭获得转向自我提升。广播式的一对多单向传播模式和简单的互动答疑对网络学习者来说对内容的理解、认知的改变及能力的提升是非常困难的。因此,技术支持的个性化学习、针对性辅导还达不到理想的智能化状态,这就需要大量的线下辅导,按照英国开放大学的标准,一名辅导教育员最多辅导 25 名学生,由此带来的人力成本、经济成本和时间成本是现行网络教育支付不了的。所以说,媒介技术的发展也制约着网络教育的生源规模和办学模式。未来以人工智能和机器学习为代表的新的媒体技术将继续影响着网络教育的发展。

(二)教育规模的供需态势

陈学飞等人认为学校对人才的培养是一项专业性很强的工作,需要遵循教育规律和人才成长规律。[①] 但是,学校人才培养工作同时受到社会经济发展和政治形势等各种外部因素的影响。教育政策在遵循教育规律与满足外部要求之间存在一种张力和冲突,外部因素对教育政策的需要可能符合教育规律,但有时也可能违背教育规律。网络教育规模的供应与需求之间就存在这种张力和冲突。按照教育规律,网络教育的生源规模一是取决于社会对毕业生的需求程度,二是取决于高校的办学承载能力。但实际上网络教育在政策层面上对供需态势的调节是基于民生需求的张力和高校办学承载能力之间的冲突。

我国高等教育长期处于精英教育模式,自 1999 年扩招以后,高等教育的机会增加,较低社会阶层和弱势群体有可能争取到越来越多的高等教育机会,从而导致教育机会分配的平等化。[②] "80 后"出生的青少年赶上了扩招的机会;而步入职场的"60 后""70 后"却在精英式大学教育导向下很多人失去了接受高等教育的机会,因此他们从个人自我实现层面迫切需要学历补偿教育。同时由于扩招后就业压力的增大和就业模式的变革,新入职的"80 后"大学生对没有接受过高等教育的群体带来巨大的职业危机感,所以从人力资本视角下他们迫切需要在职提升学历。在第一批先行试点的四所高校里,教育部和主办高校对招生规模都只是一个模糊概念,第一期招生规模就远远超出了举办时的预期。可以说,网络教育的兴办一解大众对高等学历补偿教育的燃眉之急。2000 年 10 号文件的发布直到 2002 年 2 月分批次扩充了举办网络教育的试点高校,也明确了网络教育高起专、高起本、专升本的办学层次,从 4 所提升到 68 所,再次从主办高校的数量上解决了高等教育的民生需求。

与其他类型的学历补偿教育(业余、函授等)相比,网络教育在免试入学方式和在线学习形式上有明显的优势,在网络教育发展前期,一直是在职人员追捧的对象。一味满足数量上的需求与高等教育办学质量上的矛盾引发了社会

① 陈学飞,教育政策研究基础[M].北京:人民教育出版社,2011:81-82.

② 李春玲.高等教育扩张与教育机会不平等[J].社会学研究,2019(3):82-113,244.

舆论和办学冲突。2002 年两会期间,代表提案对网络教育的质量提出了质疑,教育部最信任的、中国最好的名牌大学举办的网络教育,出现了招生违规和考试舞弊的现象,民众开始怀疑网络教育这种“新型教育方式”。2002 年 8 号文件的出台,以“规范”二字应答了民众的质疑,从政策层面解决了量上的扩张带来的质上的冲突。也从政策层面停止了主办高校的增加,保持相对稳定的办学群体和整体生源规模。

近年来普通全日制高等教育扩招的不利影响逐渐凸显,百万高职扩招工程的实施(教职成〔2019〕12 号),成人学历补偿教育的整体需求萎缩。加之其他形式学历补偿教育(业余、函授等)信息化改革逐渐成熟,民众对网络教育的需求量有所降低。2018 年 8 月 20 日,教育部、财政部、国家发展改革委印发《关于高等学校加快“双一流”建设的指导意见》的通知,试点院校基本都是我国高校的佼佼者,都争相跻身“双一流”建设。紧接着,2019 年 12 月教育部办公厅发布《关于服务全民终身学习 促进现代远程教育试点高校网络教育高质量发展有关工作的通知》(教职成厅〔2019〕8 号),要求主办高校集中精力办好优势特色的本科专业网络教育,这一文件的发布是从办学层次上限制了网络教育的生源规模,解决了网络教育需求量降低的民生问题。

(三)办学权限的变化态势

网络教育政策变迁的直接动力是办学质量与经济利益相互制约下政府从政策层面对办学权限的控制变化。办学权限的变化态势包含 4 部分内容:一是高校招生权限的审批,二是高校招生规模,三是办学过程的自主程度,四是文凭证书的发放权和认可度。

政策是国家(政府)治理方式的外显化体现,是规则的制定者,不是实施者。国家对网络教育的政策制定是民生需求取向下的技术支持取向。而主办高校是在遵循制度情况下的自身利益取向,加之网络教育的办学与普通高等教育办学的核心区别之一是合作办学,即试点高校可以与多家不同的学校、企事业单位、培训机构等合作办学,这些合作单位是主办高校网络教育的教学点,教学点的经济利益取向就更为明显。试点开始时,教育部给予试点高校极大的自主权,网络教育招生形式、入学标准和毕业证书形式都由学校自行规定,并且可以开设本校现行本科专业目录之外的专业。[①] 由于政策的宽松,导致了不同主体的价值取向偏差,当偏差大到不能自动调节的时候就会暴露问题。以湖南大学为代表的网络教育办学失控就是问题暴露的集中体现。解决问题的有效方法仍然是制度,在价值取向大幅偏差的情况下,就依靠政策将主体价值取向趋同,以办学权限的调控回归教育服务社会的终极目标。

(1)从高校招生权限的审批上来看,2003 年 10 月,考虑到教师网络教育联盟的布局,在 67 所的基础上教育部批准东北师范大学加入试点行列,形成了 68 所网络教育试点的格局。这个格局一直维持到现在,再也没有增加过。这就从高校网络教育举办资质上控制了办学权限。2002 年 7 月,教育部出台了《关于加强高校网络教育学院管理　提高教学质量的若干意见》,进一步明确高校网络教育学院的主要任务是:高校网络教育学院要以在职人员的继续教育为主。要减少并停止招收全日制高中起点普通本专科网络教育学生。要充分发挥网络教育的优势,为在职人员更新知识、增强技能、不断学习、不断提高提供良好服务;既要开展学历教育,又要积极开展职业资格证书教育、岗位培训和其他继续教育。另外,文件还明确指出:"未经我部批准,各级各类高等学校不能自行举办网络学历教育。"这从高校招生权限上做出了明确界定。

(2)在生源规模上,2002 年问题暴露后 8 号文件严格规范,连续两年严厉整顿,2004 年,网络教育生源规模进入了网络教育招生以来的最低谷。2005 年、2006 年,网络教育招生规模持续向好,2006 年招生人数达到了历史最高的 113 万人,比 2005 年又增加了 15 万人。2007 年进入全面发展阶段后,生源规模走向稳定。此前,网络教育有在籍学生 400 多万人,近几年一直稳定在这个数量上。

(3)从办学过程的自主程度来看,2003 年教育部首次出台关于对现代远程教育试点学校网络教育学院开展年检年报工作的通知(教高厅函〔2003〕1 号)。2004 年 1 月,教育部颁布教高厅〔2004〕2 号文,要求 2004 年 3 月 1 日以后入学的网络学历教育学员,必须通过"高校网络教育考试委员会"举办的语文、数学、英语、计算机统考,统考合格成绩作为教育部高等学历证书电子注册资格的条

① 李红燕,薛圣凡.中国继续教育政策变迁历程、逻辑与方向[J].中国成人教育,2020(19):24-29.

件之一。紧接着又发布了关于成立第一届全国高校网络教育考试委员会的通知、关于批准“网络教育统考网上考试系统与题库建设”项目的通知、关于做好现代远程教育试点学校网络教育学生招生和就业工作的相关通知等。可见,在办学过程上不断对标普通全日制高等教育,之前赋予高校的自主权限在不停地收紧。直到 2007 年进入全面发展阶段以后,专门针对网络教育的政策基本稳定下来,网络教育作为高等教育的一种类型,与其他类型的教育融合发展,也和其他高等教育一样对政策不断地进行微调。

(4)在文凭证书的发放权和认可度上呈现出不断收紧、单独列项的态势。2007 年 4 月 10 日,教育部发文《教育部办公厅关于进一步加强现代远程教育试点高校网络高等学历教育学历证书和学位证书规范管理的通知》(教高厅〔2007〕1 号),文件明确指出:一是严格对标全日制关于学历证书的相关规定做好网络高等学历教育学生的毕业资格审查、毕(结)业证书发放和电子注册工作。二是要保证学士学位授予质量。以 2007 年 7 月 1 日为分界线,以后录取的网络高等学历教育本科学生,毕业时授予学士学位的标准应与授予成人高等教育本科毕业生学士学位的标准完全一致,授予成人高等教育学士学位并相应颁发成人高等教育学士学位证书。2007 年 7 月 1 日以前录取的网络高等学历教育本科学生,毕业时学士学位授予由试点高校按照原有的政策执行。之后,教育部又要求在网络教育毕业文凭上加注“学习形式(网络)”字样。从网络教育的办学权限变化来看,整体处于宽松—收紧—规范的态势。由于在录取、培养、毕业要求等方面与全日制的差异被大众广为了解,加之网络教育在学历证书和学位证书上有别于全日制教育,因此人们逐渐接受了网络教育是高等学历继续教育的一种类型,因此,学历认可度也就回归到成人学历继续教育的本位。

三、对网络教育未来发展的启示

20 多年来网络教育的迅猛发展对高等教育大众化普及、各类教育信息化发展和全民终身教育体系构建都发挥了不可替代的作用。但这 20 多年的发展也经历了招生管理粗放、教学过程松散、教学过程及环节监控不到位、出口把控不严等问题使得网络教育社会声誉严重受损,其学位和文凭的含金量饱受质疑等诸多问题。基于上述政策发展的变迁逻辑梳理,将从发展定位、办学规模、办学过程等方面对未来网络教育的发展方向及研究趋势进行如下展望，以期从政策和实践层面对推动网络教育深化发展起到一定的引领和指导作用。

(1)坚定信念，持续做好网络教育促进高等教育普及化发展。从政策发展趋势来看，2019 年教育部以下发文件的形式以服务全民终身学习为引领对网络教育的高质量发展提出了宏观指导和具体要求，说明从国家调控层面网络教育服务终身教育和自身高质量规范化发展的趋势明显凸现。随着传统大学教育教学改革力度的不断加大，在做好围墙内线下教育的同时，凭借品牌优势大规模举办网络教育和继续教育已成为不争的事实。[①] 因此网络教育作为高等学历继续教育的一种类型将长期存在。从高校内在实践层面来看，网络教育试点高校的整体信息化发展在后疫情时代得以充分推进，网络教育这种学习形式被主办高校和社会大众普遍认可，不少网络教育学院的技术保障和管理模式成了疫情防控期间全校全面落实在线教学的支撑体系。因此，主办高校在未来会给予网络教育更多的关注和支持。从生源需求的外在社会层面来看，随着普通高等教育招生规模的稳定、高职扩张的收紧、普通高中入学率的控制以及生育政策的放宽，未来有更多的在职人员需要通过继续教育获得高等教育的机会，这是网络教育在未来发展的基本保障。

(2)坚守初心，牢固树立以人才培养质量为首要目标的高等教育办学基本底线。目前网络教育办学质量存在因市场化运营特征明显导致办学经费投入过低、学习过程与文凭获得的黏性太低导致学习外在动力欠缺、学习资源的供需矛盾突出导致学习内生动力不足以及过程监管形式化倾向严重等突出问题。针对上述问题，在未来的发展中，首先紧密依托主办高校的软实力争取多元化的办学经费来源；要从数字化信息传播的视角增加招生宣传传播途径，缩短信源(主办高校)与信宿(学生)之间的传播距离，减少传播误差，提升招生的扁平化管理模式，迫使市场化招生运营模式退出历史舞台，从而降低招生支出，提高办学过程支出。其次，教育主管部门和主办高校要根据国家政策文件关于规范管理的宏观要求在具体管理办法的制定和落实上，将学习过程与毕业条件紧密结合，营造不得不学的前端学习氛围。再次，要严格杜绝全日制单向淘汰给网

① 荆德刚. 超越远程教育——世界开放大学校长谈疫后发展趋势[M]. 北京：国家开放大学出版社，2021：10.

络教育的学习资源，要根据在职学生的工作需求和经济社会发展的现实需要有针对性地开发适合网络教育学生的学习资源，并且要规范引导学习资源的第三方市场力量，充分调动各主办高校在资源共建共享方面的积极性，建立健康稳定的利益共同体机制。最后还是要充分依靠政府的权威主导力量，把过程管控落到实处，从现行的制度监管下的以经济利益为首要价值取向的市场化运作模式走向大数据监控下以培养质量为核心价值取向的多元化运作模式。

(3)坚持独立，迅速建立科学可行的网络教育质量监控体系。网络教育的质量曾作为严重问题制约着网络教育的发展，国家从政策层面不断拔高要求，主办高校从实践层面不断探索改进，在规范管理初见成效的当下，必须加强质量管控，让网络教育保持健康持续的生命力。网络教育从一开始就是一种相对独立的高等教育办学形式存在的，近年来多个文件指向网络教育在过程管控和目标设置上要对标全日制普通高等教育，这从政策层面对网络教育的办学定位和办学方向有了明确指示，但是忽视了网络教育在生源遴选、学习者特征、学习需求上与全日制的明显差异，因此网络教育在培养目标和毕业条件上不可能完全对标全日制高等教育。同时由于网络教育学生与主办高校之间长期处于物理上的分离状态，所以传统的制度管理无法实时监管培养过程，对质量的把控达不到预期的效果，因此迅速建立基于大数据分析的网络教育质量监控体系势在必行。

第二节 继续教育学分制:改革与探索

在“互联网＋”时代，教育信息化进入深层次的发展阶段，终身学习和学习型社会建设已成为关注的热点，而学分银行恰是构建终身学习环境、建设学习型社会的重要桥梁。国家中长期教育改革和发展规划纲要(2010～2020年)》中明确指出，要“建立继续教育学分积累与转换制度，实现不同类型学习成果的互认和衔接”。2016年9月教育部《关于推进高等教育学分认定和转换工作的意见》中提出“普通本科院校、高职院校与成人高校等各类高等学校的学生，除学习本校课程获得学分外，还可通过学习外校课程、参加高等教育自学考试、转换非学历学习成果等方式获得学分。其他社会成员可通过学习高等学校课程、参加高等教育自学考试、转换非学历学习成果，经所申请的高等学校认定后获得学分。”高等继续教育加快推进以学分制为重点的教学管理制度改革，打通人才培养“立交桥”，畅通继续教育、终身学习通道，实现教育现代化、构建学习型社会、完善人才培养质量标准，创新人才培养模式、明确学分要求、构建科学合理的学分认定和转换机制，有利于提升高等继续教育人才培养质量。

一、继续教育人才培养存在的问题

（一）专业体系陈旧，教学计划缺乏针对性，不符合社会发展需求

目前很多高校成人高等函授教育在教学计划、教材选用和课程内容上的普教化倾向明显，很难适应和满足函授学生实际需要。函授教育的招生专业设置、教学计划制定、面授教师安排大多依托学校普通高等教育。普通高等教育学科建设资源丰富，师资力量雄厚，为保证函授教育质量奠定了良好的基础。[①]但函授教育培养目标和生源素质都与普通高等教育存在显著差异。函授教育以职业技能提升和学历补偿为主要目标，而普通高等教育以综合素质和科研能力为主要目标。函授教育生源质量难以匹配一流大学的人才培养目标，成人高考 100 分左右的成人继续教育生源与普通高考 600 分以上的全日制生源之间的鸿沟难以跨越。[②]

（二）课程设置重理论、轻实践，弱化教学结果

在传统的教学计划中由于受上述普教倾向的影响，在课程设置上脱离函授学习的实际，重理论、轻实践，失去了函授办学特色。课程内容与实践距离较远，要求学生死记硬背的学习内容对学生的未来生活及实际工作没有太大效

① 张国海，刘幸．成人高等函授教育质量问题研究[J]．中国成人教育，2015(18)：141-143．

② 陈英霞．“双一流”大学继续教育综合改革策略思考——以中国人民大学为例[J]．继续教育，2018(5)：7-9．

用,这就使学生对学习失去了兴趣。加之对教学结果考核弱化导致很多面授教学成了草草应付的过程,只顾完成授课计划了事,很少顾及学生是否学懂弄通了。[①]

(三)学历、非学历自成体系,缺乏共享互通

我国现行成人学历继续教育绝大多数依托于普通高等学校,在普通高校的机构设置体系中,大多学历继续教育和非学历继续教育归途一致,同属于继续教育范畴。但在实际教育教学过程中,两者相对独立、自成体系,很少做到资源共享、认证互通。这样既加大了继续教育的建设投入,也加重了成人继续教育学习的负担,与继续教育的办学初衷相悖。

二、改革实践具体操作

(一)基本情况

西北大学是一所学科门类齐全的综合性大学,国家首批"世界一流学科建设高校",国家"211 工程"建设院校,教育部与陕西省共建高校。西北大学继续教育学院开展学历继续教育有高起专、高起本、专升本三个办学层次,共设有本专科专业 56 个,其中艺术类专业 7 个,文史类、理工类专业共 49 个,在籍学生 7000 余人。非学历继续教育有国家级培训基地 7 个、省级培训基地 18 个、校企合作培训基地 4 个和校内培训基地 2 个。学院拥有现代化远程教育学习管理平台和丰富的课程学习资源,继续教育初步形成了多层次、多形式的办学体系。

(二)改革原则及方法

继续教育学分制改革以统筹规划、应用导向、先行试点、分步推广为总体原则,以学习者为中心,优化人才培养方案,从更新教学计划着手,形成学分制人才培养方案,逐步建立完善的认证体系。在改革初期经过前期调研确定试点专业,改善课程资源建设方案,明确学分认定内容,以现有学习支持服务平台规范学

① 樊宝群.成人函授教育现状及发展对策[J].中国电力教育,2012(21):43-44.

分认定程序，为最终建立以全民学分银行为依托的人才培养体系奠定了良好基础。

（三）试点选取

经过前期的调研和工作实践经验，学院决定此次学分制改革以“先行试点，逐步推广”为基准，先从7个艺术类学历继续教育专业开始，结合学院相关培训项目实现学分互认机制，从而逐步建立系统的学分互认机制，并在各类继续教育中广泛实施。这7个艺术专业均为高起专层次，分别是图文信息处理、建筑室内设计、动漫设计、视觉传播设计与制作、数字媒体艺术设计、广告设计与制作、播音与主持艺术。以上专业实践性强，职业实践、大型讲座、公开比赛等业余学习形式更有利于学生的专业发展，为正确引导并鼓励学生参与此类活动，特制定相应认证规则，将各项活动以学分形式量化，对学生进行学分积累、转化、认证。同时学院与政府相关职能部门合作，有大量适合上述专业发展的短期培训项目和职业实践基地，这就为学分制改革提供了坚实的基础。

（四）改革内容

1.人才培养方案改革

通过学生职业需求分析、学生生源分析、职业需求调研等，在已有的教学计划基础上，统筹规划，重新部署。

(1)压缩公共课比例。原计划公共课学分占总课程的15%～20%，现压缩为8%～12%。

(2)增强专业课比例，调整优化专业课程体系，在专业基础课、专业课的基础上增加专业选修课。

(3)将实训实习活动、自主培训项目、职业实践等学分化，各专业设定该模块学分最低值，并鼓励各位学员多学多修。

(4)增加提高人文修养的公共选修课，同样设定该模块学分最低值，要求每位学员必须参与。

(5)基于中国大学MOOC等大型开放课程平台，为各专业推荐课程清单。基于上述改革，正在逐步形成完整的专业人才培养模块，进而建立了适应完全学分制改革的函授（业余）培养体系。

2.课程资源建设方案改革

(1)公共课程。线上学习，适用为本。目前这7个专业的公共基础课基本一致，他们是毛泽东思想和中国特色社会主义理论体系、大学语文(专)、大学英语、高等数学(部分专业有)、计算机基础。这些课程均为网络课程资源，内容已显陈旧，缺乏针对性。如高等数学的学习难度较大，计算机基础课内容已跟不上信息时代的发展速度，适用性不强；大学英语专本统一，对学生的吸引力不大。鉴于此，对以上课程进行更新开发，具有以下特点：①课程建设以微课为主，适应成人学习者碎片化学习特征。②加强互动性测试内容，参考艾斯浩宾记忆曲线图对所学内容不断强化。③嵌入人工智能答疑系统，加强在线学习互动性，营造沉浸式学习氛围。④大学语文(专)、大学英语等语言类课程，利用多媒体特征，引入听说能力训练模块，优化读写能力训练模块。⑤将传统计算机基础课程改为网络与新媒体应用课程。包括信息时代的特征、无线网络连接、智能办公硬件使用、手机摄影、iOS操作系统应用、Android操作系统应用、微信等大众社交平台深度应用等。

(2)专业课程。线上结合线下，突出专业特色。艺术类专业课在开放型课程资源库里十分稀少，且专业课是专业化培养的核心内容，也是彰显学校治学水平、办学特色的重要指标。从另一层面来看，专业课建设技术难度大，师资难聘请，可适用范围有限，经济效益低，且效果欠佳。因此专业课采用线上和线下学习相结合的方式，包含3大部分：①线上课程。课程建设聘请学术水平高、适合网络教学环境的师资，充分利用多媒体特征，以最新的教学理念和技术水平建设高水平的课程，既保证了我院艺术类学历继续教育的培养质量，又弥补了开放型课程资源库稀缺的现状。②面授课程。实践操作性强的课程保留传统面授形式，且采用小班化教学，确保良好的教学效果。③实践活动。以实践活动代修专业课。大力鼓励学员用工作实践、学术会议、业务培训、获奖证书、资质培训认证学分免修课程。

(3)选修课程。以提高人文修养为目的，引导学生积极参与。首先，将选修课学分纳入毕业考核条件，规定选修课程最低学分，要求每位学员必须参与，鼓励学生多选多学。其次，提高课程质量，以学生为中心，启发学习兴趣，增强学习主动性。

3. 学分认定内容和程序

西北大学自 2012 年起逐步推进继续教育信息化建设，目前已有支持学历教育的远程教育学习服务平台和非学历培训学习平台。在学分认证和管理中，充分发挥信息化平台多媒体优势和网络化优势，确保认证准确、及时。首先，为参与学分制改革的每一位学习者分配一个学历平台个人空间和非学历平台个人空间，非学历培训平台负责记录全部学分信息，同时具有非学历在线学习功能，学历平台是每位学习者参与学历教育的主要学习通道，其包含学籍信息、教务信息、财务信息、课程学习、师生互动、作业、测评、考试等功能。其次，线上课程和线下课程通过考核后，在该平台里直接认证学分，并以学期为单位生成报表，导入非学历培训平台。在信息化平台还不完善的初期，同时采用线下认证方式作为补充，取得经验后逐步推广。最后，随着全民学分银行的完善，通过建立完整、普适的信息数据系统，能顺利进行数据迁移，确保继续教育学分制有序推进。如图 5-1 所示。

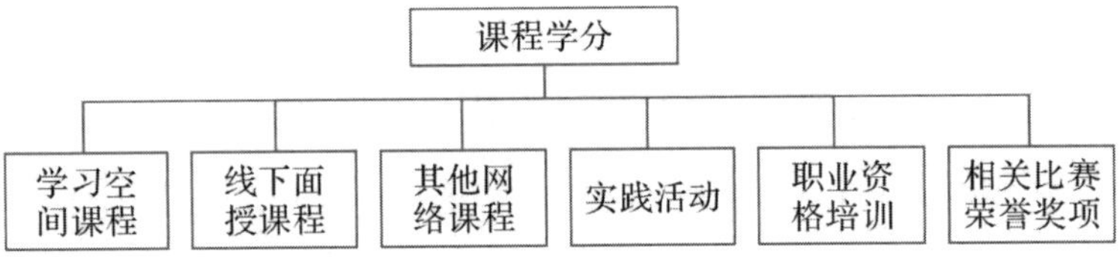

图 5-1 学分认定内容

学分认证程序坚持以学习者为中心。创新制度安排，建立有效通道，方便学习者在不同层次、不同类型高等学校获得的学分以及其他学习成果都可以得到认定、转换和积累。如图 5-2 所示。

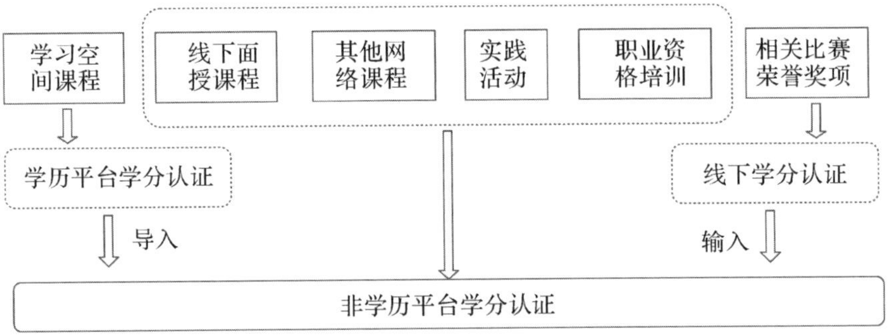

图 5-2 学分认证分布图

具体认证过程大致包含学分申请、完成任务、上传证明材料、逐级审核、获得学分等。

(1)开课前申请个性化学习计划。现阶段学分制以课程为基本单位，每学期开学初学习者可在自己的非学历平台中查看到当前学习规定的全部课程，学生可根据自己实际情况选择部分课程申请免修，用其他形式的学习或活动代替。申请通过后，系统为每位学习者生成了当前学期个性化学习计划。

(2)开课中完成各类学习任务。学习者根据生成的个性化学习计划，接受学院、分站的管理和系统指导，完成学历课程线上学习、其他线上学习、实践活动、职业见习、职业培训等学习任务。

(3)结课后申请认证学分。学期结束后，既定课程按通过情况自动认证学分，个性化部分自主在平台上上传相关证明材料，经分站、学院两级审核通过后，按申请学分予以认证，并自动关联至对应课程。

(4)对于开学初个性化教学计划中没有的内容，如非计划内社会实践、实习、相关比赛、荣誉奖项等可向分站提交纸质申请和相关证明材料，经两级审核通过后，由分站管理员在非学历平台中录入相应认证学分。

三、思考与启示

我国对学分银行的建设和研究已有近20年的时间，也形成了丰富的研究成果，但是在继续教育领域的广泛应用距离理想状态仍存在很大的差距，可以说是一种新生的事物。对于任何新生事物，我们都应该以包容的态度与发展的眼光去看待。在教育信息化的大背景下，结合正在实践的学分制改革工作和未来改革方向，从资源共建共享机制和学分认证管理体系两个方面对终身学习理念下学分银行的应用的发展及研究趋势进行如下展望，以期对推进新时期继续教育的全面发展有一定的引领和指导作用。

(一)资源共建共享机制

数字教育资源共建共享行动已成为当前教育信息化工作的重要内容和实践热点。[①] 从广义上讲，教学资源是指一切可以帮助学生达成学习目标的、显

① 钱冬明，管珏琪，祝智庭.数字教育资源共建共享的系统分析框架研究[J].中国远程教育，2013(7):53-57,70.

性或隐性的、可以支持学习的人、财、物、信息等组成要素。依据表现形态可以分为硬件资源和软件资源两部分。在过去的资源建设和共享机制中,总是关注诸如电子教材、多媒体课件、网络课程等软件资源,而忽视了硬件资源。未来随着“互联网+”的发展,硬件存贮、网络传输等全力依托云服务,借助第三方力量共建共享硬件环境,降低人力物力投入,实现统配优化。其次,在原有继续教育类资源共享的基础上继续深入拓展继续教育和培训、全日制教育间的软件资源共建共享。

(二)学分认证管理体系

在现阶段学分认定内容和学分认定程序的基础上逐步完善继续教育学分认定管理体系。以陕西省高等继续教育学分制研究的阶段性成果为指导,[①]总体架构如图 5-3 所示,在终身学习理念指导下,建立健全认定标准,形成集学籍管理、专属学习、公共学习、学分互认于一体的开放、通用、共享的信息化管理平台。形成稳定、合理的各级保障体系,确保学分互认有据可循、有法可依,有专属的第三方监控和持续的经费保障。

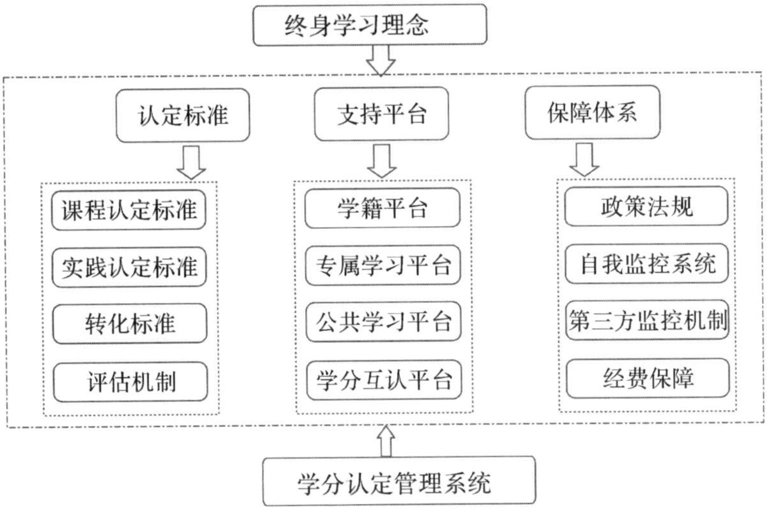

图 5-3 高等继续教育学分互认框架

① 孟贤军. 高等继续教育学分认定和转换机制构建的思考[C]. 厦门: Advanced Science and Industry Research Center, 2017.

在今后的发展中,西北大学将继续稳步推进改革创新,坚持全心全意为全民终身教育服务的理念,不断更新教育理念,以技术手段为支撑,以学分银行为核心交换机,全面实行学分制,最大程度发挥成人学习者的主观能动性,切实提升专业水平和个人素养,为构建学习型社会和终身服务体系建设贡献力量。

第三节 在线自我学习:分析与优化

一、函授生在线自我调节学习现状分析

信息技术的深度应用推动了各级各类在线教育的蓬勃发展,在很大程度上促进了学生的个性化发展。在基础教育领域、普通高等教育领域,在线学习只是线下学习的补充和拓展,然而在高等学历继续教育中,在线学习是学习者完成教学计划、获取学历或学位的主要途径。1999 年 3 月,教育部印发《关于启动现代远程教育第一批普通高校试点工作的几点意见》不仅标志着我国现代远程教育(网络教育)的正式起步,也标志着我国系统性在线学习的正式开启。在 20 年的发展历程中,在线教育已不再是成人学历补偿教育的代名词,而是各级各类教育的重要补充。目前,研究者已从关注教师怎样"教"逐步转向学生如何有效"学",但研究领域主要集中在以 MOOC 为代表的普通全日制高等教育中,对学历继续教育学习者的关注较为少见。学历继续教育学习者往往伴有多重角色,平时担负工作并兼顾家庭责任,以在线自主学习与站点面授辅导相结合的方式完成学习深造。"新冠"疫情防控期间取消了全部线下学习活动,以线上自主学习+线上答疑的模式完成课程学习,这对学习者在线学习能力提出了更高的要求。以网络通信和智能终端为依托的信息技术飞速发展,促进在线教育迅速发展的同时,网络信息泛滥、热点推送繁多、心理监控缺失等问题对在线学习效果带来巨大挑战。对具有多重角色的学历继续教育学习者而言,在线自我调节能力对保障学习效果就显得更为重要。因此,本研究聚焦学历继续教育学习者,采用混合研究法对在线自我调节学习现状及影响因素进行了深度研究,并从不同层面提出了优化策略,以期对提升学历继续教育者在线学习效果具有

一定的参考价值。

（一）国内外研究现状分析

1.国内研究现状分析

通过对中国知网(CNKI)的检索，发现最早关注自我调节学习的研究成果是李宗林翻译的美国学者 BarryJ·Zimmerman 发表在美国《教育心理学通讯》上的文章，该成果详细介绍了社会认知视角下自我调节学习的概念、决定因素以及自我调节的学习方法，为我国自我调节学习的相关研究奠定了理论基础。①

为获取国内在线自我调节学习的代表性研究样本，本研究以教育技术学和继续教育类高质量期刊为文献来源，以“自我调节学习”为主题进行检索，通过分析，我国对在线学习自我调节的研究对象主要集中在全日制大学生，其研究内容集中体现在以下几方面。

(1)基于开放教育资源的自我调节学习支持研究。如邓国民等人的优质教育资源支持的情境下学习者自我调节学习支架的设计和检验以及自主学习环境概念框架的设计等。

(2)信息技术支持的自我调节学习的干预研究。如范丽恒等人对超文本学习环境中差生自我调节学习的优化②；郑兰琴等人设计开发了大学生自我调节学习能力培养工具③；赵蔚等人采用学习分析技术挖掘在线学习者自我调节学习路径以促进学习者学习能力发展的研究④以及何克抗对促进自我调节学习能力发展的灵活学习环境进行了探讨与分析⑤等。

(3)以自我调节学习为自变量的在线学习优化研究。如徐晓青等人的研究表明自我调节学习是影响大学生在线学习满意度的重要因素⑥；周琰的研究表明学习者元认知调节策略在认识信念对网络学习投入的影响中有着完全中介

---

① BarryJ·Zimmerman.一种关于自我调节学习的社会认知观点[J].李宗林，译.河南教育学院学报：哲学社会科学版，1994(1)：35-42.

② 范丽恒，孙启帆，马婧.超文本学习环境中差生自我调节学习的过程干预[J].开放教育研究，2013(1)：95-101.

③ 郑兰琴，李欣，陈凤英.大学生自我调节学习能力培养策略的实证研究[J].中国远程教育，2016(12)：30-36.

④ 赵蔚，李士平.基于学习分析的自我调节学习路径挖掘与反馈研究[J].中国电化教育，2018(10)：20-26.

⑤ 何克抗.灵活学习环境与学习能力发展[J].开放教育研究，2017(1)：21-28.

⑥ 徐晓青，赵蔚，刘红霞.大学生在线学习满意度影响因素研究[J].中国远程教育(综合版)，2017(5)：43-50，79.

作用[①];多召军等人从自我调节学习效能感培养的视角构建了移动网络学习社区构建新范式[②]等。

(4)自我调节学习与教学模式的相关研究。如王正聪等人设计了基于网络教学平台的自我调节学习能力培养模式,并开发出了学习计划管理子系统[③];林君芬在网络课堂教学中引入自我调节学习机制,并提出了网络课堂环境下的差异教学模式与策略[④];徐运玲等人将网络环境下基于问题的学习和自我调节学习进行了探究性融合,并详细论述了网络环境下基于问题学习中两种不同的自我调节学习方式[⑤];邹晓玲的研究表明新型网考成绩反馈时,既告知考生总分,又提供各题型的分数和各题型分数在总体学习者中的位次情况,以及相应的自我调节策略反馈,较之传统的总分报告形式能更有效地促进学生的英语自我调节学习;[⑥]张成龙等人采用实验研究的方式证明了基于MOOC的混合式教学有助于提高学生网络自我调节学习水平,尤其在时间管理和目标设定两个层面等。[⑦]

2. 国外研究现状分析

为获取国外在线自我调节学习的代表性研究样本,本研究以Web of Science核心数据库为文献来源,以"“online learning”“e-learning”“distance learning”"&“self-regulated learning”为篇名关键词进行检索。通过分析,国外在线自我调节学习研究主要集中在以下几方面。

(1)在线自我调节学习的优化策略研究,如支持自我调节学习的智能系统的概念模型,能够考虑学生应达到的不同学习水平以及衡量学生进步的指标,为学习者提出学习路径;[⑧]适用于教育情境的个人信息学(Personal informatics,

---

① 周琰.网络学习投入影响因素与应对策略——基于自我决定理论的视角[J].中国电化教育,2018(6):120-127.

② 佚名.移动网络学习社区构建新范式[J].现代远距离教育,2019(1):10-17.

③ 王正聪,丁新.网络环境中学习者自我调节学习能力培养研究[J].中国远程教育,2008(3):43-46.

④ 林君芬.网络课堂环境下的差异教学模式与策略研究[J].电化教育研究,2010(5):91-97.

⑤ 徐运玲,洪明.网络环境下PBL中自我调节学习研究[J].现代远距离教育,2007(3):60-62.

⑥ 邹晓玲,张旭宁.形成性网络考试与大学英语自我调节学习[J].现代教育技术,2013(1):69-73.

⑦ 张成龙,李丽娇.基于MOOC的混合式教学对网络自我调节学习的影响[J].现代教育技术,2018(6):89-95.

⑧ Lucila Romero, Camila Saucedo, Ma. Laura Caliusco, Milagros Gutiérrez. Supporting self-regulated learning and personalization using ePortfolios: a semantic approach based on learning path[J]. International Journal of Educational Technology In Higher Education, 2019(16):16.

PI)系统(Glance)能够帮助学习者了解自己的在线学习行为;①翻转课堂模式下在线学习中,为学生提供元认知支持有助于强化学生自我调节学习技能的发展;②自适应时间管理支持系统能够改善学习者自我调节学习。③ 此外,从被引频次来看,Kizilcec,R. F 等人刊发在 COMPUTERS & EDUCATION 上的题为《Self-regulated learning strategies predict learner behavior and goal attainment in Massive Open Online Courses》的研究对在线自我调节学习的优化研究奠定了重要基础,该研究明确了 MOOC 情境下学习者自我调节学习能有效预测学习者学习行为和学习目标达成,目标设定和策略计划可以预测个人课程目标的实现,而寻求帮助与较低层次目标实现相关,自我调节学习能力较强的学习者往往会重新访问以前学习过的内容,尤其是课程评价部分;学习者的人口学特征、学习动机等对自我调节学习具有一定的预测作用。④

其次,不同情境下在线自我调节学习对学习效果的影响研究,如对学习者心理变量的全面管理,如成就目标定向、自我调节、考试焦虑、自我效能等,对于在线学习机构、指导者和管理员强化学习支持具有重要作用;⑤混合学习情境下,不同自我调节学习行为与学习绩效间存在弱到中等程度的正相关,每周访问在线课程时长和访问频率是学生成功的最强预测指标;⑥动机调节和自我调

① David García-Solórzano, Eugènia Santamaría, Jose Antonio Moran Moreno. Personal informatics systems for supporting self-regulation in online learning environments[J]. Computer Applications In Engineering Education, 2018(5SI): 1445-1456.

② Fatma Gizem Karaoğlan Yilmaz, Yusuf Ziya Olpak, Ramazan Yilmaz. The Effect of the Metacognitive Support via Pedagogical Agent on Self-Regulation Skills[J]. Journal Of Educational Computing Research, 2018(2): 159-180.

③ Henry Khiat. Using automated time management enablers to improve self-regulated learning[J]. Active Learning In Higher Education, 2019(7): 1-13.

④ Kizilcec, R. F, M. Perez-Sanagustin, Jorge Maldonado. Self-regulated learning strategies predict learner behavior and goal attainment in Massive Open Online Courses[J]. Computers & Education, 2017(104): 18-33.

⑤ Tami Im, Minseok Kang. Structural Relationships of Factors Which Impact on Learner Achievement in Online Learning Environment[J]. International Review Of Research In Open And Distributed Learning, 2019(1): 111-124.

⑥ Amanda P. Montgomery, Amin Mousavi, Michael Carbonaro, Denyse Hayward, William Dunn. Using learning analytics to explore self-regulated learning in flipped blended learning music teacher education [J]. British Journal Of Educational Technology, 2019(1): 114-127.

节学习策略对学业成就具有重要影响;[①]在线学习环境下,学生自我调节学习能力越强,基于虚拟社区的自我探究能力就越明显,且针对特定任务的态度和自我效能感越强;[②]除同伴学习和寻求帮助之外,在线学习者比混合学习者使用自我调节学习策略更为频繁,虽然预测值存在一定差异,但在线学习和混合学习学生之间自我调节学习对学习成绩的主要预测指标基本相同,都非常重视对时间管理和精细化策略的使用[③]等。

(3)在线自我调节学习的测量研究,如适用数字化学习的自我调节框架,包括学习计划、共享记录或电子档案、评估、人工反馈、机器反馈、目标/过程/概念的可视化、脚手架和代理等 8 个功能;[④]适合学习者自定进度的开放和远程学习情境下学习者自我调节学习量表,包括目标设定、寻求帮助、自学策略、物理环境管理、努力调节 5 个维度,共 30 道题目;[⑤]支持 MOOC 学习者自我调节学习的 Web 应用程序(NoteMyProgress);[⑥]适用于 MOOC 学习者自主学习情境的自我调节学习量表;[⑦]使用在线课程学习者行为数据挖掘学习者自我调节学习模式,比学习者自我报告的方式更精准等。[⑧]

---

① Jaclyn Broadbent, Matthew Fuller-Tyszkiewicz. Profiles in self-regulated learning and their correlates for online and blended learning students[J]. Educational Technology Research And Development, 2018(6): 1435-1455.

② Moon-HeumCho, YangheeKim. The effect of self-regulated learning on college students' perceptions of community of inquiry and affective outcomes in online learning[J]. Internet And Higher Education, 2017 (34): 10-17.

③ Jaclyn Broadbent. Comparing online and blended learner's self-regulated learning strategies and academic performance[J]. Internet And Higher Education, 2017(33): 24-32.

④ M H Yen, S Chen, C Y Wang, et al. A framework for self-regulated digital learning (SRDL)[J]. Journal of Computer Assisted Learning, 2018(5): 580-589.

⑤ Serpil Kocdar, Abdulkadir Karadeniz, Aras Bozkurt, Koksal Buyuk. Measuring Self-Regulation in Self-Paced Open and Distance Learning Environments[J]. International Review of Research In Open And Distributed Learning, 2018(1): 25-43.

⑥ Perez-Alvarez R , J Maldonado-Mahauad, M Perez-Sanagustin. Design of a Tool to Support Self-Regulated Learning Strategies in MOOCs[J]. Journal of Universal Computer Science, 2018(8): 1090-1109.

⑦ Rene'e S. Jansen. Validation of the self-regulated online learning questionnaire[J]. Journal of Computing In Higher Education, 2017(29): 6-27.

⑧ Cho, Moon-Heum, Yoo, Jin Soung. Exploring online students' self-regulated learning with self-reported surveys and log files: a data mining approach[J]. Interactive Learning Environments, 2017(8): 970-982.

(二)研究设计与过程

1. 研究对象与工具

本研究通过对陕西、广东、云南等3省7所高校继续教育学院(远程教育学院)引入的在线课程进行调研发现,学生基于在线课程开展"在线自主学习"的个案百分比为73.1%,是当下在线课程的主流方式。因此,本研究聚焦自主学习型在线课程中学历继续教育学习者自我调节学习开展现状及影响因素的研究。

通过对国内外在线自主学习相关量表进行比较分析后,本研究对Ruth Martinez-Lopez等人联合开发的《基于MOOC的自我调节学习量表》进行本土化翻译,[①]翻译完成后选取10名系统学习过在线课程的学生和5名关注高校在线开放课程应用的学者进行访谈,对量表题目内涵的表述进行本土化调整,最终形成在线自我调节学习量表,累计24个题项。该量表包括目标设定(Goal Setting)、环境构建(Environment Structuring)、任务策略(Task Strategies)、时间管理帮助(Time Management Help)、寻求帮助(Help Seeking)、自我评价(Self-Evaluation)等6个维度。

研究量表修订完成后,以西北大学继续教育学院学历继续教育学习者为主要研究对象,同时又通过问卷星向陕西、广东、云南等3省部分高校继续教育学院(远程教育学院)的在线学习者发放问卷,历时2周(2020年3月16~29日),共回收在线问卷358份。根据至少系统性学习完一门在线课程、问卷填写时间不低于180s、题目选项不存在明显的规律性等条件对数据进行清洗后,最终共保留有效问卷287份,有效率80.17%。

2. 研究工具检验

研究数据清洗后,分别从项目分析、探索性因素分析、验证性因素分析和内部一致性检验等4个层面对研究量表进行检验。

(1)项目分析结果显示:极端组比较中,T值(决断值)的绝对值($|t|$)介于8.351~15.473≥3.000;题项与总分相关分析中,题项与总分相关系数介于

① Carmen Yot, Iuliia Tuovila, Víctor-Hugo Perera-Rodríguez. Online Self-Regulated Learning Questionnaire in a Russian MOOC[J]. Computers in Human Behavior, 2017(75):966-974.

0.506*** ～0.751*** ≥0.400；同质性检验中，已删除的 α 值（内部一致性系数）均小于等于量表整体 α 值（0.941）、共同性指标介于 0.228～0.581≥0.200、因素负荷量介于 0.477～0.762≥0.450。各项指标均高于项目分析的建议值。

（2）鉴于该量表对已有量表进行的本土化翻译，具有明确的维度划分和题目归属，因此本研究采用分层面个别进行因素分析法进行因素分析，即“根据各量表的层面，以层面包括的题项变量分别进行因素分析，而不以整个量表进行因素分析”。① 因素分析的结果见表 5－1。

表 5－1 在线自我调节学习量表因素分析结果

维度	题项描述	因子负荷
目标设定	在线课程学习时，我为自己设定了学习目标	0.811
	在线课程学习时，我设定了短期学习目标和长期目标	0.805
	在线课程学习时，我以高标准要求自己的学习	0.815
	我会以设定的学习目标为依据，合理安排在线课程的学习节奏	0.825
	我不会因为是在线学习而降低对自己的学习要求	0.766
KMO＝0.841，初始特征值＝3.238，解释总方差 64.767%的变异量		
环境构建	我会选择一个不让自己分心的地方学习在线课程	0.679
	在家或单位里我发现了一个或多个适合学习在线学习的场所	0.653
	我知道自己在哪里学习在线课程效率高	0.776
	我会选择一个不让自己分心的时间段来完成在线学习	0.789
KMO＝0.720，初始特征值＝2.112，解释总方差 52.803%的变异量		
任务策略	在线学习时我全程做好笔记，因为在线学习记笔记比传统学习更重要	0.796
	在线学习时，我会朗（默）读课程材料，防止分心	0.693
	在线学习中话题讨论前，我会认真准备发布的内容	0.684
	在线学习时，我会主动完成一些非指定的任务来强化学习效果	0.760
KMO＝0.746，初始特征值＝2.159，解释总方差 53.982%的变异量		
时间管理	我会刻意分配时间来进行在线学习	0.773
	我制定了在线学习的学习计划，并严格执行	0.863
	尽管每天有工作任务和其他学习任务，但我还是会分配时间学习坚持在线学习	0.827
KMO＝0.672，初始特征值＝2.026，解释总方差 67.528%的变异量		

① 邱皓政.问卷统计分析与实务——SPSS操作与应用[M].重庆：重庆大学出版社，2010：282.

续表

维度	题项描述	因子负荷
寻求帮助	我能找到一个指导和帮助我完成在线学习的老师、同学或朋友	0.785
	我会将在线学习中遇到的问题在讨论区和他人交流	0.815
	如果有需要，我会和同学面对面交流在线学习中遇到的问题	0.756
	我会在线下教学活动中和老师交流在线学习中遇到的问题	0.804
KMO=0.785，初始特征值=2.449，解释总方差 62.481%的变异量		
自我评价	我会通过对在线学习的总结，来反思对知识的理解情况	0.809
	在线学习时，我会反问自己许多关于课程内容的问题	0.814
	我会通过和同学交流，强化在线学习的反思	0.854
	我和同学交流中会发现自己学习中的一些不足	0.817
KMO=0.794，初始特征值=2.715，解释总方差 67.867%的变异量		

(3)验证性检验的结果见表 5－2。

表 5－2　验证性检验结果

统计检验量	CMIN/DF	GFI	RMR	RMSEA	AGFI	NFI	CFI	IFI
检验值	1.591	0.905	0.021	0.045	0.878	0.896	0.958	0.959
建议值	<2.0	>0.9	<0.05	<0.08	>0.9	>0.9	>0.9	>0.9

在模型拟合度评估方面，模型拟合度越高，则代表模型可用性越高，参数的估计越有效。然而，X^2(Bartlett's 球形检验近似卡方分布)统计量容易受到样本大小的影响。因此，除 X^2 统计量外，还需同时参考其他拟合指标，如 GFI，RMR，RMSEA 等绝对拟合指标，AGFI，NFI，CFI，IFI 等增值拟合指标等。其判断准则分别为：CMIN/DF 小于 2.0，RMR，RMSEA 越接近 0 表示模型拟合度越好，通常采用 RMR 小于 0.05、RMSEA 小于 0.08，其他各项指标越接近 1 表示模型拟合度越好，通常采用建议值为大于 0.9(大于 0.8 为基本合格)。以此为参考，本研究预设模型拟合度良好。

(4)内部一致性检验的结果显示：整体及目标设定、环境构建、任务策略、时间管理帮助、寻求帮助、自我评价等各维度的 Alpha 值(克隆巴赫 α 系数，又称内部一致性 α 系数)分别为 0.941，0.863，0.695，0.715，0.756，0.795，0.842。

（三）在线自我调节学习现状

1. 整体情况分析

描述性统计分析的结果显示：研究样本在线自我调节学习整体情况为3.41±0.028；目标设定、环境构建、任务策略、时间管理帮助、寻求帮助、自我评价等各维度统计结果（M±SE）分别为3.34±0.033，3.59±0.0332，3.50±0.0310，3.36±0.0333，3.26±0.0357，3.40±0.0324，且在不同性别间不存在显著性差异。

2. 相关性显著差异分析

为进一步判断学历继续教育学习者在线自我调节学习各维度相关强度在性别之间的群体差异，本研究在相关分析的基础上进行了相关性显著差异分析。具体实施时，本研究首先分别对男生、女生的在线自我调节学习各维度进行相关分析，确定相关系数（r 值）。其次，利用 $Z_r=1.1513\lg(1+r)/(1-r)$ 分别计算得出各相关系数对应的 Z_r 值（相关系数的标准值）。再次，通过 $Z=(Zr_1-Zr_2)/\mathrm{SQRT}[1/(n_1-3)+1/(n_2-3)]$[①]分别计算出各维度相关系数在不同性别群体间相关系数的差异值（Z 值）。最后，若 $|Z|=2.38>1.96=Z_{0.05}$，则 P 值（显著性水平）小于0.05，表示该相关系数在不同性别间存在显著性差异。依据相关性显著差异判断准则，环境构建（ES）与寻求帮助（HS）的相关系数存在显著的性别差异，且男生群体二者的相关程度显著高于女生，其他各变量的相关系数不存在显著的性别差异。

（四）影响因素与对策分析

1. 影响因素分析

（1）研究工具与对象。以《在线自我调节学习量表》包括的目标设定、环境构建、任务策略、时间管理帮助、寻求帮助、自我评价6个维度的具体内涵为依

① 王孝玲．教育统计学[M]．上海：华东师范大学出版社．2006：215．

据,按照每一个维度对应一道访谈问题的思路编制半结构访谈提纲,如目标设定维度的访谈问题表述为“在线学习时,你会不会设定短期学习目标和长期学习目标?影响你不能很好设定学习目标、合理安排学习节奏的因素主要有哪些?”在实际访谈中根据访谈对象对访谈内容表现出的困惑进行追问或引导。

访谈提纲编制完成后,选取了6名(3名男生、3名女生)学历继续教育学习者进行在线访谈,认真记录试访谈中发现的各种问题,根据结果对访谈提纲进行修订和完善。访谈提纲确定后,按照年级、性别、专业、性别均衡分布的原则,选取36名学历继续教育学习者(陕西27名、广东5名、云南4名)开展正式访谈。访谈结束后,第一时间完成转录。

(2)研究过程与结果。访谈数据转录、校对后,采用NVivo8.0对访谈数据进行编码分析,具体过程如下所述。

1)开放式编码。开放编码是通过分析原始资料中的句子或段落对类似的现象进行概念化,并在此基础上将相同或相似的概念集聚到相应范畴中的一个过程。为确保数据编码的有效性,本研究由两位从事高校在线课程应用研究的教育技术学博士对访谈数据进行至少2次协同编码活动,不断协商原始访谈文本数据的概念化结果,增强编码的一致性。最终,通过开放式编码确定了205个自由节点。

2)主轴编码。该阶段的主要工作是将自由节点归类成树状节点。本研究将205个自由节点进行提炼并归类为树状节点。经编码,最终共总结归纳出4个树状节点,分别是个人因素、课程因素、文化因素和管理因素。

3)核心编码。核心编码指的是在所有已发现的类属关系中经过系统分析后选择一个“核心类属”,并通过这个“核心类属”将其他类属串成一个整体,使所得到的资料形成一个清晰的故事线索的过程。经分析,最终将4个树状节点提炼成1个核心节点,即学历继续教育学习者在线自我调节学习影响因素,见表5-3。

4)理论饱和度检验。上述数据分析完成后,本研究采用在线的方式对4名学历继续教育学习者(2名男生、2名女生)进行访谈,以验证数据是否达到饱和。最终编码结果表明,未发现新的范畴,初始访谈通过了理论饱和度检验,研究数据具有较好的信度和效度。

图 5－3　在线自我调节学习影响因素编码结果

核心编码	主轴编码	自由编码
在线学习自我调节影响因素（205）	F1 个人因素（72）	F11 外部学习动机高于内部学习动机
		F12 尚未掌握合适的在线学习方法
		F13 对在线课程尚未引起高度重视
		F14 对自我发展需求、兴趣爱好认识不足
		F15 在线自主学习意志力较弱
	F2 课程因素（37）	F21 课程内容与专业发展和兴趣不匹配
		F22 平台在线交互功能和笔记功能不够人性化
		F23 课程在线考核方式单一，在线学习流于形式
	F3 文化因素（51）	F31 学校尚未形成浓厚的在线自主学习文化
		F32 在线学习均是各自为阵，尚未形成讨论交流的学习氛围
		F33 缺少适合自主学习在线课程的场所
		F34 容易被周围不良的在线自主学习行为所影响
	F4 管理因素（45）	F41 缺乏选课指导，感性高于理性
		F42 学校对在线自主学习的支持服务不到位
		F43 缺少对在线课程自主学习的过程监控与督导
		F44 在线课程自主学习的学分认定过于简单

通过对质性访谈数据的分析，本研究发现影响研究被试在线自我调节学习的因素主要包括个人因素、文化因素、管理因素和课程因素 4 个层面。从参考点的数量来看，个人因素占比例最高，其次是文化因素、管理因素和课程因素。其中个人因素主要包括在线学习动机、在线学习策略以及学习意志力等因素；文化因素主要指的是就读学校缺乏在线学习文化氛围的营造、学习型组织的引导创建和发展以及必要的基础性学习空间等；管理因素主要包括对在线自主学习缺乏过程性监督、提醒和有效考核等因素；课程因素主要涉及课程内容、平台功能以及在线课程考核 3 个层面。

2. 优化对策分析

在明确学历继续教育学习者在线学习自我调节现状和影响因素的基础上，

本研究着重从以下3个层面对优化学历继续教育学习者在线自我调节学习提出建议。

(1)加强专属课程建设，强化学生选课指导，精准学习，供需匹配。学习动机对自我调节学习有重要影响，尤其是内部学习动机。研究结果显示研究样本参加在线自主学习的动机以外部动机为主，主要缘于所选课程未能很好地满足学习者专业发展需求或兴趣爱好，课程学习内容在工作岗位上不能迅速产生效果，也就是说供需匹配存在一定程度脱节。造成脱节的原因主要在于两点：①学历继续教育的在线课程专属性不强，针对成人教育特点专门建设的课程占比偏低，所用的大部分课程要么来自全日制淘汰的精品课程，要么是使用现行的针对全日制本科生或研究生建设的MOOC。课程性质与内容特点与学历继续教育学习者的需求存在较为严重的不匹配现象。②主办院校为学生提供的选课时间较为紧张，专业性指导不强。依成人学习者现有的发展水平，很难在短时间内选择合适的课程。此外，在线自我调节学习能力的培养不是一蹴而就的。因此，主办院校要结合已有人才培养方案需求，在在线开放课程引入、应用与评估等各环节进行系统规划和布局。在办学经费预算允许的前提下，逐步加大专属性在线课程建设。同时，变革选课流程及管理模式，给学生留有足够时间在充分了解自身需求、课程特征的基础上，理性选择课程，注重教师在学生选课环节中的引导作用，鼓励教师根据学习者发展阶段、能力水平、课程教学需要、人才培养需要，分层次、分阶段推荐或引导学生选择不同要求、不同类别的在线开放课程，使在线开放课程切实成为学历继续教育人才培养课程体系的坚强基石。

(2)重构学习空间，营造文化生态。群体动力学理论认为“一个人的行为是个体内在需要和环境外力相互作用的结果”。[①] 因此，除强化学生内在学习动机外，主办院校还应注重“环境外力”对学生在线自我调节学习的影响，即基于创新型学习空间的文化生态。在大数据、云计算、人工智能等新兴技术的支持下，衍生了泛在学习、无缝学习、碎片化学习等多种学习方式，不断激发了现有

① 张立新，李茂林. 群体动力学视域下虚拟班级管理策略的研究[J]. 远程教育杂志，2011(6)：39-43.

学习空间与新兴学习方式之间的矛盾。学历继续教育学习者在整个学习过程中与高校长期处于一种“准分离”的状态，他们比全日制大学生更需要院校归属感和网络校园文化生态。与教师主导、侧重知识传授的规制型学习空间相比，开放、弹性化的创新型学习空间更有助于弥补上述缺失，能更好地培养成人学习者与职业准备相关的认知与非认知能力。鉴于此，主办院校应以人才培养需求为导向，重构融入高校文化生态的学习空间，为多样化学习方式的应用和学习共同体的创建奠定基础，以在线学习文化创设为切入点，推动在线学习文化生态变革。

(3)加强过程监控，完善学分认定。总体看来，在线课程的发展速度越来越快、质量越来越高、在高等教育中的作用越来越显著。在“新冠”疫情防控期间，为落实“停课不停学”的防控举措，在线课程的应用更加广泛，认可度大幅提升，但在过程监管措施和学习认定评价体系等方面也暴露出很多问题。这些问题也与本研究的访谈调研结果基本一致，如学校相关管理制度的欠缺对跨平台学习课程的学分互认很难实现；对在线学习过程监控不到位容易产生只追求分数不考虑效果的问题；线下辅导、线上答疑与线上自主学习脱节；线上课程学习内容与电子教材和纸质教材匹配度欠佳等。这些问题很大程度上导致在线开放课程的应用流于形式。随着认知神经科学的发展，在在线课程开发阶段，应注重认知神经科学的深度应用，如利用生物信号采集技术对在线学习过程进行监控，时刻了解学习者的学习状态，并提供个性化学习过程和学习资源支持服务。同时主办院校应以成果导向教育理念为指导，发挥信息技术优势，适度增加学历继续教育在线学习的经费投入，建立和完善在线自主学习过程监控与预警机制，促进学生在线学习投入。此外，建立和完善以能力评估为导向的多元化在线课程学分认定办法，在教学管理层面推动在线课程的深度应用。

二、函授生技术在线学习意向优化研究

函授教育作为继续教育的一种学习形式具有深远的历史意义，在20世纪中后叶为国家和地方人才培养、经济建设做出了积极的贡献。随着信息技术和通信技术的飞速发展，广播电视大学和网络教育在成人教育中的优势逐渐凸

显，其规模不断发展壮大。而函授教育基本保持着原有的模式组织教学，难以适应社会发展的需求，生源规模不断减少。再者，普通高等教育的扩招对学历继续教育的生源有着严重的冲击。函授教育已经进入了衰退期，现实迫使传统函授教育必须改革。此外，当前国家大力发展继续教育，但以学历补偿为主要目的的传统函授教育已不再是继续教育的主流。未来继续教育的发展是以信息化为技术支撑，以自主学习为核心方法，以满足学习者实际需求为目标的新型继续教育。

鉴于上述原因，西北大学继续教育学院本着信息化是建设终身学习体系重要支撑的原则，全面改革传统函授教育模式，同时以函授教育信息化改革为支撑点，大力发展新型继续教育产业。就改革本身而言包含两个层面的内容：一是彻底的颠覆，二是对原有产品的升级迭代。函授教育的信息化改革属于第二类，是对原有函授站教学模式的升级迭代。函授教育的信息化改革主要是指将线上线下相结合的混合式教育模式充分应用到函授教育中。自 2014 年至今，西北大学新型继续教育的建设和发展取得了一定的成绩，但实际运行过程中，在管理、操作、效果等方面仍存在一些问题。通过对函授生、总站管理员、分站管理员、辅导教师的访谈调研发现，学生信息素养对在线学习的行为意向和在线学习效果有较为明显的影响。以 2017 级学生为例，学习者向管理员的提问中，占比最高的是学习平台的技术操作问题，占全部问题的 57.6%。基于上述实践改革的经验和实际调研，本研究对函授教育信息化转型后如何优化函授生在线学习状态和未来学习意向的问题进行了初步探究，对推动新型基础教育的深度发展具有重大的理论和现实意义。

（一）研究平台与研究对象

1. 研究平台

本研究以西北大学继续教育学院网络远程教育学习支持服务平台为依托，该平台采用产品云服务模式与教育产业公司合作，于 2015 年正式上线投入使用。经过 4 年多的教学实践活动，在线学习规模不断扩大，累计在线学生 6000 多人，累计课程学习人次达 3 万多人次。其强大的数据存储能力保证了生源数量不受限制且每位学员的使用流畅性不因访问量的增加而改变。在安全性方面，平台提供全面符合国家有关信息安全政策法规、核心技术自主的整体安全解决方案；能够适应国际互联网、业务专网等多层次的安全要求，数据库服务器可以放置在内部 IP 地址，充分保证数据的安全；提供用户身份认证、加密验证、授权验证等，在保证系统安全的同时又能灵活地进行权限设置；另外，权限设置实行分级分角色授权。以此来全面保证系统的安全性，使系统正常稳定地运行。

该平台集总站管理员、教学站点管理员、班主任、教师、学生五类用户于一体。平台可以在多操作系统（Unix［Sun Solarix 及 IBM AIX 等］、Linux，Windows）上稳定运行。采用模块化结构，在保留核心模块的条件下，可根据需要跨操作系统的自由分离与组合。为解决成人学习者的工学矛盾，适应互联网时代碎片化的学习习惯，专门为学生用户同步了 APP 移动端。学生在 APP 端可以看视频、看课件、完成作业、交流讨论、记录笔记、发表意见等，即学生可在 APP 端实现与 PC 端完全相同的学习功能，且学习记录完全同步。

为保障学生顺利进行在线学习，特编制了学习手册，旨在帮助学生无障碍性完成以下在线学习任务：可根据网址登陆平台，自主下载安装 APP 移动端，正确输入用户名、密码和验证码，遇到密码丢失时可根据提示信息通过邮箱找回密码；进入学习平台可根据菜单栏指引，自主选择自己想要完成的内容；可根据网速条件调节视频播放清晰度；能够及时查看信息提示，注意作业、测试等截止时间；能利用学习社区、留言板、站内信息等主动建立学习共同体，参与学习互动，查看学习排行榜和自己的学习进度；具备基本的数字化文档编辑能力，能够在信息终端以人机输入形式表达意愿；针对理工科的学习还开发了数学、化学、物理等学科的公式编辑器，同时为了保障因深度输入障碍造成的提交困难，专门设置了拍照上传功能，即可将答题内容写在纸上再拍照上传至指定区域。

2. 研究对象

本研究以参与混合学习的函授生为研究对象，分析了 4 年来函授生混合学习中在线学习的数据，并向 2017 级函授生和 2018 级函授生发放了量表。之所以选择他们作为研究被试主要出于以下几点考虑：参与在线学习时间较长，2017 级函授生已经完成了 4 个学期的课程学习任务，2018 级函授生已经完成了2个学期的学习任务;参与学习的在线课程规模数量较大、类别较多,2017级、2018级学生在线学习课程门次数占教学计划课程总门次数的比例分别为36.29%和39.41%,较前两级学生均有明显提升;管理模式有了显著改进,经过2015级、2016级的实验摸索,总站和分站对函授生在线学习的管理模式都有了较为全面的了解,并根据实际问题对学习平台、课程资源做了升级调整。因此,研究被试具有较高的代表性。

(二)研究过程

1.构建研究模型,提出研究假设

(1)理论基础:技术接受模型。技术接受模型(Technology Acceptance Model,TAM)是戴维斯(Davis)在理性行为理论基本假设的基础上,吸收期望理论、自我效能理论等相关理论,提出的用于解释和预测用户信息系统接受行为的模型。该模型包括外部变量——技术感知(Perceived Technology, PT),有用性感知(Perceived Usefulness,PU)、易用性感知(Perceived Ease of Use, PEU)、使用态度(Attitude Toward Using,A)、应用现状(Used Status,US)以及行为意向(Behavioral Intention to Use,BI)等6个结构变量,其中有用性感知与易用性感知是TAM的核心概念。本研究仅选取函授生技术感知作为唯一的外部变量,借鉴该模型(TAM),构建了函授生技术感知对在线学习意向的研究预设模型,就技术感知对在线学习意向的影响进行了分析。其中技术感知主要是指从函授生在线学习的实际出发,对自身使用计算机、移动终端、网络等信息化设备与产品以及学习平台基本操作技能的一种主观判断;有用性感知是指函授生认为利用在线学习能够提升学习效果的程度;易用性感知主要是指函授生认为在线学习的容易程度或可减少努力的程度;使用态度主要是指函授生对在线学习的喜好或厌恶程度;使用现状主要是指函授生在日常教学过程中基于网络平台或APP移动端进行学习的状况;使用意向是指函授生以基于现在和过去在线学习的自我感受为判断依据,进一步进行在线学习的行为倾向。

(2)研究模型与研究假设。本研究以技术接受模型(TAM)为研究基本模型,将在线学习的函授生的技术感知水平(PT)、有用性感知(PU)、易用性感知

(PEU)、使用态度(A)、应用现状(US)以及行为意向(BI)等 6 个结构变量构建了函授生技术感知对在线学习意向的研究预设模型，如图 5-4 所示，并提出如下研究假设。

H1：技术感知对易用性感知有显著性影响；

H2：技术感知对有用性感知有显著性影响；

H3：易用性感知对有用性感知有显著性影响；

H4：技术感知对使用态度有显著性影响；

H5：易用性感知对使用态度有显著性影响；

H6：有用性感知对使用态度有显著性影响；

H7：易用性感知对使用现状有显著性影响；

H8：有用性感知对使用现状有显著性影响；

H9：使用态度对使用现状有显著性影响；

H10：易用性感知对行为意向有显著性影响；

H11：有用性感知对行为意向有显著性影响；

H12：使用现状对行为意向有显著性影响；

H13：使用态度对行为意向有显著性影响；

H14：技术感知对行为意向有显著性影响。

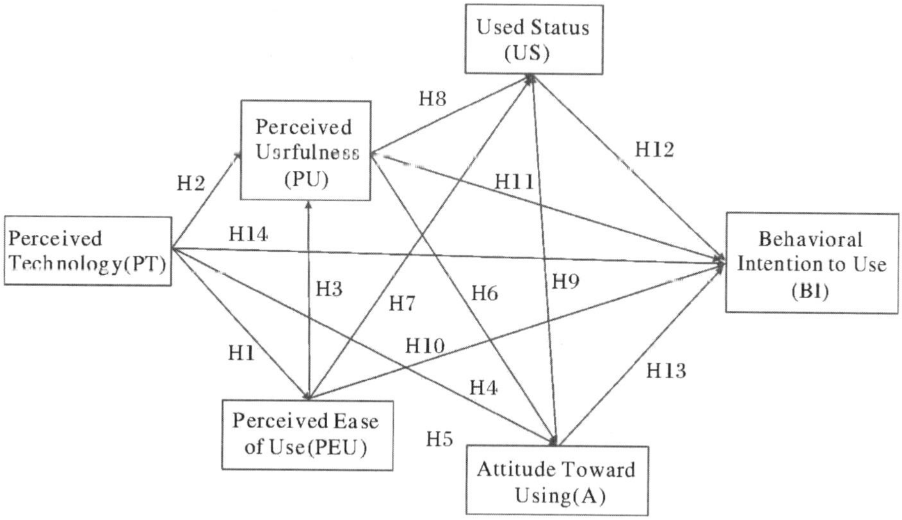

图 5-4 研究预设模型

3.基于行为事件的访谈研究

行为事件访谈法(Behavioral Event Interview,BEI),又称关键事件访谈法,是MoClelland教授结合关键事件法和主题统觉测验而提出来的,是一种开放式的行为回顾式的探查技术。该方法通过与工作绩效优异者和一般者访谈,访谈者能够有效地引导被访者将自己的真实想法和能力暴露在访谈内容中,访谈者将从中挖掘被访者的相关特质,得出导致高绩效的素质信息,多用于胜任力特征的研究中。本研究借鉴其方法,根据技术接受模型的6个维度,结合前期综合调研结果,针对性地通过访谈在线学习中的学霸函授生和一般函授生的学习体验从而寻找促进在线学习发生的相关技术感知特征,为研究量表题项的选择和改编提供依据。

(1)研究样本。本研究访谈对象分为优秀组和普通组,优秀组挑选在线学习认真、平台数据显示学习期间上过学霸排行榜的函授生,共计6名,具备以下3项条件:每学期都认真完成教学计划内的在线课程学习任务;能够按要求完成80%以上的作业和测试;在线学习期间参与过答疑、讨论、交流等教学活动。普通组则在没有上过学霸排行榜的学员中随机抽取,共计6名,对其要求为只要参与过在线学习的每一个教学环节即可。

在确定研究样本后,本访谈分两个轮次进行。第一轮从优秀组中随机选取3名函授生作为访谈对象,依据访谈内容梳理技术接受模型6个结构变量的观测变量内容。第二轮对优秀组其余3名函授生和普通组的6名函授生分别进行访谈,对观测变量内容进行验证与完善。

(2)访谈内容与数据采集。本研究根据实际情况采用现场访谈和在线访谈相结合的方式,让访谈对象回忆自己在线学习的经历,围绕技术感知、有用性感知、易用性感知、使用态度、应用现状和行为意向进行深度访谈。每位访谈对象受访时间长度约为1h,访谈全程录音,之后采用讯飞听见将语音材料转为文本文档,作为编码统计的原始数据。

(3)编码流程及质量控制。本研究组建了4人编码培训小组对第一轮访谈的3名函授生进行预编码,编码小组成员的学科背景分别为教育技术学(2名)、计算机科学与技术(1名)和心理学(1名)。以文献分析、工作调研和技术接受模型核心要素为基础,对访谈文本进行试编码,统计比较3份编码结果的异同之处，对相似相关概念进行合并，对不一致的地方进行讨论，提高一致性。最终形成46条描述项。再根据上述研究基础，对其余9名访谈对象进行编码，再次合并相近概念，最终形成37条描述项。

3.研究量表编制

(1)量表的编制。以上述行为事件访谈得出的37条描述项为基础，对杨小明《在线教育平台用户持续使用意向影响因素的调研问卷》①和王斐《教师技术感知对电子书包使用意向的调查问卷》②等量表进行改编，初步形成以技术接受模型为核心的技术感知对在线学习意向的调查量表。为保证量表的内容效度，研究量表在编制过程中曾多次征求专家、同行、教师和学生的意见。此外，量表编制完成后，邀请了11位被测个体进行试测，就各题项描述进行了详细访谈，并根据反馈情况对量表做了适当修订。

最终形成的量表包括基本信息和具体量表两部分：基本信息部分主要包括研究被试的年级、专业、性别等；具体量表包括函授生在线学习技术感知、有用性感知、易用性感知、使用态度、使用现状以及进一步在线学习的行为意向等6个潜在变量，每个潜在变量由5～7个观测变量组成，共计34个题项。技术感知维度包含7个题项，主要测量被试日常使用常用信息化软硬件设备的熟练程度及在线学习相关操作的使用情况；有用性感知维度包含5个题项，主要测试在线学习对自己的有利程度；易用性感知包含4个题项，主要考量被试利用PC端和移动端进行学习的操作使用情况；使用现状包含4个题项，主要考量被试使用在线学习用到的功能、问题解决、对在线学习的适应情况等；态度维度包含3个题项，分别测量当前在线学习态度、对未来的期望及对在线学习的评价；行为意向维度包含5个题项，主要测量未来利用在线学习提升自己的态度。

(2)信效度检验。本研究以西北大学继续教育学院2018学年度春季学期正在进行在线学习的2017级、2018级函授生为研究对象，于2018年5～6月利用上述量表进行了在线调查。此次量表共计回收827份，经不同学习者和研究者试测，根据作答时间剔除填写时间小于240秒的问卷，最终保留有效问卷640份。其中男生167人，占比26.2%，女生473人，占比73.8%；高起专190人，占

① 杨小明.在线教育平台用户持续使用意向影响因素研究[D].南昌：江西财经大学.

② 王斐，傅钢善.教师技术感知对电子书包使用意向的影响研究[J].现代教育技术，2013(12)：36-41.

比 29.7%，高起本 7 人，占比 1.2%，专升本 443 人，占比 69.1%。样本中性别分布情况与总体分布情况(42.4%、57.6%)不太一致，样本中学历层次分布情况与总体分布情况(41.1%、1.4%、57.5%)基本一致，能基本满足研究需求。

在对研究量表进行因子分析之前，必须对其进行 KMO 和值 Bartlett 的球形度检验。经检验，KMO 值为 0.859，且 Bartlett 的球形度检验 *Sig.* =0.000。根据邱皓政的 KMO 统计量判断原理，该量表非常适合开展因子分析。在具体实践操作中，本研究将抽取方法选定为"主成分"，抽取方法选定为"基于特征值大于 1"，旋转方法选定为"最大方差法"，最大迭代性收敛次数(X)设定为"25"，取消绝对值小于 0.50 的因子。输出结果显示共抽取 6 个因子，累计解释总方差的 65.55%的变异量，各题目因子负荷量介于 0.555～0.836 之间。经计算 PT，PU，PEU，BI，US，A 各维度的平均变异抽取量(AVE)分别为 0.5353，0.6846，0.7726，0.5647，0.6563，0.7488，组合信度(CR)值分别为 0.888，0.7419，0.6995，0.8663，0.6722，0.6151。根据 Tabachnica 与 Fidell 提出的因子负荷量的评判标准①，该量表探索性因子分析结果较好。

此外，本研究中主要采用克隆巴赫系数对研究量表的内部一致性进行了检验，科隆巴赫系数越高，说明该量表的测量结果越可靠。数据分析结果显示：该量表整体一致性系数为 0.925，PT，PU，PEU，BI，US，A 各维度的内部一致性系数分别为 0.788，0.810，0.698，0.916，0.852，0.730。根据"Cronbachs α 值≥0.7 时，属于高信度；0.35≤Cronbachs α 值≤0.70 时，属于尚可；Cronbachs α 值≤0.35 则为低信度"的评判标准，该量表具有较高信度，可用于开展函授生技术感知对在线学习意向的研究。

(三)研究模型分析

1. 研究模型拟和度分析

借助 SPSS19.0 及 AMOS6.0，对研究预设模型的数据拟合度进行分析，各项指标的分析结果见表 5－4。

① 邱皓政. 量化研究与统计分析——SPSS 中文视窗版数据分析范例解析[M]. 重庆：重庆大学出版社，2011.

表 5-4 研究预设模型数据拟合度分析

适配指标		测量值	判断准则	是否达标
绝对拟合指标	CMIN/DF	3.441(P=0.064)	P>0.050	是
	GFI	0.996	GFI>0.900	是
	RMR	0.007	RMR<0.050	是
	RMSEA	0.098	RMSEA<0.080	否
	TLI	0.958	TLI>0.90	是
增值拟合指标	AFGI	0.907	AFGI>0.900	是
	NFI	0.996	NFI>0.900	是
	CFI	0.997	CFI>0.900	是
	IFI	0.997	IFI>0.900	是

从上述模型检验的结果分析来看,该模型的整体模型适配度的卡方值为94.347,显著性概率值 P=0.000<0.05 显著水平,拒绝虚无假设,表示假设模型与样本数据不能契合;卡方自由度比值为 5.241>3,未达模型适配标准;RMSEA 值为 0.050<0.080,AGFI 值为 0.861<0.900,GFI 值为 0.985>0.900,TLI 值为 0.907>0.900,CFI 值为 0.987>0.900,NFI 值为 0.984>0.900,除 AGFI 值略低于建议值外,其余指标均达到模型适配度标准,表示该模型对各研究群体适配良好,且并未发现违反估计值。也就是说,该研究预设模型数据拟合度良好,基本能够满足研究要求。

2.研究假设检验

借助 AMOS6.0 数据统计分析软件,从宏观层面对研究预设模型中各项研究参数间的关系进行了分析,结果见表 5-5。在 14 个研究假设中,H1,H2,H3,H5,H6,H8,H9,H12,H13 等 9 个研究假设成立,H4,H7,H10,H11,H14 等 5 个研究假设不成立。也就是说,技术感知对易用性感知有显著性影响(H1),即函授生对自身所具备的在线学习中信息技术应用能力的主观判断越积极,参与在线学习的难度就越低;技术感知对有用性感知有显著性影响(H2),即函授生在线学习信息技术效能感越高,就认为在线学习对提升学习效果越有效;易用性感知对有用性感知有显著性影响(H3),即函授生认为在线学习的技术难度越低,越有利于提升在线学习效果;易用性感知对使用态度有显著性影响(H5)，即函授生认为在线学习技术难度越低，越喜欢参与在线学习活动；有用性感知对使用态度有显著性影响(H6)，即函授生认为在线学习效果越好，自己就更喜欢参与在线学习；有用性感知对使用现状有显著性影响(H8)，即函授生认为在线学习效果越好，在平台学习的各种表现越积极、使用态度对使用现状有显著性影响(H9)，即函授生对待在线学习的态度越端正，在课程平台的学习表现越积极；使用现状对进一步在线学习的行为倾向有显著性影响(H12)，在线学习表现越积极，则继续开展在线学习的行为倾向越强；使用态度对进一步在线学习的行为倾向有显著性影响(H13)，即只要函授生喜欢在在线学习，他就会持续的维系在线学习行为的发生。对待在线学习的态度越端正，未来进一步进行在线学习的行为倾向越明显。

表 5－5　研究预设模型分析结果

研究假设	影响路径	Estimate	S. E.	C. R.	P	研究假设是否成立
H1	PEU← PT	0.776	0.083	9.336	* * *	是
H2	PU← PT	0.281	0.074	3.813	* * *	是
H3	PU← PEU	0.534	0.048	11.157	* * *	是
H4	A← PT	0.037	0.079	0.472	0.637	否
H5	A← PEU	0.318	0.061	5.240	* * *	是
H6	A← PU	0.479	0.065	7.356	* * *	是
H7	US← PEU	0.179	0.069	2.595	0.009	否
H8	US← PU	0.277	0.078	3.535	* * *	是
H9	US← A	0.391	0.070	5.596	* * *	是
H10	BI← PEU	0.113	0.056	2.006	0.045	否
H11	BI← PU	0.085	0.064	1.340	0.180	否
H12	BI← US	0.277	0.049	5.682	* * *	是
H13	BI← A	0.401	0.058	6.966	* * *	是
H14	BI← PT	0.204	0.068	2.992	0.003	否

注：* * * 表示显著性<0.001。

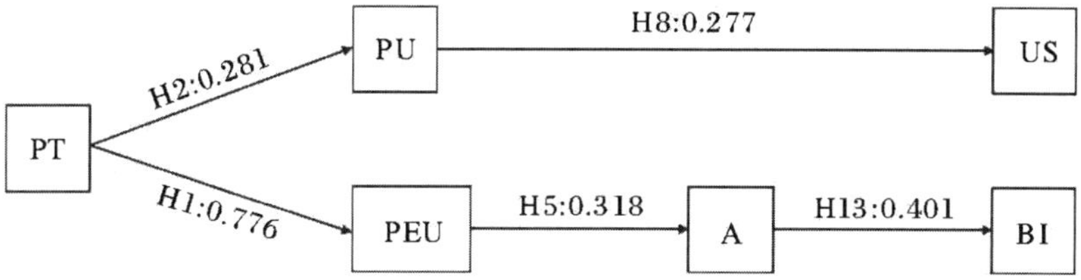

图 5-5 研究假设结果

(四)研究结论与讨论

1. 研究结论

首先,信息素养越高越有利于在线学习的发生。技术感知水平(PT)均值为4.473,以均值为标准,将研究样本分为高信息素养群体和低信息素养群体,且独立样本 T 检验的结果显示:高信息素养群体在 PU(T=9.247***)、PEU(T=8.518***)、BI(T=8.190***)、US(T=7.167***)、A(T=6.809***)等各个层面均显著高于低信息素养群体。可见,学习者的信息素养越高越有利于在线学习的发生,培养并提升学习者的信息素养是促进在线学习发生的基本保障,是提升未来学习倾向的有力措施。

其次,易用性感知水平对在线学习发生没有直接影响。根据 H3,H5,H7,H10 研究假设检验,结果 H3 和 H5 成立,H7 和 H10 不成立,也就是说,易用性感知对有用性感知和使用态度有显著性影响,而易用性感知对使用现状和行为意向没有显著性影响。易用性感知只是学习者的一种自我心理体验,是自己设置的一种心理障碍。结果显示易用性感知只对心理层面的维度有显著影响,对实际效果层面的维度并没有显著影响。可见,易用性感知水平对学习本身并没有直接影响,而是易用性感知会通过影响有用性感知和使用态度进而间接影响使用现状和行为意向,从而影响在线学习发生。因此,在线学习心理层面的问题是值得深入研究的另一个重点。

最后,有用性感知和态度是促进在线学习发生的间接影响因素。H6,H8,H9,H13 研究假设检验结果均成立,即有用性感知对态度和使用现状有显著性影响,态度对使用现状和行为意向都显著性影响。有用性感知水平越高,态度越积极越有利于在线学习的发生。

本研究的主要目的是增强函授生对在线学习的使用现状(US)及进一步进行在线学习的行为倾向(BI)。因此，将上述研究分析结果进行归纳，最终得出提升函授生在线学习使用现状和进一步进行在线学习行为倾向的影响路径图，如图5-6所示。路径Ⅰ影响系数为0.078(H2＊H8=0.281＊0.227=0.078)；路径Ⅱ影响系数为0.090(H1＊H5＊H13=0.776＊0.318＊0.401=0.090)。

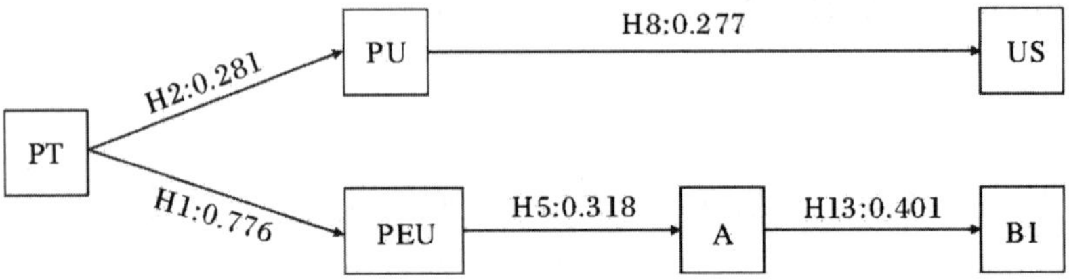

图5-6　影响路径图

从图5-6可知，提升技术感知水平是关键，路径Ⅰ是通过提升技术感知水平从而提升有用性感知水平，进而促进在线学习现状。路径Ⅱ是通过提升技术感知水平提升函授生易用性感知水平，从而端正在线学习态度，进而增强函授生进一步进行在线学习的行为倾向。并且路径Ⅰ的结果使用现状(US)的提升对路径Ⅱ的结果行为倾向(BI)有显著性影响。此外，除了通过上述两条路径以提升技术感知水平为起点逐步达到目的外，还可以通过直接提升有用性感知、易用性感知和学习态度来直接或间接促进当前学习状态和进一步学习的行为倾向。

2.对策

(1)提升技术感知水平是关键。技术感知水平的提升主要依赖于以下2点：①改革课程，提升学生信息素养。改革课程方案，将传统《计算机基础》改为《网络与新媒体应用》，弱化微机原理、操作系统、Office软件系统等，增加信息时代的特征、无线网络连接、智能办公硬件使用、手机摄影、iOS操作系统应用、Android操作系统应用、微信等大众社交平台深度应用等内容，并随着信息技术的发展及时更新课程内容，形成动态的资源系统。②建立函授生技术感知水平动态测评系统，在参与在线学习之前对函授生技术感知水平进行测评，根据测评结果推送模块化学习内容，测评结果不达标的模块作为必修内容，测评结果达标的模块作为选修内容，为每一位函授生打造个性化的课程，保证学有所获，切实提升技术感知水平。

(2)以资源建设为依托，提升有用性感知水平。任何形式的学习，资源都是最核心的要素。资源自主开发和外部购买是开展在线教育的基本前提。[①] 当资源积累到一定的程度后，如何将已有资源最大效度地管理，生成有学科特色、学校标记的适合函授生在线学习的动态资源体系是下一阶段资源建设的重点。此外，拒绝普通高等教育淘汰的数字化资源，与其建立持续完善的共建共享机制，共同营造网络课程生态系统是另一个重点。海量汇集的视频及文本资源只是学生知识探究的出发点，真正的互动及学习中心是由学习者通过资源遍历及自身主动建构之后，获得对原有资源新的理解和感悟。[②] 在继续教育质量下滑，认可度普遍降低的环境下，以严格的制度约束学生，以优质的资源吸引学生，以人性化的引导督促学生。当学习内容足够吸引学生时，学生会客服技术困难，主动参与到学习活动中。

(3)降低技术操作难度，提高易用性感知水平。首先优化平台，进一步简化操作方法，将图像识别、手势感应、语义分析等人工智能系统嵌入平台，降低交互式操作难度和操作时间。其次，将移动学习终端与大众社交平台融合。随着互联网的发展，大众社交平台已深入人心，受众面大，操作通用性得到广泛认可，用户不仅没有排斥情绪，而且沉浸式氛围与日俱增。学习者在心理上会更加接受，技术心理障碍会明显减弱。函授生作为成人学习群体对大众社交平台的关注度远高于对专用学习平台的关注度，将学习平台与大众流行的微信等社交平台融合，将有利于函授生积极参与学习。最后，大众社交平台的普适性有利于学习资源的流畅访问，有利于师生互动、生生互动及时发生，更有利于学习共同体的建立，从而促进有效学习的发生。

---

① 陈英霞."双一流"大学继续教育综合改革策略思考[J].继续教育，2018(5)：7-9.

② 王君，黄永辉.论网络在线课程学习生态系统中学生核心素养[J].继续教育研究，2018(12)：137-139.

第六章
强化监测评估，保障教学质量

在混合式学习理念的指导和一流本科课程政策驱动下,在线课程与高等教育人才培养活动逐渐走向深度融合,已成为高校人才培养课程体系的重要组成部分。高校自我评估是高等教育本科教学"五位一体"评估制度的重要基础,[①]是学校提升人才培养质量的重要保障。前面章节在不同视角的分析后,随即提出了具有针对性的保障建议。本章旨在从高校自我评估的视角探讨在线课程教学质量保障,更有利于发挥评估导向作用,促进在线课程与高校人才培养活动的深度融合和创新发展,同时也能对已提及的保障措施进行必要性补充。

第一节 问题分析及对策探寻

通过多年的评估实践,我国探索形成了具有中国特色、世界水平的"五位一体"评估制度,并将高校自我评估置于"五位一体"评估制度的基础地位,这充分体现了我国对高等教育评估本质及规律认识的深化。以"五位一体"评估制度为标志的第五轮评估启动实施以来,高校自我评估对高等教育质量的提升起到了重大的促进作用,但同时也暴露了许多问题与不足。2020 年 10 月,中共中央国务院印发了《深化新时代教育评价改革总体方案》,明确提出"坚持科学有效,改进结果评价,强化过程评价,探索增值评价,健全综合评价,充分利用信息技术,提高教育评价的科学性、专业性、客观性",指明了新时代教育评价改革的基本方向。参与式监测评估是信息技术催生的高等教育评估新理念、新形式,注重高等教育内外部利益相关者共同分担评估职责,发挥各自特长,共同融入评估计划与执行过程,是一种联合主导型的评估活动,能够实现结果评估、过程评估、增值评估和综合评估的有效统一。人工智能、物联网、大数据及区块链等

① 新时期确立的"五位一体"的高校本科教学评估制度是以高校自我评估为基础,以教学基本状态数据常态监测、院校评估、专业认证及评估、国际评估为主要内容,政府、学校、专门机构和社会多元评价相结合的教学评估制度。

信息技术支撑的智慧教育的发展及高校自身质量主体意识的增强使高校在“十四五”期间部署、实施参与式监测评估成为可能。基于参与式评估的理念推动高校自我评估模式改革是“十四五”期间落实新时代教育评价改革新要求的重要体现。

一、高校自我评估中存在的问题分析

质量是高等教育生存和发展的生命线，质量保障是高等教育发展的永恒话题。自中华人民共和国成立以来，经过70年的发展，我国高等教育发展经历了精英化、大众化阶段，现已迈入普及化发展阶段。随着高等教育规模的扩张，如何保障和提高高等教育质量成为一个重要诉求。为此，我国先后组织实施了合格评估（1994～2002年）、优秀评估（1996～2000年）、随机评估（1999～2001年）、水平评估（2003～2008年）、“五位一体”评估（2009～至今）等五轮较大规模的本科教学评估，[①]推动了我国高等教育由以规模扩张、空间拓展为特征的外延式发展向以提高育人能力、优化结构为核心的内涵式发展转变。

回顾发展历程，我国高等教育评估由政府主导的外部评估逐渐转向高校自我评估与政府和社会专门机构评估相结合，对高校自我评估地位和价值的认识不断深化。1985年颁布的《中共中央关于教育体制改革的决定》在提出扩大高等学校办学自主权的同时，要求“教育管理部门还要组织教育界、知识界和用人部门定期对高等学校的办学水平进行评估，对成绩卓著的学校给予荣誉和物质上的重点支持，办得不好的学校要整顿以至停办”。为加强国家对普通高等教育的宏观管理，1990年颁布的《普通高等学校教育评估暂行规定》对高等教育评估的目的、意义、原则、评估程序和方法等做了较为系统的规定，这标志着我国高等教育评估开始走上了规范化、制度化的轨道，是我国高等教育管理实现科学化、民主化、现代化的重要标志。1999年颁布的《关于深化教育改革全面推进素质教育的决定》和2001年颁布的《关于加强高等学校本科教学工作提高教学质量的若干意见》使社会专业评估机构成为高等教育评估不可或缺的社会

① 吴岩.高等教育公共治理与“五位一体”评估制度创新[J].中国高教研究，2014(12)：14-18.

力量，为高校自我评估的实施提供了外部专业保障。2011 年发布的《关于普通高等学校本科教学评估工作的意见》，明确指出“建立健全以学校自我评估为基础，以院校评估、专业认证及评估、国际评估和教学基本状态数据常态监测为主要内容，政府、学校、专门机构和社会多元评价相结合，与中国特色现代高等教育体系相适应的教学评估制度”，确立了高校自我评估在“五位一体”评估制度中的基础定位。

进入新时期后，《关于进一步落实和扩大高校办学自主权 完善高校内部治理结构的意见》(教改办〔2014〕2 号)、《关于深入推进教育管办评分离 促进政府职能转变的若干意见》(教政法〔2015〕5 号)、《关于深化高等教育领域简政放权放管结合优化服务改革的若干意见》(教政法〔2017〕7 号)等文件的陆续发布，以法治方式保障了学校办学自主权，进一步落实了学校办学主体地位，激发了学校办学活力。《教育部关于加快建设高水平本科教育全面提高人才培养能力的意见》(教高〔2018〕2 号)为强化高校质量保障主体意识，对高校明确提出“要按照《普通高等学校本科专业类教学质量国家标准》及有关行业标准，根据学校自身办学实际和发展目标，构建教育基本标准，确立人才培养要求，并对照要求建立本科教学自我评估制度”。近十余年以“五位一体”评估为标志的“第五轮”评估实施以来，在合格评估和审核评估的督促和引导下，各高校自我评估制度得到不断修订和完善，持续推进了内部质量保障体系的持续改善，具体表现为：加强教学质量专项督导，定期开展专业自评、课程评估、试卷与毕业论文评估等多种形式的专项评估；注重发挥学校已有基础设施或数据平台、高等教育质量监测国家数据平台对学校教学质量的常态监测功能，促进了教学质量的智能化、信息化与常态化发展。[①] 面向新时代本科教育的新理念、新要求，高校自我评估制度难以支撑学校质量文化的塑造，其存在的问题集中表现为以下 4 个层面：

(1)重行政管理，轻共同治理。美国学者贝克等认为：“高等教育民主化的运作形式和实现机制应该是多层次、多元化、多样性的。‘治理’相对于‘管理’

① 本书编委会. 全国普通高校本科教育教学质量报告(2018 年度)[M]. 北京：高等教育出版社，2018，107-115.

而言，更加注重多元主体的参与，强调其协调性、合作性以及沟通性，从而实现共同治理。因此，现代化的大学治理，倾向于采用更加灵活、中心分散的治理系统”。① 然而，现阶段自上而下行政管理仍然是高校组织、实施自我评估的常见模式。这种评估模式容易导致校、院两级教学质量管理职责、权利不清，将教师、学生作为被评估的对象，“管理”的成分高于“服务”，很容易激发师生对评估产生消极、抵触情绪，参与评估的自主性和积极性不高，高校质量保障的主体责任难以下沉，并导致自我评估的可靠性、有效性不足，难以为学校的变革发展提供有力支撑。②

（2）重结果评估，轻过程评估。高校自我评估是高校内部教育教学质量保障的重要手段，本应是一种促进学校教育教学工作持续改进以及教师、学生动态发展的过程性、发展性评估。然而，现阶段很多高校将自我评估完全等同于合格评估、审核评估或专业认证及评估等外部评估前的自评环节，目标指向更多的关注外部评估指标的达成，倾向于一种投入性评价和结果性评价，忽视了对学校教学工作持续改进、教师和学生动态发展的关注。高校自我评估的实然与应然间存在较大差距，较为严重地扭曲了高校自我评估的价值取向。

（3）重数据收集，轻分析应用。目前，高校普遍建立了内部教学质量监测系统或平台，再加之智慧教室建设与应用使终端数据的实时、精准、自然采集成为可能，能够更为系统和精细化地反映学校日常教学运行基本状态，用数据和事实说话，实现了对高校教学状态数据的常态化监测。然而，由于受到体制机制不健全、工作人员专业化水平不高等因素的制约，导致数据常态监测同评估后的反馈、整改环节相脱节，未能最大限度地挖掘高校教学状态常态监测数据对教学工作持续改进的支撑作用，注重过程的监测与注重结果的评估未能有效衔接。

（4）重各自为政，轻协同共享。现阶段，高校开展自我评估一般分为校级和二级学院两个层面的自我评估，校级层面一般由学校质量监测与评估部门组织实施，二级学院层面一般由学院教学委员会组织实施。最终，由于部门间信息

---

① 徐小洲，江增煜．高等教育治理体系现代化建设的战略构想[J]．中国高教研究，2020(9)：27-31，79.

② 仲宁，刘华．高校自我评估改进：由行政管理式到共同治理式[J]．教育发展研究，2019(9)：34-39.

共享机制不健全，导致学校层面与二级学院层面部门评估数据经常出现相互矛盾的情况。在整个学校基本状态监控层面，教学管理部门、学生管理部门、招生就业部门以及二级学院等部门间的数据也存在较为严重的偏差，如学生数据、教师数据的统计等。此外，高校自我评估活动中，评价主体与评价客体间往往由评估组织部门为纽带进行关联，不能实现评估主体与客体间信息的直接传输，这在一定程度上影响评估效率以及评估信息反馈的精准性，进而导致评估效果的实效性不强。

二、参与式监测评估内涵及适切性分析

监测评估最早是由政府、国际组织及一些非政府组织用于对项目实施过程及阶段性产出进行实时跟踪或监督，以保障其按照预期规划推进，确保项目实现预期目标或期望收益的主要方式。监测侧重于对项目实施中财政、资源等过程要素投入，评估侧重于每一个阶段过程性要素投入所带动的项目产出。监测与评估的有效衔接是监测评估区别于其他评估方式的显著特征，注重项目推进过程中不同阶段的进展状况，实现了过程监测与结果评估的相统一。近年来，大数据、人工智能等先进信息技术在高等教育领域的普遍应用以及各级各类监测系统或数据平台的建设和完善为高等教育过程性数据的动态、精准采集与深度分析提供了前所未有的支撑，高等教育领域引入和应用监测评估的基础性支撑环境逐渐形成。将监测评估引入高等教育领域是教育评估理论革新发展、评估范式转变的体现，更是推进高校教育治理能力和治理体系现代化的客观要求。根据评估对象的层次，监测评估可分为宏观、中观和微观 3 个层面。宏观层面的监测评估关注国家或区域高等教育事业的全局，中观层面更多关注高校的人才培养，是高校教学评估的一种方式，微观层面更多侧重于高校的自我评估。[①] 美国是最早在高等教育领域引入和实施监测评估的国家，并在宏观层面形成了较为完善的高等教育质量监测评估体系，通过对大学排名和评级、满意度追踪调查以及毕业生调查等实现对高等教育发展、教育服务和教育结果的动

① 王战军，王永林. 监测评估：高等教育评估发展的新图景[J]. 复旦教育论坛，2014(2)：5-9.

态监测。[①] 我国学者主要从实施监测评估的基本原则、评估模型、实施步骤、指标设计和机制方法等方面对中观层面高等教育监测评估的实施要点进行了探讨，[②]对微观层面参与式监测评估的关注和研究相对较为少见。随着社会对高等教育人才培养过程与质量关注度的持续提升，社会对高校治理参与权、知情权的内在需求变得更为强烈，参与式监测评估逐渐成为推动高校自我评估模式改革的重要抓手。[③] 此外，领导理念、管理方式以及信息传递方式变化，推动了高校的组织方式和治理方式由科层式逐渐转变为扁平式，组织扁平化特征越来越明显，为参与式监测评估的有效实施塑造了良好的组织环境。

与监测评估相比，参与式监测评估是一种强调以吸纳利益相关者参与为核心，以行动为导向，反省式的、寻求能力建设的监测评估方法。“参与”既是目的也是手段，在监测评估过程中具有普遍性、全程性、深入性的特征，最大限度地吸纳涉及高校人才培养的利益相关者参与，以保证在监测评估过程中能够考虑到各个方面的影响和利益，同时充分挖掘、综合各利益相关者的知识和能力，以期获得真实的、符合本土利益的监测评估结果及导致结果的主要因素，并通过利益相关者的积极参与，落实评估结果的整改反馈及人才培养质量的持续改进，在监测评估项目的实施中不断提升利益相关者项目监测评估能力以及学校可持续发展能力和人才培养能力。在评价主体多元化的层面落实健全综合评估的新要求。[④]

根据 Arnstein 提出的“公众参与阶梯理论”，参与的类型分为非参与、象征性参与和真正参与 3 个档次，其中非参与的表现形式主要为“操纵”和“控制”，象征性参与的表现形式主要为“告知”“咨询”与“安抚”，真正参与的表现形式主要为“合作”“授权”与“公民控制”。[⑤] 因此，从参与类型的角度来看，与现有的高校自我评估相比，核心利益相关者，尤其是用人单位、高校教师和学生由非参

① 杨秀芹，李婷．美国高等教育监测评估体系：组织建构与运行[J]．中国高教研究，2017(8)：80-84.

② 王战军，王永林．监测评估：高等教育评估发展的新图景[J]．复旦教育论坛，2014(2)：5-9.

③ Lucas Sokol Oxman. Implementation of a Participatory Approach to Monitoring and Evaluation：Literature Review & Case Study Application[J]. Capstone Collection. 2015：2817.

④ 周光礼，袁晓萍．聚焦“四个评价”深化教育评价机制改革[J]．中国考试，2020(8)：1-5.

⑤ 王晓军，孙拖焕．参与式监测评估理论与实践[M]．北京中国林业出版社，2007：11.

与、象征性参与转变为真正参与,推动高校自我评估由行政主导型向联合主导型转变。从参与内容来看,主要包括各利益相关者协同商定监测评估内容与指标体系、参与收集与分析监测评估过程数据、集体反思监测评估结果与研制整改方案、共同推进监测评估项目的持续改进等。这既能增强各利益相关者的组织归属感和主人翁意识,同时也能够下沉责任主体,充分发挥教学组织在高校自我评估中的作用,强化各利益相关者的责任意识,激发各利益相关者积极关注、主动参与学校自我评估,推动高校质量文化的塑造,实现高校师生由行政约束的被动式参与自我评估转变为文化自觉的主动参与。

第二节 构建过程及结果分析

一、模型构建指导理念

《教育部关于深化本科教育教学改革全面提高人才培养质量的意见》(教高〔2019〕6 号)明确提出,学生中心、产出导向、持续改进是我国新时期构建中国特色、世界水平的教育质量保障制度体系的重要理念,同时对高校自我评估体系的建设和完善有着重要的指导意义。学生中心主要侧重于在教学质量评估中更多倾听学生的声音,注重学生参与及其增值评估,使学生切实成为评估的参与者、受益者;产出导向主要侧重于采用“逆向设计、正向施工”的思维,面向经济社会发展对人才需求设计人才培养方案,组织、实施教学活动,增强高校人才培养与经济社会发展需求的吻合度;持续改进侧重于在通过评估对教育教学活动“把脉”的基础上,强化以问题为导向的教学工作改进,实现评估的闭环运行。

此外,从高校人才培养的角度来说,“学生中心”是我国高校人才培养一贯倡导和秉持的重要理念,在此不再赘述。其次,“产出导向”是以经济社会发展需求推动高校人才培养模式改革的重要理念。高校人才培养能力实际上指的是高校通过人才供给,主动适应和引领地方经济社会发展的能力。2020 年 9

月22日，习近平总书记在教育文化卫生体育领域专家代表座谈会上的讲话对教育事业的发展明确强调，“人力资源是构建新发展格局的重要依托。要优化同新发展格局相适应的教育结构、学科专业结构、人才培养结构”，这就再次凸显了“产出导向”对推动新时期高等教育人才培养模式改革、提高高校人才培养能力的重要指导作用。最后，“持续改进”是新时期我国高等教育质量文化建设的核心，是实现高等教育内涵式、可持续发展的重要理念。进入新世纪以来，我国对高等教育质量的追求经历了质量意识、质量革命和质量文化3个阶段。第一个十年间，我国高等教育质量意识得到了前所未有的强化；第二个十年间，我国高等教育革命取得了显著成效，人才培养质量和高等教育国际影响力显著提升；在高等教育“十四五”发展新阶段，质量文化建设是强化我国高等教育内涵式发展的重要举措，也是保障我国高等教育在经济社会发展中战胜各种挑战，可持续发力的重要力量源泉。

从系统科学理论的角度来说，高校自我评估体系的构建是高校人才培养体系改革的重要组成和抓手。高校自我评估体系构建的指导理念只有与高校人才培养改革的理念保持一致，才能最大限度强化高校人才培养的系统性和发挥高校自我评估在人才培养模式改革和人才培养质量提升中的重要导向作用。因此，本研究以“学生中心、产出导向、持续改进”的理念为指导，在综合考虑高校人才培养模式变革的基础上，构建高校内部参与式监测评估模型。

二、模型构建理论基础

《教育部关于深化本科教育教学改革全面提高人才培养质量的意见》(教高〔2019〕6号)明确要求“全面落实学生中心、产出导向、持续改进的先进理念，加快形成以学校为主体，教育部门为主导，行业部门、学术组织和社会机构共同参与的中国特色、世界水平的质量保障制度体系”，更加凸显了用人单位、高校教师和学生等核心利益相关者在高等教育质量评估中的重要作用，更加注重基于经济社会发展需求的大学生能力培养模式改革以及人才培养质量的持续改进。高校人才培养过程与企业产品生产过程有着一定的相似性，即以市场需求为导向、以消费者满意为遵循、以产品或服务质量与品质的持续提升为目标。因此，本研究以 PDCA 模型为理论基础,构建高校内部参与式监测评估模型。

PDCA 模型又称戴明循环或持续改进螺旋,最早由美国著名质量管理专家戴明提出,现已被广泛应用于企业全面质量管理。PDCA 中,P(Plan)指的是"计划",即通过市场调查、用户访问等,摸清用户对产品质量的要求,确定质量政策、质量目标和质量计划等。在高校人才培养中主要表现为根据经济社会发展对高校人才培养规格的要求,确定人才培养目标、人才培养方案等。D(Do)指的是"执行",即实施上一阶段所规定的内容。在高校人才培养中主要表现为人才培养方案的执行。C(Check)指的是"检查",即在计划执行过程之中或执行之后,检查项目执行情况,是否符合计划的预期结果。在高校人才培养中主要表现为对人才培养过程及结果开展过程性与结果性自我评估,明确人才培养成效及存在的重要问题。A(Act)指的是"处理",即将检查结果中的成果经验基于标准化,尽可能纳入标准,将遗留问题进行剖析并转入下一个PDCA循环去解决。在高校人才培养中主要表现为高校根据自我评估的结果,对人才培养中的成功经验进行总结,对存在的不足进行分析并继续与经济社会发展需求对接,以问题为导向,进一步提高人才培养质量。PDAC 模型的运行过程,既揭示了高校教学质量自我评估模型构建的基本思路和内容,同时也为高校进行教学质量监控和持续改进指明了方向。

三、模型构建技术选择

利用互联网、大数据、区块链等现代科学技术提高治理能力是治理体系治理能力现代化的重要特征。在剖析我国高校自我评估基本定位和现实问题、参与式监测评估基本内涵及其与高等教育自我评估切合性的基础上,本研究选择区块链作为参与式监测评估在高校自我评估中落地、部署实施的关键技术支撑,主要缘于以下两个方面。

(1)区块链核心机制与参与式监测评估理念较为吻合。区块链本质上是一个去中心化的分布式存储数据库。广义来讲,区块链技术是利用块链式数据结构来验证与存储数据、利用分布式节点生成数据、利用密码学的方式保证数据传输和访问的安全、利用由自动化脚本代码组成的智能合约来编程和操作数据的一种全新的分布式基础架构与计算范式，是一种大规模的协作工具，P2P 网络技术、非对称加密算法、数据库技术等是其核心技术。[①] 区块链技术的核心机制及其对参与式监测评估理念的支撑作用主要体现在以下几方面：去中心化的共识机制，即区块链系统中实现不同节点之间建立信任、获取权益的数学算法，也就是说所有网络节点权限对等，整个网络系统中的数据由所有节点共同维护，这种机制为高校中教师、学生等核心利益相关者共同参与教学质量监测评估提供了技术支撑；智能合约机制，即一种用计算机语言取代法律语言去记录条款的合约，它会对区块链网络中各个参与方的行为进行响应，自动执行提前编辑好的协议，这就等同于各利益相关者共同制定的学校教学质量评估内容与标准，并选择性转化成计算机语言，区块链技术的使用不仅约束了各参与者的行为，同时也提高了评估的效率；可追溯机制，即所有数据都被区块链所记录，形成了一条完整的数据历史链条，通过区块链能够进行溯源查询，这就保障了参与式监测评估中各参与主体生成的过程数据记录的精准性与评估结果的真实性；安全机制，即除利用密码学、信息安全等知识保障数据安全外，它依靠去中心化的共识机制将信任转移到了各个网络节点上，保证了信任的安全性，这就有利于增强参与式监测评估中各利益相关者的责任主体意识；奖励机制，即区块链中调动各个数据节点积极性的核心动力，在参与式监测评估中可以将每一次评价主体对评价客体的评价理解为一次“交易”，合理激励机制的应用能够极大地调动各利益相关者参与学校自我评估的积极性和主动性，有助于形成人人关心评估、人人参与评估的质量文化，实现由现有的“制度推动”向“文化自觉”的转变。此外，区块链技术分布式的特点，既可以打通各部门间的“数据壁垒”，破除“数据孤岛”，实现信息和数据共享，还能提升各利益相关者调取学校基础数据的效率，减少资源浪费，提升高校自我评估的效率和决策的精准度。

(2)“区块链＋教育”研究成果逐渐丰富，能够为参与式监测评估模型构建提供经验支撑。2019 年 10 月 24 日，在中央政治局第十八次集体学习时，习近平总书记强调，把区块链作为核心技术自主创新的重要突破口，探索“区块链

① 工业及信息化产业部．中国区块链技术和应用发展白皮书 2016[R]．中国区块链技术和产业发展论坛，2016：1-10．

+”在民生领域的运用,积极推动区块链技术在教育等领域的应用,为人民群众提供更加智能、更加便捷、更加优质的公共服务。随着区块链技术在公共管理、社会保障、知识产权管理和保护、土地所有权管理等领域的应用不断成熟和深入,有效提升了公众参与度,降低社会运营成本,提高社会管理的质量和效率,对社会管理和治理水平的提升发挥了重要作用,同时也为区块链技术在其他领域的拓展应用奠定了基础。近年来,区块链技术逐渐推动了教育领域的变革和发展。“区块链+教育”逐渐成为继“互联网+教育”后教育信息化领域新的研究热点。截至目前,国内有关“区块链+教育”的研究主要集中体现在以下几方面:首先,基于区块链技术的开放教育资源共享研究,如王梦豪提出了开放教育资源资产化系统①、罗孟儒提出了高校数字教学资源共建共享整体架构②、尹婷婷提出了数字教育资源共享模型③、刘丰源提出了教育资源共享框架。④ 其次,基于区块链技术的终身教育发展研究,如黄太进等人提出了终身教育记录跟踪解决方案⑤、张双志提出了学分银行建设方案⑥、李凤英提出了网络学习空间管理模式⑦以及吴莎莎提出了数字徽章设计框架和技术实现路线⑧。最后,基于区块链的教育教学评价研究,如梁青青等人设计的融入课程质量的在线学习成果认证模型⑨、唐丽构建的研究生教育监测评估模型⑩、余以胜构建的学术评价系统模型⑪以及郑旭东等人设计的学生综合素质评价系统设计⑫等。

---

① 王梦豪,曹蕾.基于区块链技术的开放教育资源资产化探究[J].现代教育技术,2020(7):13-20.

② 罗孟儒,袁小一,崔永.基于“区块链”的高校数字教学资源共建共享[J].高校图书馆工作,2020(2):34-38.

③ 尹婷婷,曾宪玉.基于区块链技术的数字教育资源共享建模及分析[J].数字图书馆论坛,2019(7):54-60.

④ 刘丰源,赵建民,陈昊,等.基于区块链的教育资源共享框架探究[J].现代教育技术,2018(11):114-120.

⑤ 黄太进,刘三亚娅.Educhain:基于区块链技术的终身教育记录跟踪方案[J].现代教育技术,2020(7):5-12.

⑥ 张双志.“区块链+学分银行”:为终身学习赋能[J].电化教育研究,2020(7):62-67,107.

⑦ 李凤英.融入区块链技术的网络学习空间:途径、价值与管理模式[J].远程教育杂志,2019(6):72-80.

⑧ 吴莎莎,白晓晶,蒋明蓉.基于区块链技术的在线学习数字徽章认证研究[J].中国远程教育,2018(11):19-24.

⑨ 梁青青,张刚要.融入课程质量的在线学习成果认证区块链模型及实现机理研究[J].电化教育研究,2020(4):49-54,61.

⑩ 唐丽.基于区块链的研究生教育监测评估模式[J].现代教育管理,2019,(9):113-117.

⑪ 余以胜,朱佳雨,许恩平.基于区块链的学术评价系统模型构建研究[J].重庆大学学报(社会科学版),2020(4):138-149.

⑫ 郑旭东,杨现民.基于区块链技术的学生综合素质评价系统设计[J].现代远程教育研究,2020(1):23-32.

四、模型构建结果分析

本研究以高校自我评估中存在的问题为导向，以“学生中心、产出导向、持续改进”的专业认证理念为指导，以PDCA模型为理论基础，以用人单位、实习单位、往届毕业生为校外核心利益相关者，以教师、学生为校内核心利益相关者，以落实“四个评价”为原则，以区块链为支撑构建了高校内部参与式监测评估模型，如图6－1所示。

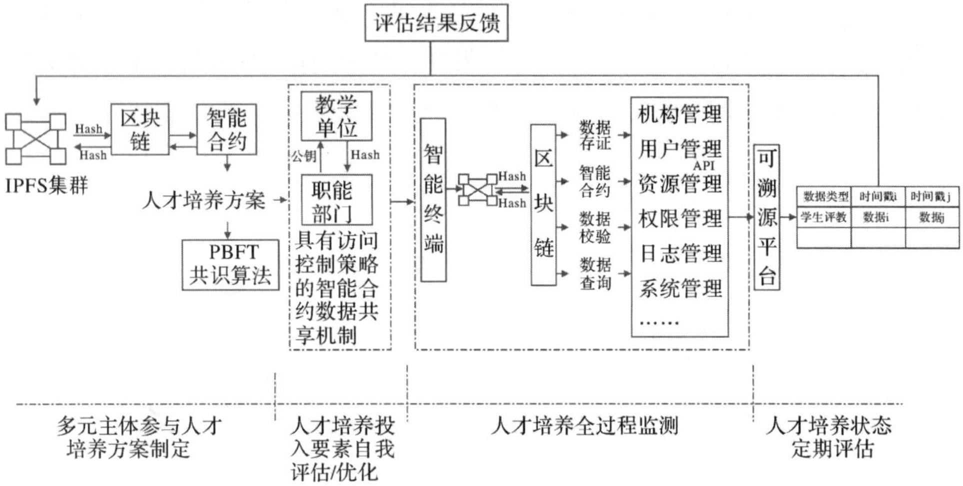

图6－1　基于区块链的高校内部参与式监测评估模型

该模型主要包括面向需求的人才培养方案制定、人才培养投入要素自我评估与优化、人才培养全过程数据的伴随式采集、人才培养状态定期评估、评估反馈5个关键环节。在多元主体参与人才培养方案制定的过程中，采用星际文件系统（Inter Planetary File System，IPFS）集群和区块链相结合的链上链下存储方案存储用人单位、实习实践单位以及往届毕业生对高校人才培养规格的需求数据，以及高校人才培养过程生成的各种状态数据，并通过Hash值实现IPFS集群数据和区块链数据的相互传递。通过深度分析各利益相关者对高校人才培养规格的需求数据，教师、学生和用人单位、实习实训单位、往届毕业生等用户使用智能合约技术共同参与制定专业人才培养目标，并进一步明确毕业要求、课程体系及课程目标等人才培养各要素，明确人才培养阶段性产出考核标准,并使用实用拜占庭容错算法(Practical Byzantine Fault Tolerance,PBFT)在区块链网络中进行共识,若 2/3 的节点通过该人才培养方案的提案,则提案生效。在人才培养方案执行前,采用具有访问控制策略的智能合约数据共享机制开展人才培养要素自我评估与优化,实现教学单位和职能部门之间人才培养投入要素供给与需求的精准匹配。人才培养方案执行过程中,采用智能终端伴随式采集人才培养的各类状态数据,并采用区块链技术进行存储,并根据时间戳进行数据溯源,定期分析同一状态数据在不同时间的变化情况,并将对比分析结果进行及时存储,相关职能部门和教学单位在智能合约的作用下,对人才培养投入要素进行持续、精准优化。如通过对比分析学生评教数据,深度剖析教师课堂教学中存在的不足,为基层教学组织、党委教师工作部、教师发展中心等制定教师培训方案或教师自觉发展提供精准决策。该模型的特点集中体现在以下几方面:

(1)该模型具有双重调节的作用,保障高校专业布局与人才培养的动态性、先进性,有助于提高高校主动适应和服务经济社会发展的能力。双重调节主要包括:根据校内人才培养状态数据的收集和反馈,实现高校人才培养投入要素的校内调节;根据经济社会发展需求,动态收集和分析校外核心利益相关者反馈的数据,及时更新毕业生岗位胜任力框架,动态调整高校人才培养方案,进而优化人才培养投入要素。

(2)通过区块链技术保障数据采集的真实性,有效推动成果导向的教育评价改革;通过对人才培养过程的实施监测和评估实现了过程评价和结果评价的有机统一;通过对不同时间戳所记录的人才培养状态数据的对比分析实现对学生发展状况及人才培养要素优化成效的增值评价,实现校内教学质量监测评估的闭环运行,监测评估模型的有效性能够得到实时验证;通过校内外核心利益相关者的高度参与,动态更新人才培养方案,实现高校人才培养的综合评价。

(3)强化了用人单位、往届毕业生、高校教师与在校学生等校内外核心利益相关者参与高校自我评估的深度和广度,一定程度上弱化了高校职能部门管理角色,推动了高校自我评估从行政管理向参与治理的转变。

(4)通过评估推动高校订单式人才培养改革,最大限度提升高校人才培养与经济社会发展需求的吻合度。最后，该模型注重高校内教学单位和职能部门之间的深度协同，体现了参与式监测评估的系统性。

第三节　实施建议及关键举措

为保障高校内部参与式监测评估模型的有效实施，本研究提出以下几点建议：

一、研制资历框架，支撑终身学习

随着终身学习理念的盛行，高等教育在个体人力资本开发中的阶段性特征逐渐明显。在个体的整个生命周期，如何更好的联通高等教育与后高等教育阶段人力资本的开发，是当下终身教育体系研究关注的重点。在此背景下，有关学分银行和资历框架的研究受到了国内学者的普遍关注。

国家资历框架是一种以劳动力市场需求为导向，对学习者掌握的知识、技能、能力、态度等进行标准化评价的制度。从根本上来说是确立了一个统一的学习成果参照衡量系，从而使学习者能够根据自身特点及需要，选择适合自身和社会需求的学习及发展道路。构建国家资历框架对我国教育发展有着重大的战略意义，能够推动我国从“人口红利”向“人力资本红利”转变，建立新的人才评价标准话语体系，为职业教育改革提供契机，同时也能为我国教育进一步对外开放、参与全球教育治理提供了制度基础。从西方各国近40年的社会改革实践来看，国家资历框架作为一种提高教育体系灵活性、扩大教育机会、提高学习者流动性的重要政策工具被广为接受。截至2018年年底，全球已有150多个国家和地区已经或正在构建国家资历框架，西方发达国家中除了美国，几乎都已经建立了国家资历框架体系，发展中国家如南非、印度、东盟成员国等也都建立了国家资历框架或者正在建立过程中。[①] 对高等教育而言，构建国家资

① 文雯.中国特色国家资历框架构建：一种制度构想[J].中国高等教育，2019(8)：42-44.

历框架不仅能够为高等教育人才培养提供指引，也能够与当下成果导向教育理念指导下的高等教育改革相衔接，同时也能够进一步强化高等教育在基础教育和社会教育之间的关键纽带作用，实现个体人力资本科学、可持续的开发。

二、优化学习空间，助力资本开发

近年来，由于空间在教育中的角色受到越来越多的关注，其概念和形态也日益创新，更加开放和弹性化。重视学生的参与和体验、强调主动学习的创新型学习空间在世界各国，特别是美、英、澳及欧洲一些教育发达国家应运而生。这一局面的形成有3方面的驱动因素：第一，教育目标的转变和学习科学理论的发展。第二，基于认知能力的学业表现不再是高等教育人才培养的唯一目标。第三，非认知能力（如毅力、专注力、情感能力、社会适应能力、团队合作能力等）日益成为高等教育人力资本积累的重要内容。

人工智能时代，高校应审视学习空间的战略意义，加强政策引领。高校学习空间变革尽管在政策层面受到了一定程度的关注，但更多的是强调新型高校学习空间设计和线上学习实践，对于高校学习空间在当前以及未来的重要意义的研究很少涉及。高校学习空间变革带来的不仅是技术或物理空间的更新，更是教育思维和教学方式的深刻变革。需要引导高校正视新一轮技术革命带来的学习空间的变革，准确研判趋势，明确发展定位，实现高等教育的健康可持续发展。① 要关注高校学习空间的外延，完善制度设计。高校学习空间变革突破了物理空间的限制。从高校内部来说，学生学习不仅仅发生在高校课堂中，也可以发生在实际工作、生活场景中。因此，在学习空间即将迎来急剧变革的当下，高校应以自身特色为出发点，扩大学习空间的外延，不限于“产教融合”“虚拟课堂”等现实或政策推进下的局部改革，应同时进行制度革新，综合多种学习资源，构建新型高校学习空间结构。从网络空间上来说，教育教学可以通过网络发生，网络学习空间将超越单纯的虚拟空间的概念，转向打造线上线下相融合、无缝联通各种学习场所的一体化学习环境，全面支持正式与非正式学习，满

① 秦一鸣，于竞.高校学习空间变革：趋势、特征与优化[J].重庆高教研究，2021(2)：71-81.

足每位学习者的个性化学习需求，进行灵活的制度设计，让学习更加泛在化。此外，在学习空间扩展的同时，高校应积极融入终身教育体系，打破制度边界，提高资源的利用率。在使用多种社会资源扩充学习空间外延的同时，也提高了高校资源自身的社会开放度，让更多从前没有机会接受优质高等教育的人能够享受到学习空间变革带来的红利。①

此外，在学习空间优化设计中，要注重用户参与。美国著名的系统设计专家 Banathy② 将 20 世纪 50 年代以来的人类活动系统设计范式分为 4 个阶段：规定性设计、权威性设计、参与性设计和使用者设计，前两个属于“技术/专家驱动式”设计范式，后两个则属于“参与者驱动式”设计范式。下一阶段，多数学习空间设计采用的是技术/专家驱动式”设计范式，对教师、学生等核心利益相关者的参与关注不够。由教师和学生使用学习空间的影响因素衍生出的设计原则有些是相同的，如方便易用、满足功能需求、尽量与原有使用经验保持一致等。体现用户参与式设计理念的学习空间的 8 条设计原则主要包括：学习空间应满足用户的功能需求；学习空间应该能够提升教学效率；学习空间要创设舒适优美、轻松自由、健康环保、令用户身心愉悦的环境；学习空间的设施设备应具备足够的稳定性；学习空间的设施与服务应易于操作和使用；学习空间要尽可能地与使用者原有的使用经验和观念保持一致，提升兼容性；学习空间要尊重用户选择使用的权利；学习空间应具备高度的灵活性。③

三、明确激励机制，建立协同机制

明确激励机制，保障数据收集的持续性。激励机制是区块链技术成功应用的关键，为保障高校内部参与式监测评估模型的有效落实，应着重从以下几方面强化激励机制建设：通过优秀毕业生的优先供给、高校科研成果优先享受等优惠政策，激励广大用人单位及往届毕业生积极提供高校人才培养规格需求的

① 秦一鸣，于竞. 高校学习空间变革：趋势、特征与优化[J]. 重庆高教研究，2021(2)：71-81.

② Banathy，B. H. Comprehensive Systenms Design in Education：Who Shoud Be the Designers? [J]. Educational Technology，1991(9)：49-51.

③ 王麒，许亚锋，李锦昌. 学习空间的参与式设计研究[J]. 中国远程教育，2016(1)：48-56，80.

信息，并积极参与高校人才培养方案研制和过程性监测评估；通过数字徽章等外促的激励措施引导在校师生积极参与教学过程性监测和评估，并将数字徽章等作为优秀基层教学组织评选、教师年度考核、学生评优评先进的依据之一；强化评估宣传，使广大师生认识评估、了解评估，逐步塑造人人关心评估、人人参与评估的质量文化，内在的激发教师、学生参与监测评估的积极性和主动性；学校层面要高度重视用人单位、往届毕业生以及在校师生等核心利益相关者的反馈，并在实际工作中使他们切实感受到参与监测评估的成效，增强其成就感和归属感。

明确校内各部门职能，建立切实可行的协同联动机制，为监测评估模型共识机制的建立和完善奠定基础。高校内部监测评估是一项系统性极强的实践。明确各部门职责，落实责任主体，有助于教师与学生对学校教学管理与服务评估问题的精准反馈，同时也有助于提高参与式监测评估的有效性。如针对现阶段多数高校教师发展中心与人事处（人力资源部）、教务处以及党委教师工作部等多部门间存在挂靠关系，职能混淆、责任主体不明确等问题，在智能合约中根据某项特定任务设定具体的用户访问权限，达到明确职责的目的，从而实现基于学生评教数据的教师精准发展的有效落实。

四、建立综合平台，破除数据孤岛

强化数据治理，破除数据孤岛，实现数据共享，建立健全高校综合服务平台。大数据时代，数据是高校最宝贵的资产，各部门、各系统（平台）数据孤立是阻碍高校基于数据的治理体系治理能力现代化建设的重要因素。为保障高校参与式监测评估的顺利实施，高校可以采用区块链技术，将科研、人事、教务、招生、就业等多个孤立的数据平台视为不同的私有链，在各个平台内部达到数据安全共享，在此基础上将多条私有链组合成一条联盟链，根据不同的需求在私有链和联盟链上采用不同的共识机制，使联盟链中的各个节点互相信任，建立健全高校综合服务平台。此外，在高校外部，学校基本教学状态数据采集范围与标准应与高等教育质量监测国家数据平台对接，实现以高校教学状态数据的自然、常态化采集为基础的省级、国家层面对高等教育的常态监测评估，这也是高校自我评估在“五位一体”评估制度中基础定位的重要体现。

五、强化队伍建设，保障评估效度

强化高校教学评估队伍的专业化建设，保障高校内部参与式监测评估的有效度。现有高校自我评估更多的关注学校整体层面人才培养质量的评估，与之相比，高校参与式监测评估模型以专业为主线，通过对各专业人才培养质量的监测评估实现学校整体教学质量的提高。因此，该模型对高校教学评估队伍的专业化建设提出了新的挑战，主要表现为既要懂“评估”，又要懂“专业”。这就需要高校在现有的“教学质量评估部门工作人员＋校院两级教学督导＋学生信息员”队伍的基础上，以专业为主线，组建各专业教学质量评估队伍，并与现有队伍形成良好的协同机制，为监测评估模型的正常运行和价值发挥提供智力保障。此外，为充分发挥区块链技术在高校内部参与式监测评估模型中的重要作用，高校应注重校级教学质量评估工作人员的数据统计、分析与挖掘以及系统架构知识与技能的培训，为模型的维护和更新、各类监测评估报告数据核验、各类系统的无缝对接提供充实的技术保障。

后　记

高质量研究应该是“从历史中来，再到历史中去，通过传承与创新，推动某个领域研究的持续发展”。在线课程是教育新基建的重要组成部分。在建设高质量高等教育体系的背景下，关注和开展在线课程建设和应用研究对推动高质量教育体系建设显得尤为必要和紧迫。本书是在团队已有系列研究成果的基础上梳理、汇总而成，以飨读者，希望对高校在线课程建设和应用研究起到抛砖引玉的作用。

本书是西安市科协青年人才托举计划项目“成果导向的高校在线开放课程教学质量保障体系研究”(文件号：市科协发〔2019〕164号)、陕西省教育厅科研计划项目“高校在线教育质量保障体系研究”(项目编号：19JK0204)、陕西高校教学改革研究项目“学历继续教育在线课程质量保障体系研究”(项目编号：19JY006)的研究成果。著作的顺利出版受到相关项目的资助，在此向陕西省教育厅、西安市科学技术协会、西安市教育技术与网络学会表示真诚感谢。

研究是一个永无止境、日臻完善的系统工程。本书对成果导向的教育理念在高校在线课程教学质量保障中的应用进行了探索，但仍存在一些不足，真诚希望各位学者、同仁多指正。在写作过程中，团队阅读了大量的关于在线课程、高等教育改革、人工智能等领域的著作与论文，谨向所有图书和论文的作者表示诚挚谢意。此外，著作的顺利出版，离不开陕西科学技术出版社各位老师的辛勤付出，在此一并表示真挚的感谢。

著　者

2021年11月